KB128861

The Counsel of Heaven on Earth

성경적 기독교 상담

Ian F. Jones 저 | 임윤희 역

학지사

The Counsel of Heaven on Earth

by Ian F. Jones

역자 서문

기독교 상담은 상담과 신학의 통합을 추구한다. 기독교 상담의 통합을 연구하는 학자들은 과학적 연구조사와 성경의 진리를 통합하는 데 있어서 서로 다른 입장을 가지고 있지만 신학과 상담학의 접목을 시도한다는 입장은 동일하다. 하지만 신학과 상담학을 어떻게 통합하느냐는 어려운 과제다. 기독교 상담의 통합 시도는 여러 분야 그리고 다양한 주제 안에서 이루어지며 학자 간의 견해차도 크다. 이론적 통합을 하는 학자와 내용적 통합을 하는 학자는 통합의 방식에서도 차이를 보인다. 기독교와 상담학이 만나 기독교 상담학이라는 새로운 분야를 만들어 내는 통합은 실로 어려운 분야다.

Jones 박사의 *The Counsel of Heaven on Earth*는 기독교 상담 통합서 중 하나다. 기독교 상담의 정체성과 필요성에 대해 고민하고 연구하는 신학자이자 성경적 기독교 상담(Biblical Christian Counseling) 학자인 그는 자신의 저서에서 창세기에 나오는 위치에 대한 질문으로 자기 나름대로 신학과 상담학의 통합을 전개한다. 즉, Jones 박사는 "네가 어디에 있느냐?(Where are you?)"라는 질문을 상담자와 하나님의 관계, 상담자와 내담자의 관계, 그리고 내담자와 하나님의 관계에 적용함으로써 기독교 상담의 한 모델을 제시하고 있다.

특히, 이 책은 성경 구절을 많이 인용하면서 인간의 본성, 기독교 상담자로서의 자질과 특징, 그리고 임상에서 발생하는 실제적 내용을 위치(location)의 관점에서 조명하였다. 상담 장면에서의 위치 설정은 내담자의 현재 위치를 파악하고 어디로 갈 것인가에 대한 목표 설정을 의미하는데, 이것은 또한 인생의 목표를 찾는 모든 사람에게도 해당된다. 당신은 영적으로, 심리적으로 어디에 있고, 또 어디로 가고 있으며, 어디로 가기를 원하는가를 저자는 묻고 있다.

필자가 기억하는 Jones 박사의 모습은 겸손하고 늘 배우려는 자세였다. 그는 두 개의 박사학위를 가지고 있는 학자이며 학생을 가르치는 입장에 서 있지만 항상 학생들과 대화하면서 무언가 새로운 지식과 통찰이 있는지 살피고 이해하려는 모습이 매우 인상적이었다. 얼마 전 한국을 방문한 그는 바쁜 일정 중에도 한국 사람과 한국 문화를 배우기 위해 여기저기를 돌아다니며 많은 질문을 하였는데, 그것은 미국에서 공부하고 있는 자신의 한국 학생들을 이해하고자 함이 우선이었음을 알았다. 즉, 그가 이 책에서 말하고 있는 기독교 상담자로서의 자질을 몸소 실천하고 있었다. 하나님과 자신의 위치를 파악하면서 이를 인간관계에서도 실천함으로써 자신의 삶에서도 통합을 이루어 나감을 볼 수 있었다.

이 책은 필자와 같이 기독교 상담의 통합에 대해 관심이 있는 사람들에게 많은 의미를 준다고 생각한다. 또한 일반 상담과의 차이점을 통하여 성경적 기독교 상담의 위치와 정체성을 설명하고 추구해야 할 가치와 훈련을 제시한다. 그러므로 이 책은 상담을 전공하는 학생, 특히 기독교 상담에 관심이 있는 학생과 일반인 모두에게 개념과 실제에서 많은 도움이 되리라 믿는다.

마지막으로 이 책을 위해 관심과 수고를 아끼지 않으신 분들께 감사를 표한다. 먼저 좋은 책을 번역할 수 있도록 허락하신 하나님께 감사와 영광을 드리고, 번역을 통해 깊은 학식과 겸손한 마음을 만나며 배울 수 있는 기회를 제공해 준 Jones 박사에게 감사한다. 그리고 지금 미국에서 수학 중인 이상은 선생님, 번역에 관심을 가지고 조언을 아끼지 않으신 존경하는 김용태 교수님, 그리고 학지사 김진환 사장님과 편집부 직원들께 많은 고마움을 전한다.

2010년 11월
동백 연구실에서
임윤희

| 저자 서문 |

상담에 관한 책들은 다양한 강조점을 가지고 있다. 어떤 책은 상담의 이론을 다루고 있는 반면, 어떤 책은 이론의 실제를 다루고 있다. 나의 서재에 있는 책들의 내용을 보면 상담의 역사, 영혼의 치유, 상담 주제와 종류, 특정 문제에 따라 정리된 성경 구절 목록, 상담자 및 상담 교재의 평가 및 비평, 심리학과 인간 본성을 다루는 성서의 주석과 분석, 신경심리학과 상담, 영적 치유, 감정적 부분, 상담 기술, 치료 계획, 상담자 훈련 및 슈퍼비전 등을 다루고 있다. 상담에 있어서 특정한 신학적 접근에 대해 논쟁하는 책이 있는 반면, 어떤 책은 외상과 위기, 결혼과 가족, 용서, 간음, 갈등 해결, 치유 기도와 같은 영역에서 상담적 개입과 전략에 대한 상세한 방법을 논한다. 개인 및 가족, 집단상담의 이론들을 살펴볼 때 세속적이고 심지어는 반종교적 관점에서부터 영적이고 성경적인 관점에 이르기까지 다양한 관점을 책에서 볼 수 있다. 이러한 책의 저자들은 상담 과정에서 경험하는 인간의 성격 및 본성, 변화 능력, 그리고 인간의 사회적, 생물학적, 심리학적 및 영적 역할에 대한 가정을 가지고 있다. 어떤 저자는 자신이 믿고 있는 철학적 가정과 믿음을 분명하게 표명하지만 다른 많은 저자는 이에 대해 언급하고 있지 않다.

나는 지난 25년간 상담가로서, 임상 슈퍼바이저로서, 또 학생을 가르치는 교수로서 상담의 기본적 요소에 대한 이해의 중요성, 상담의 방향과 목적에 대한 이해와 가장 중요하게는 상담 훈련을 위해 성경적 기초를 든든히 하기의 중요성을 가르쳐 왔다. 잠언 19장 20~21절은 지혜로운 권고와 교훈을 주의 깊게 경청하라고 가르치고 있다. 우리는 궁극적으로 상담에서 하나님의 인도하심과 계획이 이루어져야 함을 안다. 나는 이 책에서 성경적 기독교 상담의 본질적 특징을 확인하고 설명하고자 노력했다. 나는 현재 존재하는 이론들을 재정립하거나 또는 새로운 상담 전략이나 기술을 체계적으로 발전시키고자 시도하지는 않았다. 나는 성경이 창세기부터 계시록에 이르기까지 상담자에게 효과적인 상담 사역을 하기 위한 청사진을 어떻게 제공하고 있는가를 보여 주기 위해 이 책을 썼다.

나는 이러한 노력에 도움을 준 많은 사람에게 감사드린다. 나에게 2002년과 2003년에 안식년을 주어 연구와 저술에 집중하도록 배려해 준 사우스웨스턴 침례신학대학원의 총장님과 이사님들에게 감사드리고 싶다. 이 기간 동안 나는 호주에 있는 퀸스랜드 목회 침례대학의 객원 강사와 말레이시아 페낭의 말레이시아 침례신학교에서 방문교수로 있었다. 두 대학의 교수와 교직원들은 나에게 많은 조력과 지지를 주었다.

뉴올리언스 침례신학교의 고(故) Jim Headrick 교수가 나에게 제공한 많은 조언과 생각을 이 책에서 구체화하였다. 그는 나의 동료이자 친구이며 영적 조언자였다. 나는 성경적 상담에 관한 그와의 오랜 토론과 그의 격려의 말을 잊지 못할 것이다.

David Allen, Scott Floyd, Paige Patterson, Lori Moore, Paul Carlin, Marsha Lawson, Dana Wicker, Malinda Fasol, Donnie

Holden와 David Penley가 유익한 제언과 교정을 해 주었다. Kevin Forrester의 저서는 성경적 특징 및 영적 은사에 관한 장을 쓰는 데 특별히 도움이 되었다. 이 책에 대한 최종 책임은 나에게 있지만, 앞서 언급한 사람들과 학교 동료들의 통찰과 지지가 이 책의 가치에 기여한 바는 헤아릴 수 없다. 마지막으로 나는 아내 Linda의 조력과 지지 그리고 하나님의 권면을 찾는 미래 세대의 지혜로운 기독교인의 표본이 될 우리 아이들 Andrew와 Kathryn에게 감사한다.

Ian F. Jones

| 차 례 |

CHAPTER 03 상실: 인간의 위치 _ 57

CHAPTER 04 성경적 기독교 상담의 특징 _ 99

CHAPTER 05 성경적 기독교 상담의 안내 _ 121

CHAPTER

01 어디에서부터 시작할 것인가

상담에서의 다양한 선택

진리의 기준 발견하기

성경으로부터의 상담

CHAPTER 01

어디에서부터 시작할 것인가

상담에서의 다양한 선택

기독교 상담은 20세기를 지나 오랜 길을 거쳐 21세기 초기에까지 이르렀다. 많은 사람들이 '기독교' '성경적' 또는 '목회'라는 관형어를 상담자의 호칭 앞에 붙이고 있다. 심리치료 영역에서 전문화가 증가함과 더불어, 미국 정부에서 자격인가에 대한 요구를 표명함에 따라 기독교 상담자들은 미국 정부의 필요에 의해 고안된 다양한 회원제도와 여러 상담협회 및 조직 안에서 폭넓은 선택의 기회를 맞이하고 있다. 미국목회상담학회(American Association of Pastoral Counselors: AAPC), 기독심리연구학회(Christian Association for Psychological Studies: CAPS), 미국기독상담학회(American Association of Christian Counselors: AACC), 그리고 성경적 권면 상담학회(National Association of Noutheic Counselors: NANC)들은 미국

심리학회(American Psychological Association: APA), 미국상담학회(American Counseling Association: ACA), 전국가족관계협의회(National Council on Family Relations: NCFR), 전국공인상담자위원회(National Board for Certified Counselors: NBCC), 그리고 미국 결혼과 가족치료학회(American Association for Marriage and Family Therapy: AAMFT)와 같은 비종교적인 단체에 대한 대안을 제공하고 있다.

하나님께서 자신을 상담 사역으로 부르셨다고 믿는 사람들은 위의 수많은 학회의 명칭으로 인해서 혼란스러울 수 있다. 학생들은 상담과 심리치료 영역에서 일하기 위해 필요한 학위과정, 학위, 그리고 프로그램에 대한 조언을 구하고자 나에게 찾아왔다가 상담의 광범위한 영역을 보고 놀라기도 한다. 과거의 전문적인 선택은 정신의학, 심리학, 목회 그리고 원목 또는 임상 목회 교육(CPE) 프로그램으로 제한되었다. 현재 학생들은 공인 임상 사회복지사(LCSW), 대부분의 미국 주에서 최소한의 필요조건으로 요구하고 있는 공인 전문 상담자(LPC), 현재 미국 정부에서 증가 추세에 있는 공인 결혼과 가족치료사(LMFT), 전국 공인 상담자 위원회(NBCC)가 주관하고 있는 국가인증상담사(NCC), 그리고 사회 상담가로서의 자격증을 시도하는 응용 사회학과 임상 사회학의 신생 분야, 그리고 사회사업과 관련된 부가적인 대안들까지 대면하고 있다.

이러한 다양한 선택은 상담에 대한 기본 가정과 관련이 있다. 그것들은 상담의 본질과 연관된 기초토대와 철학 그리고 효과적인 상담자를 배출하기 위해 필요한 요소에 의존한다. 기독교 상담자들은 특별히 지역 교회 현장 밖에서 일하고자 할 때, 자격증이 필요함은 물론이고 자격증 취득을 위해서 필수적으로 거쳐야 하는 교육과정이 강요된다는 것을 깨달을 것이다. 상담 분야에 입문하고 있는 기독교인에게는 성경적인 돌봄의 기원과 요소들에 대한 명백하고 확고한 이해와 강한 토대가 전보다 더 많이 필요하다. 기독교 상담자에게 그 시작은, 특별한 프로그램이나 자격증을 획득하는 데에 있지 않다. 기독교 상담에 대한 기원과 지식이 훨씬 더 기본이 되어야 한다.

진리의 기준 발견하기

우리 모두에게는 인정하고 싶어 하든 아니든 간에 우리 신념의 근거가 되고, 우리 주위의 세상을 평가하는 근거가 되는 권위의 근본적인 출처가 있다. 당신에게는 어떤 근본적인 출처가 있는가? 오랜 세월 동안 진리의 근본적인 출처는 우리가 평소에 들어 왔던 것에 집중되어 있었다. 전통은 삶에 대한 우리의 견해를 규정지었고 우리 주변의 세상을 해석하는 근거가 되었다. 연장자들은 젊은 세대에게 진리를 전달했다. 17세기 무렵 서구 사회에서는 전통이 변화하기 시작했다. 관찰을 수반하는 과학적인 탐구와 현상의 측정으로 인해서 이성과 형식상의 연구 절차가 우리 주위의 자연 세계에 있는 근본적인 진리들을 드러낼 수 있을 것이라는 신념에 이르게 되었다. 프랜시스 베이컨(Francis Bacon, 1561~1626)과 같은 초기 과학 선구자들은 과학적 연구를 통해 이 세상에는 정해진 질서가 있고 창조주가 있다는 것을 조심스럽게 말했다. 과학으로서의 합리적이고 귀납적인 접근은 성경적 진리를 보완하는 도구였고 하나님의 은혜에 종속되었다. 그러나 이러한 새로운 탐구 결과 중 하나는 과학이 더 세속

화됨과 더불어 이성과 은혜가 분리되었다는 점이다.[1)]

현대의 과학적 탐구는 일반적으로 자연적 원인과 결과의 보편성에 대한 확신에 의존하는 방법으로 발전되었는데, 그로 인해 은혜와 믿음의 세계를 현실성 없는 불필요한 공상으로 보았다. 과학은 인간과 그들의 환경을 체계적으로 연구하며, 물질 혹은 물리 세계를 지배하는 사실, 진리 그리고 법칙을 확인한다. 따라서 논점은 이렇다. 믿음, 신학 그리고 종교는 과학적 지식을 현실에 대한 최고의 중재자로서 인정해야만 하거나, 불간섭의 원칙을 고수하면서 그들 자신의 종교적 의식과 교회 교리라는 비과학적 영역에 머물러 있어야 한다. 이러한 입장에 대한 증거는 과학적 진보를 방해하고 결과적으로 고통과 손해를 초래해 온, 종교 단체와 관련된 공포스러운 이야기 형태로 나타날 수 있다. 갈릴레오 갈릴레이(Galileo Galilei)의 일화가 이러한 예로 종종 언급된다.[2)] 이러한 입장과 함께 수반되는 문제점은 과학이 허공에서 이루어지지 않는다는 점이다. 과학적 탐구는 결단, 태도, 철학, 믿음의 체계, 심지어는 도덕적이고 종교적인 토대를 가진 해석에 의존한다. 사실상 과학과 종교의 분리에 대한 논쟁, 두 영역 사이에서의 긴장과 적대는 종교가 현대 과학의 발전에 공헌해 왔던 중요한 역할을 모호하게 하고 있다.

막스 베버(Max Weber)가 1905년에 집필한 그의 저서 『개신교 윤리와 자본주의의 정신(*The Protestant Ethic and the Spirit of Capitalism*)』에서 언급하기를, 종교개혁에 이어서 개신교의 분파들(경건주의자, 감리교신자, 재세례파 교인)이 소명에 대한 성경적인 개념을 재구성하여, 이 개념을 성직자의 일뿐만 아니라 평신도 그리고 상업과 일반 직업에도 적용하였다. 다시 말해서, 성직자가 아닌 다른 직업의 일이나 활동이라도 하나님께 영광을 올려 드리는 수단이 될 수 있다는 점이다. 단지 전문적인 사제나 성직자만이 아닌 모든 믿는 자가 제사장이라는 개신교의 교리는 모든 기독교인이 종사하는 어떤 직업에서든 하나님을 찬미하고 영광스럽게 하는 소명을 가졌다는 사실을 의미했다. 베버는 이러한 신념으로 인해 사람들이 하나님에 대한 순종을 표현하는 일을 추구함에 따라 결과적으로 더 높은 수준과 더 나은 질의 일을 하게 된다고 주장했다. 베버는 유럽의 개신교도가 모여 사는 지역이 다른 지역보다 더 높은 수준의 생산성을 보였다는 것을 증명했다. 이러한 기독교인들이 돈을 더 많이 벌어야겠다는 것을 목표로 삼지 않았음에도 불구하고 오히려 부자가 된 것은 그들이 하나님께 순종하려는 노력의 부산물이었다.

사회학자 로버트 머튼(Robert Merton)은 17세기 과학적인 발전에 있어서 위와 같은 개신교가 가지고 있는 윤리적 가치의 효과에 대해 연구했다. 1957년, 머튼은 개신교의 윤리에 의해 받아들여진 문화적인 태도가 합리적이고 경험적인 과학적 연구를 촉진시켰다고 주장했다. 만약 이것이 사실이라면, 우리는 개신교 윤리를 받아들였던 신교도, 그 신교도의 분파들과 동맹을 맺은 17세기의 과학자들이 다른 시대의 과학자들보다 성공한 비율이 더 높은 것에 주목해야만 한다. 이 과학자들은 하나님의 창조 법칙과 진리를 발견하고자 하는 욕구에 의해 움직였을 것이다. 그들은 자신의 직업을 신성한 소명으로 받아들였으며 그것이 하나님을 어떻게 영화롭게 하는지에 따라 그들의 일을 평가했다. 그들이 노력한 데 따른 한 가지 효과는 그들의 직업을 정상으로 끌어올릴 가능성을 증가시킨 일이다. 베버와 머튼이 묘사했던 신념들을 가장 잘 대표하는 영국의 개신교 집단이 바로 청교도였다.

머튼은 영국의 왕립협회 창시자들의 종교적인 관계에 대해 연구했는데, 이 협회는 자신들의 분야에서 중요한 공헌을 한 과학자들만 받아들였던 영국의 훌륭한 단체였다. 당시의 영국 청교도들은 기독교인 중 소수에 불과했으므로 그런 엘리트 그룹의 구성원이 된다는 사실은 매우 흔치 않은 일이었다. 1645년 협회를 창설했던 열 명 중 일곱 명은 분명히 청교도였다. 주창자 중 하나였던 스카보르(Scarbrough)는 청교도가 아니었지만 다소 불분명하게 남아 있는 두 사람 중 하나였던 매레트(Marret)는 청교도 훈련을 어느 정도 받았다. 머튼의 이러한 발견은 놀라웠다. 우리가 가지고 있는 종교적 성향에 관한 정보를 보면 1663년 68명의 그룹 구성원 중 42명은 명백히 청교도였다.[3)]

작은 종교 집단이 당시 높이 존경받을 만한 과학자들을 배출했다. 청교도의 가치는 과학적 지식과 교육을 촉진하였다. 사실상 청교도 과학자들은 종종 그들의 일을 통해 하나님께 영광을 돌리는 데 헌신했고, 과학의 진정한 목표를 창조자의 업적 발견으로 간주했다. 개신교와 과학 사이의 이러한 관계는 뉴잉글랜드 지역에서도 나타났는데, 이 지역의 왕립협회에 회원으로 가입된 과학자들이 모두 칼뱅주의(Calvinism)를 훈련받았으며, 이러한 칼뱅주의 문화가 하버드대학교의 창설에 도움이 되었다.

비록 경제와 과학의 영역 모두에서 변화가 생겨났지만, 서구 과학자들 사이에서 개신교도들은 전체 인구에 비해 여전히 불균형하게 나타나고 있다.[4)] 이미 개신교의 직업윤리와 자본주의 정신 사이에서 분리가 일어났다. 하나님을 영화롭게 하려는 열망에 근거한 초기 직업윤리는 희미해졌고, 세속화된 견해가 그것을 대체했다. 돈과 물질주의는 더 이상 거룩한 활동의 부작용이 아닌 독립적인 목표로 우리 문화의 새로운 우상이 되었다. 열심히 일을 하는 목적은 부를 축

적하고 자기 스스로를 명예롭게 하는 수단이 되었고, 삶에 동기를 부여하는 요소로서의 하나님께 대한 봉사는 인간의 이기적인 탐욕으로 대체되었다(디모데전서 6:10 참조).

경제 분야에서 일어났던 분리현상이 과학 분야에서도 일어났다. 자연 세계에서 믿음이 부차적으로 된 것처럼 과학에서의 진리에 대한 기준도 바뀌었다. 과학적 사상은 종교에 대한 반대와 지적인 도전을 촉진시켰다. 흥미로운 사실은 과학적 사상이 계속적으로 바뀌고 있다는 점이다. 과학의 새로운 발견들로 인해 낡은 진리는 무너지고 교과서의 꾸준한 갱신이 요구되고 있다. 정보와 탐구가 후속 연구를 위해 새로운 통찰력과 더 많은 아이디어를 생산하면서 항상 유동적이야 하듯 과학은 사실상 변화가 필요한 대상이다. 과학은 이제 더 이상 하나님께 영광을 돌리기 위한 열망이 아닌 오히려 자기 자신과 타인을 섬기려는 욕망에 의해 동기가 부여된다. 이와 같은 초점의 변화는 이기주의와 자기숭배가 팽배한 인본주의 심리학과 상담 분야에서도 마찬가지로 명백하다.[5)]

기독교적 세계관은 인간의 본성에 대한 세속적 지식이나 세속적 진리와 분명한 차이를 보인다. 우리는 성경에 계시된 하나님의 진리를 인정하고, 모든 가치, 사상 그리고 개념을 평가하는 절대 오류가 없는 기준으로서 성경을 받아들인다. 성경은 성령의 조명을 통해 우리에게 인간의 본성, 우리의 목적 그리고 우리가 창조주와 어떻게 관련되어 있는지에 대한 참되고 왜곡되지 않은 그림을 보여 준다(로마서 15:4; 16:23–26; 디모데후서 3:15–17; 히브리서 4:12; 베드로전서 1:25; 베드로후서 1:21; 요한1서 5:6–8). 성경은 피조물 속에서 드러난 하나님의 일반 계시를 우리가 해석하고 이해할 수 있게 해 주는 기준이다(디모데후서 3:16).

이 세상에는 질서와 목적이 있고 모든 창조물, 즉 생물과 무생물의 설계, 발달, 생존 혹은 존속은 하나님의 의지에 달려 있다고 성경은 말한다(시편 104; 135:6-7, 9-10). 하나님의 일반 은총은 기독교인이나 비기독교인 상관없이 모든 사람에게 창조물 안에서 발견되는 법칙, 패턴 및 진리를 발견할 수 있는 지혜(에스더서 1:13; 시편 19; 잠언 31:1; 다니엘 2:12-18; 마태복음 7:9-11; 로마서 1:18-23)를 허용하고 또한 질서 있고 도덕적인 사회의 발달을 가능케 한다. 교회 역사에서 저스틴 마르티르(Justin Martyr, 기원후 110~165),[6] 아우구스티누스(Augustine, 기원후 354~430),[7] 그리고 장 칼뱅(Jean Calvin, 1509~1564)[8]을 포함하여 다른 신학자들[9]은, 심지어 세속적이고 무신론적인 출처들 사이에서 발견되는 것일지라도, 그 진리를 발견하고 사용하는 목적에 대한 가치를 인정했다.

효과적인 상담 사역을 위해 필요한 인간 본성의 이해와 현 세상에 대한 충분하고 완전한 설명은 하나님의 계시를 떠나서는 알려질 수 없다(사도행전 17:22-31). 하나님의 지혜와 비교해 볼 때, 인간의 지식은 어리석음으로 나타난다(고린도전서 3:18-21; 야고보서 4:6; 잠언 16:5, 18). 상담과 돌봄의 체계를 발전시키려는 시도는 성경적인 계시에 대한 인식과 수용 없이는 적절하지 못한 시도로 항상 남을 것이다. 상담학의 사상, 연구, 이론 그리고 기술이 우리의 관심을 끄는 것은 틀림없다. 그러나 만약 그것들이 성경의 근본적인 진리 위에 세워지지 않는다면, 성경의 완전하고 진실된 맥락이 결여되기 때문에 필연적으로 왜곡될 것이고 때때로 우리를 현혹시키며 우리에게 해를 줄 수도 있다.[10]

기독교 상담자들은 어떤 특정한 상담 이론이나 이론가들을 피상적이고 비판적인 평가에 기초하여 그들의 진리 주장과 개념들을 일방적으로 무시하는 영적 교만을 경계해야 한다. 기독교 상담자들은 또한 지혜와 분별력을 떨어뜨리고 혼란스럽게 만드는 편협한 마음과 독선 및 감정적 편견에 호소하는 논쟁을 피해야 한다. 비록 성경 전체가 진리를 드러내지만, 발견된 모든 진리가 성경에 다 나타나 있지는 않다. 그러므로 우리는 겸손해야 하고 세상의 어떤 진리는 인간의 모든 지혜와 이해가 미치지 않는 곳에 있으며 오직 하나님의 영을 통해서만 드러날 수 있다는 것을 깨달아야 한다(고린도전서 2:8–11).

성경으로부터의 상담

이 책은 당신이 어떤 상담 자격증을 취득하는 것이 좋을지 혹은 어떤 상담단체에 가입하는 것이 좋을지에 대해 말하지는 않을 것이다. 공식적인 상담 훈련의 모델을 제공하거나 상담의 기술과 절차에 대해 상세한 설명을 소개하지도 않을 것이다. 이 책의 목적은 성경적 상담을 위한 필수적인 요소들을 알고 성경적 기독교 상담자가 되기 위한 태도와 자질을 발견하여 그 토대를 바로 세우고 발전시키는 데에 있다. 이렇게 하기 위해서 우리는 처음으로 돌아가야만 한다. 그러나 우리는 정확히 어디에서부터 시작해야 하는가?

기독교 상담에 관한 책들은 대부분 성경적인 기초 위에서 상담에 대한 접근과 모델을 세우는 것이 중요함을 강조한다. 이런 책들은 그들의 목적을 이루기 위한 다양한 방법을 제안한다. 어떤 책은 목회적인 돌봄에 목적을 두고 하나님과 인간의 본성에 대한 성경적인 주제를 강조하기도 하고, 어떤 책은 다양한 주의와 비판적 평가를 요하는 일반 상담 모델들의 생각으로부터 가져온 상담 기법, 기술 그리고 이론에 초점을 맞추기도 하며, 또 어떤 책은 상담을 위한 조직적 원리에 필요한 특별한 단어나 이론적인 개념에 대해 언급한다.

대부분의 기독교 상담 저서들은 예수님과 그 제자들의 사역의 예와 바울 서신들로부터 이끌어 낸 성경적 인용이 있는 신약 성경을 많이 인용하고 있다. 바울을 언급하는 이러한 경향은 그의 서신들의 합리적인 조직과 구조를 볼 때 자연스러운 일이다. 이와 같은 상담 저서의 저자들은 보통 신학이나 심리학에 대해 학문적 조예가 깊다. 그들은 생각과 논쟁에 있어서 체계적인 전개와 합리적인 사고 과정을 강조하는 학문적 영역에서 훈련받아 왔다. 그들은 바울의 교훈적인 방식에 편안함을 느끼는데, 바울의 교훈적인 방식은 그들에게 설교, 대학원 수업과 연구들을 떠오르게 하는 친근함으로 다가온다. 또한 바울의 문체는 서구와 유럽인의 논리적인 사고방식에 잘 부합한다.

나는 사도 바울의 서신들이 가지는 가치를 연구하는 접근방식에 이의를 제기하고 싶지는 않다. 바울의 영감과 권위에 대해 이의가 있을 수 없고, 특히 영적인 은사들을 토론하는 데 있어서 우리는 지속적으로 바울 서신의 접근방식을 언급하게 될 것이다. 그 서신들은 연대순으로 성경의 계시 마지막 부분에 있으며 그리고 정경에도 포함되어 있다. 바울은 서신들을 통하여 우리를 위해 구약의 주제, 그리고 복음서와 사도행전의 이야기들을 해석하고, 성경적 기독교 상담에 기초가 되는 기본적인 신학적 원리를 전개한다. 그러나 성경의 거의 70%는 이야기 형태로 쓰여 있다. 의사소통의 방식으로서 설교적인 접근방식은 성경에서 거의 30%를 차지한다. 이것은 무엇을 의미하는가? 나는 이 질문에 대한 모든 대답을 가지고 있지는 않다. 하지만 다른 문체, 특히 이야기체에 대한 보다 면밀한 연구는 정당한 이유가 있다는 점을 제안하고 싶다. 하나님은 한 가지의 대화체와 형태보다는 더 다양한 방법으로 그분의 메시지를 전달하고 계신다. 돌봄의 모델에 대한 방향과 통찰력을 찾기 위한 한 가지 명백한 연구 영역은 구약 성경일 것이다.

우리의 연구는 바울이 했던 말의 진실을 알아내기 위해 성경을 찾고 연구하는 것에 숭고한 정신을 나타내었던 베뢰아인들을 배우도록 열심히 노력해야 한다(사도행전 17:11).[11] 이미 이루어진 연구 영역을 되풀이하고 신약성경 하나에만 우리의 초점을 제한하는 것보다 나는 우리가 '태초에'에서 시작하여 하나님의 말씀을 연구함으로써 상담에 관한 발전과 가치 있는 교훈을 발견할 수 있다고 믿는다.

연습문제

1. 상담에서 성경적 권위에 대한 당신의 견해는 무엇입니까? 성경적 권위를 기독교적 돌봄에 적용해 볼 때 그 용어에 대한 정의를 해 보라.
2. 당신은 상담이 어디에서 출발해야 한다고 믿고 있는가? 다시 말해서, 성경적인 관점을 지닌 기독교 상담을 위해 가장 우선시되어야 하는 원리 또는 출발점은 무엇이 되어야 한다고 생각하는가?
3. 이 장에서 언급된 몇몇 상담 단체(예를 들면, AAPC, CAPS, AACC, NANC, APA, ACA, NCFR, NBCC, 그리고 AAMFT)의 목적과 신념을 비교 · 검토해 보라. 단체에 관한 대부분의 정보는 각 단체의 공식 웹사이트에서 찾을 수 있다.
4. 상담의 과학적 연구와 성경적 진리는 어떻게 관련이 있는가?
5. 성경적이고 기독교적인 상담에 관한 몇몇 책을 재검토하고 그들의 관점과 상담방식에 대해 서술하라.

후 주

1) Francis A. Schaeffer, *Escape from Reason* (Downers Grove Ill.: InterVarsity Press, 1968); Francis A. Shaeffer, *How Should We Then Live? The Rise and Decline of Western Thought and Culture* (Old Tappan, N.J.: Fleming H. Revell, 1976), 130-66을 보라.

2) 갈릴레오(1564~1642)는 과학적 관찰을 통해 지구가 아닌 태양이 우주의 중심에 있다고 주장했다. 비록 그는 그의 견해가 성경과 일치한다고 주장하려는 시도를 했지만 1633년 이단으로 간주되었고 종교 단체들에 의해 그의 견해를 철회하도록 강요받았다.

3) Robert King Merton, *Social Theory and Social Structure,* rev. 그리고 증보판 (Glencoe, Ill.: Free Press, 1957), 574-85를 보라.

4) 같은 책, 588, 602. 과학의 진보를 이끄는 견해와 가치 그리고 과학적 연구를 싫어하고 적대하는 입장 모두 칼뱅주의적 전통 속에 그리고 침례교파를 포함하는 신교도들 사이에 존재한다. 논쟁은 21세기까지 계속되고 있지만 논점은 바로 이 두 입장이 공통적인 신학적 기원을 가진다는 점과 그들의 접근이 하나님께 영광을 돌리고 그의 말씀을 영화롭게 하고자 하는 소망으로부터 유래되었다는 점이다. 머튼의 *Social Theory and Social Structure*의 600쪽을 보라.

5) Paul Vitz, *Psychology as Religion: The Cult of Self Worship*, 2nd ed. (Grand Rapids, Mich.: William B. Eerdmans, 1994)를 보시오. 비츠는 심리학의 일률적인 보편화와 비난에 대해 관여하지 않았다. 그는 그의 초점이 인본주의 심리학에 있고 그의 논의가 실험 심리학, 행동주의, 정신분석 그리고 심리학에서 인간의 종교적인 영역을 존중하는 학자들을 포함하지 않는다고 진술한다. 비츠의 xvii-xviii를 보라.

6) "모든 사람 속에서 어떤 말이든 옳은 것이라면, 그것은 우리 그리스도인들의 자산이 된다." Justin Martyr, *The Second Apology of Justin*, in Ante-Nicene Fathers, vol. 1, *The Apostolic Fathers, Justin Martyr, Irenaeus*, eds. Alexander Roberts and James Donaldson (Christian Literature Publishing Company, 1885; reprint, Peabody, Mass.: Hendrickson Publishers, 1994), 193.

7) 예를 들면, "아마도 무엇이 거짓인가를 제외하고는 아무도 스스로 무엇에 대해 생각해야만 하는 일은 없다. 모든 진리를 아는 분은 말씀하신다. '나는 진리다.'" 그

리고 "모든 선하고 진실한 그리스도인들에게 어디서 발견되는 진리든지 간에 모든 진리는 그의 주인에게 속해 있다는 것을 이해하게 하라고 말씀하신다." Augustine, *On Christian Doctrine*, Preface, 8; 2.18.28, in Nicene and Post-Nicene Fathers, First Series, vol. 2, *Augustine: City of God, Christian Doctrine*, ed. Philip Schaff (Christian Literature Publishing Company, 1887; reprint, Peabody, Mass.: Hendrickson Publishers, 1994), 521, 545. 아우구스티누스는 *On Christian Doctrine* 2편(40.60) 554에서 이러한 원리에 대해 아주 자세히 말하고 있다.

더 나아가 만약 철학자라고 불리는 사람들, 특히 플라톤 철학주의자들이 진실되고, 우리의 믿음과 조화를 이루고 있는 무언가에 대해 말했다면 우리는 진실을 피하지 않을 뿐만 아니라, 그것을 불법적으로 점유한 사람들로부터 우리 스스로의 권리를 위해 진실을 주장해야만 한다. 이집트인은 이스라엘 사람이 싫어하고 진실로부터 달아나려고 했던 무거운 짐과 신상을 가지고 있었을 뿐만 아니라, 이스라엘 사람이 싫어하여 달아나려고 했던 무거운 짐과 신상을 이집트인은 가지고 있었으며, 이스라엘 사람이 이집트를 빠져나올 때 그들 자신의 것으로 삼았던 금과 은으로 된 그릇과 장신구 그리고 옷들을 이집트인은 가지고 있었다. 이집트인은 장신구를 그들 자신의 권위 위에 두지 않고 하나님의 명령에 의해 더 나은 쓰임새를 고안했으며, 이집트인 자신들의 무지함으로 선하게 사용하지 않았던 것들을 이스라엘 사람에게 주었다(출애굽기 3:21,22; 12:35,36). 같은 방법으로, 이교도 학문의 모든 학파는 우리 모두가 그리스도의 지휘 아래에서 이교도인들과의 교제로부터 빠져나올 때 혐오하고 피해야만 했던, 거짓되고 미신적인 공상과 불필요한 고역에 대한 무거운 짐을 가지고 있었다. 그뿐만 아니라 그들은 진리의 사용에 대해 더 잘 적응된 풍부한 가르침, 그리고 대부분의 우수한 도덕성에 대한 인식을 갖고 있었다. 그리고 하나님 한 분을 향한 숭배와 관련된, 부분적 진리가 그들 가운데에서 발견된다. 말하자면, 광산에서 발굴한 금과 은은 그들이 창조한 것이 아니라 어디에나 널리 흩뿌려져 있는 하나님의 섭리 안에 있다. 그들은 이러한 금과 은을 광산에서 발굴하여 사탄을 숭배하는 일에 사악하고도 어긋나게 사용하고 있다. 그러므로 그리스도인은 이러한 사람들과의 불결한 교제로부터 자신을 분리시킴으로써 사악한 것들로부터 멀리 달아나게 되고, 복음을 전하는 데에 하나님의 섭리들을 적절히 사용해야 한다. 그들의 외관, 즉 이 세상의 삶에서 필수불가결한 인간의 제도와 관습 또한 그리스도를 위한 목적으로 취해지며 사용되어야 한다.

8) "그러므로 신을 욕되게 하는 저서들을 읽을 때, 그 속에서 보이는 감탄할 만한 진리의 빛은, 비록 인간의 마음이 본래의 정직성으로부터 많이 타락했고 더러워지기는 했지만, 여전히 창조주가 주시는 선물을 부여받고 광채를 발하고 있다는 것을 우리는 떠올려야만 한다. 만약 우리가 오직 하나님의 영만이 진리의 근원이 되신다는 것을 상기한다면, 우리가 그를 모욕하는 것을 피할 때, 어디에서든지 보이는 진리를 거부하거나 비난하지 않기 위해 조심스러워할 것이다. 그 선물들을 경멸할 때, 우리는 주신 분을 욕되게 한다. 그러나 만약 주님께서 물리학, 변증법, 수학 그리고 다른 유사한 과학 안에 있는 신성하지 못한 일과 사역으로 우리를 도우시며 우리가 과학을 사용하는 것에 대해 기뻐하실 때에, 우리가 행여나 우리에게 자연적으로 주어지는 하나님의 선물들을 무시한다면, 우리는 우리의 나태함에 대해 당연히 처벌받을 것이다." John Calvin, *Institutes of the Christian Religion,* translation of: *Institutio Christianae religionis*, trans Henry Beveridge, reprinted with new introduction (Edinburgh: Calvin Translation Society, 1845-1846; Oak Harbor, Wash.. Logos Research Systems, 1997), II, ii, 15-16.

9) 예를 들면: "특별 계시로부터 떨어져 있는 진리도 여전히 하나님의 진리이다." Millard J. Erickson, *Christian Theology*, 2nd ed. (Grand Rapids, Mich.: Baker Book House, 1998), 199; 그리고, "사람들이 알고 있는 무엇이든지 간에 그들은 하나님의 은혜로 인해 알게 된다. 그 진리가 어디서 발견되든지 상관없이 모든 진리는 하나님의 진리이기 때문이다." Arthur F. Holmes, *All Truth Is God's Truth* (Grand Rapids, Mich.: William B. Eerdmans, 1977), 23.

10) 유사한 문제가 신학에서도 발생할 수 있는데, 예를 들어 예수님께서는 마태복음 22:23-33에서 사두개파의 부적당한 성경적 인간학을 드러내셨다.

11) 성경은 바울 서신들을 읽을 때 발생할 수 있는 문제점에 대해 경고하고 있다. 베드로후서 3:16에서, 바울 서신에서는 그중에 "알기 어려운 것"이 더러 있고 또 어떤 사람은 바울 서신 외 성경의 나머지 부분을 이해할 때 왜곡적으로 해석한다고 했다. 베드로가 사용한 그리스어는 dysnoetos인데, 이것은 신약에 있는 이 본문에서만 유일하게 발견된다. dysnoetos는 하나님의 뜻과 행동을 들여다보는 영적인

통찰력이 결여된 사람을 묘사한다. 사람들은 바울이 말하려고 하는 것을 오해하고 잘못 이해했으며 성경의 의미를 자신들의 특정한 관심이나 목적에 맞추어 매우 왜곡하거나 잘못 받아들였다. 바울은 비록 하나님의 지혜를 가지고 서신들을 썼지만(베드로후서 3:15), 서신들의 의미가 독자들에게 항상 명확하지는 않았다는 점에 대해 베드로는 잠재적인 문제들을 암시하고 있다. 다시 말해서, 베드로가 지적한 문제들로 인해 우리는 낙담해서는 안 되며 오히려 문제들로 인해 우리가 학문에 대해 더 신중을 기하도록 해야 한다는 점이다.

참고문헌

Augustine. *On Christian Doctrine* in Nicene and Post-Nicene Fathers, First Series, vol. 2, *Augustine: City of God, Christian Doctrine*. Ed. Philip Schaff. Christian Literature Publishing Company, 1887; reprint, Peabody, Mass.: Hendrickson Publishers, 1994.

Calvin, John. *Institutes of the Christian Religion*. Translation of *Institutio Christianae Religionis*. Trans. Henry Beveridge. Reprint, with new introduction. Edinburgh: Calvin Translation Society, 1845-1846. Oak Harbor, Wash.: Logos Research Systems, Inc., 1997.

Erickson, Millard J. *Christian Theology*, 2nd ed. Grand Rapids, Mich.: Baker BookHouse, 1998.

Holmes, Arthur F. *All Truth Is God's Truth*. Grand Rapids, Mich.: William B. Eerdmans, 1977.

Martyr, Justin. *The Second Apology of Justin*, in Ante-Nicene Fathers, vol. 1, *The Apostolic Fathers, Justin Martyr Irenaeus*. Eds. Alexander Roberts and James Donaldson. Christian Literature Publishing Company, 1885; reprint, Peabody, Mass.: Hendrickson Publishers, 2004.

Merton, Robert King. *Social Theory and Social Structure*, Revised and enlarged ed. Glencoe, Ill.: The Free Press, 1957.

Schaeffer, Francis A. *Escape from Reason*. Downers Grove, Ill.: Inter-

Varsity Press, 1968.

Shaeffer, Francis A. *How Should We Then Live? The Rise and Decline of Western Thought and Culture*. Old Tappan, N.J.: Fleming H. Revell Company, 1976.

Vitz, Paul. *Psychology as Religion: The Cult of Self Worship*, 2nd ed. Grand Rapids, Mich.: William B. Eerdmans, 1994.

CHAPTER

02

창조: 성경적 기독교 상담을 위한 출발점

최초의 가족

관계로의 탄생

왜곡된 형상

거짓과 가족의 역사

하나님의 구속 사역

일반 상담 이론들의 근본적 결함

CHAPTER 02

창조: 성경적 기독교 상담을 위한 출발점

상담자들은 자신이 가지고 있는 개인적 믿음, 훈련 그리고 각자의 재능과 기술을 상담 장면에 가져온다. 내담자 역시 그들의 마음가짐, 경험들 그리고 역량을 상담에 가져온다. 상담 관계의 중심에는 치유와 인간의 본성에 대한 일련의 가정이 있다. 당신은 인간의 본성에 대해 어떻게 설명할 것인가? 우리는 누구인가? 우리는 감정, 태도 그리고 행동을 움직이는 어떤 무의식적인 힘 또는 외부의 사회적 압력으로 인한 행동적인 자극에 반응하기 위해 만들어진 단순한 생물학적 기계인가? 대부분의 일반 상담 이론들은 인간의 본성에 대해 생물학적 입장을 취하고 있다. 성경은 우리가 누구인지에 대해 다른 그림을 보여 주며, 창세기는 우리에게 완전한 상담 모델을 위한 기초를 제공한다.

최초의 가족

태초에 하나님은 나무, 풀 또는 식물이 없었던 불모지, 즉 그분이 이전에 어떤 것도 창조한 적이 없었던 장소에 동산을 설계하고 지으셨다. 하나님은 이 빈 공간을 과일나무와 같은 아름다운 나무 그리고 땅에 물을 공급하기 위한 강으로 채웠다. 그분은 두 명의 거주자를 이 아름다운 동산을 돌보고 경작하라는 가르침과 함께 동산에 두었다. 이 두 사람은 동산의 질서와 통제를 담당하는, 하나님을 대표하는 사람들이었다. 그들은 동산 주인의 뜻을 깊이 이해할 수 있는 축복을 받았다. 실제로, 그들의 본성에는 창조주의 모습이 많이 들어 있었다.

동산의 주인은 두 명의 거주자에게 정원에 있는 모든 실과를 먹을 수 있다고 말했다. 한 가지만을 제외하고 그들은 동산의 주인처럼 그들이 어디로 갈지 또 무엇을 할지에 대해 선택할 자유를 마음껏 가졌다. 하나님은 동산에 있는 나무 한 그루만은 그분의 개인적인 소유물임을 분명히 했다. 그들은 동산의 한 그루의 나무에서 나오는 어떤 실과도 침해하거나 먹지 않기로 되어 있었다.

이것은 필요한 질서였다. 동산의 주인은 두 거주자에게 선택의 자유를 주었다. 그들은 그분의 명령을 듣고 순종하거나 아니면 그 분의 말씀을 거부할 수도 있었다. 그분의 길과 그분의 의지에 반대하는 길 사이에서 선택할 수 없었다면 이 자유는 가짜였을 것이다. 진정한 자유는 어떤 상황에서 적어도 두 가지 대안을 필요로 한다. 그 나무가 없었다면 그 거주자들은 정원을 돌보도록 조작된 노예이거나 로봇과 다를 바가 없었을 것이며, 그들은 자유의지를 사용하는 하나님의 능력과 닮은 점이 전혀 없는 사람들이었을 것이다.

동산의 주인은 나무의 실과를 먹지 말라고 그들에게 요구한 이유를 드러낼 만큼 충분히 선했다. (사실상, 하나님은 그들에게 설명할 어떤 의무도 없었다.) 기본적으로, 규칙은 그들 자신을 보호하기 위해 있었다. 동산의 주인은 이 나무의 실과에서 발견되는 능력과 만물을 혼자서 다스릴 만큼 충분히 강하셨다. 그 나무는 순종을 가르치기 위해 동산에 있었다. 실과를 먹지 않음으로써, 두 거주자는 건설자이시며 주인이시고 또 통치자이신 하나님을 알 수 있는 참된 지식을 이해하면서 성숙했을 것이다. 동산의 거주자는 그들의 삶에서 결코 악을 경험하지 않고도 거짓으로부터 진실을 구별하는 법을 배웠을지도 모른다. 한편으로 그 나무의 실과를 먹는 것은 죽음을 초래할 것이었다. 그들을 더 돕기 위해 동산의 주인은 동산에 다른 나무를 놓아 두셨다. 이 나무는 영원한 삶으로의 변화의 능력을 선사하는 나무였다. 그것은 순종의 결과와 보상에 대한 가시적인 지침으로서 창조주의 현존과 그분과의 온전하게 친밀한 교제 가운데 누리는 영원한 생명이었다.

동산의 주인이 그의 길에 반대하는 목소리의 존재를 허용했을 때, 선택의 자유는 더욱 강조되었다. 동산의 거주자들은 창조주의 말을 들을 수도 있었고, 또는 반대자인 뱀(Nachash)의 잘못 인도된 말을 들을 수도 있었다. 이미 알고 있듯이, 그들은 후자 쪽의 말을 듣는 것을 선택했다.

"나는 이 신이 정원에 있는 어떤 나무의 실과도 먹지 말라고 당신에게 말했다는 것을 믿을 수가 없어."라며 뱀이 생각에 잠기면서 말했다. "당신은 죽지 않을 거야."

물론, 선하신 동산의 주인은 단지 나무 한 그루로의 접근만을 금지했고 그 밖의 그분이 창조하신 만물을 거주자들에게 주었으나, 그들은 사탄의 거짓말에 이끌리고 말았다.

사탄의 새로운 메시지는 확신 대신에 의심의 씨앗을 뿌렸다. 창조주 하나님은 신뢰할 수 없는 분이 되었고, 거주자들의 성장과 발달을 가로막을 의도가 있는 거짓말쟁이가 되어 버렸다. 만약 그들이 그냥 하나님을 무시했더라면 훨씬 더 많은 지식을 얻었을 것이다. 아이러니는 동산의 통치자로 임명된 자들이 지적 · 도덕적 성장, 육체적인 필요, 그리고 그들이 창조된 목적의 충족을 위해 필요한 모든 것을 제공받았다는 사실이다. 그러나 두 거주자는 사탄의 말을 듣기로 선택했다. 그들은 그들의 창조주에 대한 거짓되고 왜곡된 형상을 받아들였고, 이 새로운 환영을 따라 자신들의 삶을 살기를 선택했다.

창조주가 거주자들을 직면했을 때, 그 실과의 파괴적인 결과들이 나타났다. 남자는 하나님과 여자를 비난했고 여자는 뱀을 비난했다. 그리고 동산의 주인은 이 남자와 여자를 정원에서 추방했다. 결과적으로, 우리는 우리 자신의 나쁜 행실에 대해 타인을 비난하고, 스스로 하나님인 것처럼 행동한다. 이때부터 우리는 계속해서 에덴동산을 찾아 돌아다니고 있다.

이 두 사람이 동산으로부터 추방된 것은 더 이상 생명나무에 접근할 수 없음을 의미했다. 이것은 사실상 창조주의 첫 번째 구속 계획이었다. 거주자들은 영원한 죄와 악의 공포를 더 이상 겪지 않았다. 때가 이르면 영원한 삶으로 향하는 새로운 길에 대한 가능성을 예고할 또 다른 나무가 있을 것이었다. 깨어지지 않은 하나님의 형상으로 채워진 새 아담은 사탄의 같은 유혹에 직면할 것이었다. 그러나 이번에는 결과가 달라질 것이었다.

창세기에 기록된 생명나무는 요한계시록의 마지막 장(요한계시록 22:2)에서 다시 나타난다. 성경은 "사탄의 유혹을 이기는 그에게 내가 하나님의 낙원에 있는 생명나무의 실과를 먹게 하리라."(요한계시록 2:7)고 기록한다. 그러나 사람이 어떻게 이길 것인가? 이러한 영원한 삶으로 가는 길은 창조주 하나님과의 충만하고 친밀한 교제를 회복했던 좁은 길(요한복음 14:6), 선과 악을 알게 하는 나무에서부터 생명나무에 이르기까지, 즉 하나님의 인간에 대한 사랑의 깊이를 측정할 수 있는 그리스도의 십자가에 놓인 역사의 교차점에서 발견될 예정이었다.

세상을 다스리는 권세와 능력이 사탄에게 주어졌다. 사탄은 새 아담이신 예수님께 만약 그가 자신을 찬양하면, 이 모든 능력을 가질 수 있을 거라고 했다. 이번에는 처음과 달리 사탄의 유혹이 물리쳐졌으며(누가복음 4:5-8), 새로운 나무 위에서 고통과 고난의 길을 통해 인류를 구속하기 위한 길이 만들어졌다. 율법을 어긴 저주의 형벌은 십자가 위에서 지불되었다. 나무에 달린 자는 하나님께 저주를 받았음이라(신명기 21:23), 그리고 그리스도께서 우리를 위하여 저주를 받은 바 되셨다(갈라디아서 3:13)고 성경은 말하고 있다. 하나님이 새 아담에게 고통, 고난 그리고 죽음을 가져온 파괴하는 악의 힘에 의해 설계된 새로운 나무를 속죄하는 구원의 길과 상징으로 변형하셨다. 하나님은 사탄의 일을 멸하려 계획하셨다(요한1서 3:8b).

관계로의 탄생

관계의 중요성은 성경의 첫 구절에서 찾아볼 수 있다. 창세기 첫 장의 첫 번째 글자인 *Beit*는 히브리어 알파벳의 두 번째 철자다. 접두사로서, 이 철자는 '안으로'라고 번역된다. 그러나 유대인 학자들, 특히 신비주의 전통을 따르는 학자들은 그 철자가 숫자 '2', 이중성, 공유 또는 복수의 뜻을 나타낸다고 말한다.[1] 그것이 창세기에서 '안으로'라는 뜻으로 꽤 정확히 번역되었는데, 성경 제1권의 첫 장, 첫 구절, 첫 철자가 관계의 중요성을 가리키고 있다는 사실은 흥미롭고, 의미심장해 보이기까지 한다. 우리는 고립된 개인으로 존재하지 않는다. 우리는 우리의 창조주 그리고 다른 사람들과 연결되어 있다.

관계의 중요성에 대한 그 이상의 증거는 창세기 첫 장의 다른 구절에서 발견된다. 창세기 1장 1절 "베레시트……엘로힘(*Bereshith*……*Elohim*, 태초에 하나님이)"의 시작 어구에서 하나님이라고 번역된 이 단어는 '엘(*el*)'의 복수 형태인 '엘로힘(*Elohim*)'이다. '엘'이라는 용어는 하나님의 통치권과 하나님의 힘 또는 능력에 있어서 '으뜸'이라는 뜻이다. 하나님은 전능하시며 최고 권위를 가진 주이시다. 구약에서 이 단어는 종종 하나님에 대해 묘사하는 다른 명칭들과 함께 복합어 형태로 사용된다. 예를 들면, '엘 샤다이(*El Shaddai*, 전능하신 하나님)', 그리고 '엘 엘리온(*El Elyon*, 가장 높으신 하나님)'이 그러한 예다. 복수형 '엘로힘'은 하나님의 본질과 속성을 강렬하게 표현하는 방식으로, 우리 창조주의 능력, 위엄 그리고 권위가 세상 누구와 비길 데가 없으며 그분만이 홀로 영원함을 우리에게 말한다. 복수 용어가 결코 다신론의 형태를 암시하지는 않는다. 하나님은 한 분이시다. 하지만 기독교인들에게 이 용어는 또한 하나님의 삼위일체적 본질을 나타낸다.

프랜시스 셰퍼(Francis Schaeffer)는 삼위일체를 근본적인 교리로 여겼다. 그 이유는 삼위일체가 없다면 하나님께서는 관계를 위해 자신의 밖에 존재하는 다른 것이나 다른 누군가를 필요로 했을 것이기 때문이다.[2] 하나님께서는 친하게 사귀며 친교를 나누기 위해 합리적 인간성을 가진 창조물을 절대적으로 필요로 하지 않는다. 하나님께서는 인간과 분리된 관계를 가지고 계신다. 하나님은 인간을 필요로 하지 않으신다. 그러나 인간은 우리의 존재와 지속적인 생존을 위해 하나님을 필요로 한다. 하나님의 현존은 온전함을 이루기 위해 한 개인과 공동체에게 필수적이다.

공동체와 개인

관계의 주제는 인간의 창조에서도 찾아볼 수 있다(창세기 1:26-28, 31). 하나님께서는 우리를 각자 자신만의 독특한 정체성을 가진 개인으로 그리고 또 서로를 필요로 하는 사람으로 창조하셨다. 인간은 영적이면서 또 물질적인 존재다. 그리고 우리는 개인적이면서도 사회적이다. 우리는 하나님과 타인과 친하게 지내기 위해 태어났다.

창세기 첫 장을 읽을 때, 인간의 본성을 반영하는 단수와 복수 용어들을 짜 맞춘 형태에 주목해 보라.

> 그때 하나님께서 이르시기를, "우리의 형상을 따라 우리의 모양대로 사람[인류]을 만들자……." 그리고 하나님께서는 그 자신의 형상으로 사람(단수)을 만드셨고, 하나님의 형상으로 그(단수)를 창조하셨다. 하나님께서는 남자와 여자, 그들(복수)을 만드셨고, 그들(복수)을 축복하셨다. 그리고 하나님께서는 그들(복수)에게 "충만하고 번성하여라. 그리고 땅을 가득히

> 채우고, 정복하라. 그리고 바다의 물고기와 하늘의 새, 그리고 땅에 살아 있는 모든 생물을 다스리라."고 말씀하셨다……. 하나님께서는 그가 만드신 모든 것을 보시니 보시기에 심히 좋았더라.

우리는 하나님의 형상(*tselem*)을 지니고 있고, 이것은 우리를 다른 모든 창조물의 형태로부터 구별되게 한다. 이것이 우리의 정체성의 기원이다. 그것은 우리가 특별한 목적을 위해 창조되었고 인간이 창조주와 특별한 관계를 가졌음을 말하고 있다. 그러나 죄가 이 관계를 깨뜨렸다.

인간의 독특성과 연합

우리는 다른 모든 피조물과 구별된다. 하나님은 "흙으로 사람을 지으셨고"(*yyatsar*-Hebrews)(창세기 2:7) 그리고 따로 "각종 들짐승을 지으셨다."(*yatsar*-Hebrews)(창세기 2:19) 인간의 정체성은 독특하다. 사람은 우연과 유전적으로 발생한 결과가 아니다. 우리는 창조주 하나님의 창조 계획의 일부로서 마치 예술작품처럼 계획되고 제작되었다. 우리는 이 땅에서 하나님의 창조물을 관리하도록 하나님의 형상을 따라 만들어졌다. 그리고 아담과 하와가 하나님과 가졌던 특별한 관계는 이 세상의 그 어떤 다른 모든 피조물과 구별되었다.[3)]

인간의 관계에는 분리와 연합 양자가 모두 있다. 모든 사람은 각자 개인의 정체성을 가진다. 하나님께서는 하나의 사람을 만드셨고, 그에게 이름을 주셨다. 아담은 하와와 구별되는 인격을 가진 독특한 하나의 존재였다. 그러나 또한 하나님께서는 "충만하고 번성하라."

(창세기 1:28)는 명령과 함께 남자와 여자인 "그들"(창세기 1:27)을 만드셨다. 두 사람은 육체적으로 그리고 한 공동체로 연합하도록 되어 있었다. 개인에게 있어서 그리고 가족과 사회 수준의 공동체에 있어서 하나님이 가장 중심이 되어야 했다.

왜곡된 형상

인간의 정체성은 다른 피조물과 구별된다. 인간은 하나님의 형상으로 창조되었지만, 우리는 더 이상 완벽하지 않으며, 죄로부터 자유롭지 않다. 죄는 비난과 하나님으로부터의 분리를 초래했다. 그리고 죄는 그 결과로서 인간의 육체적, 영적인 죽음을 초래했다. 아담은 영을 가진 영적 존재인 동시에 육체적(히브리어의 *nephesh*) 존재였다. 인간의 타락이 우리와 하나님 사이에 단절을 가져왔지만, 우리 몸은 본질적으로 악하지 않다. 성(聖) 육신이 이 견해를 지지한다(요한복음 1:14; 히브리서 2:14, 17). 예수님은 신이셨지만, 동시에 그는 육적인 몸을 가진 완전한 인간이셨다. 우리의 몸은 그리스도의 일부이며(고린도전서 6:15-20) 성령의 성전이다. 그래서 우리는 우리의 몸으로 하나님을 영화롭게 하고, 우리의 몸을 그에게 선물로 드려야 한다(로마서 12:1-2). 앞으로 올 부활에 우리는 새 몸으로 변화할 것이다(고린도전서 15:35-44, 53-54; 빌립보서 3:20-21).[4)]

타락 이전에 아담과 하와가 맺었던 하나님과의 관계는 사라졌다. 창조주로부터 온 인간의 형상은 왜곡되었고, 그들은 창조 때 가졌던 완전한 잠재력을 더 이상 실현할 수 없었다. 아담과 하와는 새로운 영과 몸이 필요하게 되었다. 그들이 하나님에게 순종하지 않은 결과는 세대를 이어 계속되었다. 이제 모든 사람은 도덕적인 행동과 개인적인 책임에 대해 인식하면서도 또한 죄를 범하고 싶어 하는 선천적 경향을 가진다. 자신의 허물과 죄로 인해 죽은 사람에게 유일한 희망은 새 생명(에베소서 2:1-6)과 성령 안에서의 새 탄생(요한복음 3:7-8; 로마서 8:10)을 가져온 새 아담에게 있다.

거짓과 가족의 역사

타락은 인간의 삶에 분열을 가져왔다. 에덴동산에서 사탄에 의해 나타난 거짓(창세기 3:3)은 인간의 관계에 스며 있는 하나의 특징이 되어 버렸다. 우리의 성격은 죄 짓기를 좋아하고, 다른 사람과의 관계 속에서 진실된 생각과 감정을 덮는 가면을 쓴다. 실제로 성격(personality)이라는 단어는 '가면'을 의미하는 라틴어 *persona*로부터 유래하며, 그것은 그리스 연극에서 다양한 감정을 묘사하기 위해 배우들이 썼던 무대 가면을 일컫는다. 사회학자들은 우리가 다른 사람들에게 보이기를 원하는 방식으로 자신을 나타내기 위해 행동과 반응을 하는 모양을 '인상 관리'라는 용어로 설명한다.

거짓은 의식적이고 의도적일 수도 있으나 또한 고의가 아닐 수도 있다. 우리는 세대를 거쳐 남을 속이는 특성을 전한다. 아브라함의 가족은 속이는 행동의 세대적 전이에 대한 좋은 예를 보여 준다. 아브람(아브라함)이 이집트에 갔을 때, 그는 바로 왕이 그의 아름다운 아내인 사래(사라)를 취하고 싶어 할 것이라는 생각에 두려웠다. 그는 이집트인이 자신을 죽일지도 모른다고 두려워했다. 죽임을 당할 가능성을 피하기 위해, 아브람은 자신의 아내를 여동생인 체했다(창

세기 12:11-13). 아브람의 두려움에 이어서 일어난 거짓은 그 거짓이 드러날 때까지 하나님께서 이집트 왕실에 병으로 고통을 주는 결과를 초래했다.

아브라함은 이 사건으로부터 무엇을 배웠는가? 창세기 20장에서, 우리는 그가 똑같은 거짓을 반복하고 있는 점을 발견한다. 그가 그랄 땅에 있었을 때, 또 한 번 아브라함은 두려움으로 인해 사라를 그의 동생이라고 속이는 행동을 했다. 그랄의 왕 아비멜렉은 사라를 취하려 하지만, 하나님은 그에게 꿈으로 그것이 거짓임을 경고하셨고 그것으로 인해 왕은 비극을 피해 갈 수 있었다.

아브라함은 그의 아들 이삭에게 어떤 본을 보여 주고 있나? 아브라함은 명백히 믿음이 있는 사람이지만(히브리서 11:11-12), 그는 완벽하지 않다. 그의 아들 이삭은 이집트와 그랄 땅에서 있었던 아버지 이야기를 전해 들었을 것이다. 그는 아버지 아브라함이 극심한 긴장과 두려움의 순간에 어떻게 반응했는지 지켜보았을 것이다.

이삭이 리브가와 결혼하고, 그와 그의 가족이 기근에 당면하게 되었다. 이삭은 그랄 땅에 가서 도움을 구했다. 그러나 이전에 그의 아버지가 그랬던 것처럼, 그는 자신의 아내를 여동생인 체했다(창세기 27:7). 하나님께서는 이삭의 아버지 아브라함에게 땅과 셀 수 없을 만큼 많은 자손을 주어 아브라함을 보호하겠다는 언약을 이삭에게 상기시켰지만, 이삭의 두려움으로 인해 다시 한 번 아브라함의 가족은 거짓을 말하는 상태에 빠졌다. 다행히 왕은 이삭의 말이 거짓임을 알았고, 그랄 땅에서 이삭의 소유는 하나님께서 주신 축복의 때를 누리게 했다.

아브라함의 세 번째 세대의 자손을 보자. 아브라함과 이삭의 이야기는 자손들에게 전해졌고, 거짓의 위험에 대해 배웠을 것이다. 그러나 창세기 27장에서 리브가가 장자에게 주는 족장의 축복을 형인 에서가 아니라 야곱에게 주어지게 하기 위해 아버지 이삭을 속이라고 가르치고 있는 것을 발견한다.

국가와 민족은 지도자들의 어리석은 결정 때문에 고통받고, 아이들은 부모의 지혜롭지 못한 행동 때문에 고통받는다. 성경은 아브라함과 같이, 아이들이 남을 속이고 죄지을 만한 행동들을 부모들로부터 배우는 예들을 묘사하고 있다. 우리는 주변 사람으로부터 어떻게 생각하고, 말하고, 행동하는지를 배우는데, 인간의 초기 발달 단계에서 가장 영향력 있는 사람들은 대개 부모와 친척들이다. 이러한 아동의 학습 과정 이면에 있는 원리는 고대의 한 격언과 연결된다. "아비가 신 포도를 먹었으므로, 아들의 이가 시다."(에스겔 18:2) 다시 말해서, 그것이 좋은 것이든 나쁜 것이든 한 세대의 행동은 다음 세대에게 영향을 미친다. 자연적인 추론은 자손들이 그들 부모의 행동에 대한 책임을 지게 되고, 그로 인해 처벌받을 수 있다는 신념이었다. 앞으로 알게 되겠지만, 이 격언은 하나님의 가르침을 부정확하게 말한다.

당신 가족의 역사에 대한 연구는 당신의 삶에 영향을 준 사람들과 사건 그리고 당신이 어떤 주어진 상황에서 왜 그렇게 반응하는지에 관한 중요한 정보를 알아낼 수 있다. 사람들이 그들 가족사의 현 세대(형제자매와 사촌)와 이전의 두세 세대(부모, 조부모, 증조부모)를 열거하고 묘사하도록 요청하는 활동은 유익한 상담 과제다. 친척 외의 다른 중요한 사람들에게서도 역시 확인될 수 있다.

가족 안에서 개인의 잊혀지지 않는 중요한 역사에는 결혼과 이혼, 알코올이나 약물남용, 명예와 사회적 인정, 교육, 직업과 사회적 지위, 민족적 및 국가적 유래 그리고 그 밖에 다른 주목할 만한 사건들

의 어떤 역사도 포함될 수 있다. 특히, 가족의 종교적 역사는 그 가족의 영적인 배경 정보를 준다. 가족 안에서 문제가 어떻게 논의되었고, 강한 감정은 어떻게 다뤄졌으며, 갈등은 어떻게 해결되었는지(또는 은폐되고 무시되었는지), 가족 안에서 의사소통의 방법과 형식이 어떠했는지에 대한 정보 또한 모을 수 있다.

가족 역사에 관한 또 다른 영역은 여러 관계 형태 안에서의 사랑, 믿음, 희망의 역할 그리고 신뢰와 배신, 기만, 폭력, 불신의 예들을 포함한다. 이렇게 개인의 가족 역사 배경을 앎으로써 얻는 효과는 사람들이 그들의 부모와 그리고 이전 세대와 얼마나 많이 닮았는지 혹은 다른 방도로 그들이 부모의 영향에 대해 얼마나 반항하고 반발하는지를 깨닫는 점이다.

성경은 특별히 믿음의 관점으로부터 쓰인 이스라엘 국가의 가족 역사를 우리에게 제공한다. 우리는 그들이 하나님 그리고 또 다른 사람들과 관계를 맺는 방식을 볼 때, 각 세대 사람들의 강점과 인간적인 단점을 발견한다. 그렇지만 성경은 비록 부모가 자녀들에게 부정적 영향을 줄지라도(잠언 22:6), 각 사람은 자신의 행동에 책임을 져야 한다는 사실을 명백히 말한다. 자녀들은 자신이 행동한 방식에 대해 부모를 비난할 수 없고 부모는 자손들의 범죄 때문에 처벌받아서도 안 된다. 우리 모두는 자신의 행위에 대해 책임을 져야만 한다(신명기 24:16-18; 열왕기하 14:6; 역대기하 25:4). 성경은 "아비가 신 포도를 먹었으므로, 아들의 이가 시다."라는 격언의 가르침을 하나님이 거부한다는 점을 명확히 하고 있다. 대신에 "아비가 신 포도를 먹었으므로 아들의 이가 시다 하지 아니하겠고, 신 포도를 먹는 자마다 그 이가 심같이, 각기 자기 죄악으로만 죽으리라."(예레미야 31:29-30)라고 성경은 말한다.

에스겔은 이 주제에 대한 논의를 확장하고 있다(에스겔 18:1-32). 하나님께서는 이스라엘 백성에게 이 속담을 다시 사용하지 말라고 하셨고(에스겔 18:2-3), 부모가 자녀들의 죄 때문에 비난받아서는 안 되며 또한 그 반대의 경우도 마찬가지라고 강조하셨다. "모든 영혼이 다 내게 속한지라 아비의 영혼이 내게 속함같이 아들의 영혼도 내게 속하였나니 범죄하는 그 영혼이 죽으리라."(4절)

> 그런데 너희는 이르기를 아들이 어찌 아비의 죄를 담당치 않겠느뇨 하는도다. 아들이 법과 의를 행하며 내 모든 율례를 지켜 행하였으면 그는 정녕 살려니와 범죄하는 그 영혼이 죽으리라. 아들은 아비의 죄악을 담당치 아니할 것이요, 아비는 아들의 죄악을 담당치 아니하리니 의인의 의도 자기에게로 돌아가고 악인의 악도 자기에게로 돌아가리라(19-20절).

하나님께서는 또한 회개와 옳은 길을 따르면 하나님으로부터 용서를 받고, 세대에 걸친 죄의 패턴을 깨뜨린다는 사실을 명백히 하셨다. "그러나 악인이 만약 그 행한 모든 죄에서 돌이켜 떠나 내 모든 율례를 지키고 법과 의를 행하면 정녕 살고 죽지 아니할 것이라." (에스겔 18:21) 또한 성경은 주님의 눈으로 볼 때 궁극적으로 의로운 사람은 한 명도 없다고 말한다(시편 14:2-3; 52:2-3; 로마서 3:10). 하지만 하나님께서는 그의 아들을 통해 의로 가는 길을 알려 주셨다(로마서 5:6-11). 우리의 영과 혼의 가장 근본적 수준에서는 우리가 우리 자신을 스스로 바꿀 수 없다.

하나님의 구속 사역

역사의 시작, 십자가의 중심성, 그리고 생명나무로의 접근은 모두 인류를 위한 하나님 계획의 일부분이다. 창조 이야기와 십자가와 구원에 대한 이해는 기독교 상담 신학에 근본이 된다. 창세기는 인간의 본성과 우리와 하나님과의 관계에 대해 다음과 같은 중요한 기본적 논점을 드러내 준다.

- 우리는 하나님 그리고 타인과의 관계를 위해 창조되었다.
- 우리는 다른 피조물과 구별된다.
- 우리는 선택의 자유를 부여받았지만 우리의 선택은 죄와 하나님으로부터의 분리를 초래했다.
- 하나님께서는 우리를 저버리지 않으셨다. 그분은 현존하시며, 그리고 우리는 스스로를 구원할 능력이 없기 때문에 하나님은 인간을 위한 구원의 계획을 갖고 계신다.

이러한 성경적인 그림은 인간의 근본적인 영적 본성과 하나님에 대한 의존성을 무시한 채 자기 자신과 사회적 시스템에 초점을 맞추는 일반 상담 이론들과 현저하게 대조를 이룬다.

일반 상담 이론들의 근본적 결함

일반 상담 이론들은 하나의 원리를 공통적으로 가지고 있다. 그것은 개인과 사회가 모든 변화의 중심에 있다는 점이며, 개인과 사회가 삶에 관한 문제들의 원천을 제공하고 동시에 잠재적인 해결책의 원천이라는 점이다. 일반 상담 이론들은 관계의 수평적 차원, 즉 사람과 사람의 관계에 집중하고 하나님과의 수직적 차원에 대해서는 무시한다. 일반 상담 이론들은 자연주의 철학에 근거하여 만들어졌다. 자연주의 철학은 초자연적이거나 영적인 현상을 배제하고 오직 인간의 세계 속에 있는 물질적이고 측정 가능하며 관찰할 수 있고 자연적 요소 또는 힘의 존재만을 인정한다.[5)] 변화를 위한 동기 부여와 행동의 원동력은, 어떤 이론을 따르느냐에 따라 다르지만, 개인 선택의 자유와 순응해야 할 사회적 또는 생물학적 압력 사이의 연속선상에 있는 어떤 지점에서 비롯된다. 이러한 이론들은 개인이 상담을 통해 인식능력을 증가시켜야 하고, 개인의 인지적 혹은 행동적 차원을 바꾸어 나가야 하며, 개인의 내면세계를 형성하는 데 영향을 미치는 사회적 또는 생물학적 힘을 수정하도록 도와야 함을 암시하고 있다.

일반 상담 이론들이 영적 차원을 고려하는 경우에 종종 하나님을 기능적인 원인과 결과의 관계에서 조망한다. 이 상담 이론들에 따르면 하나님은 인간이 삶을 극복할 수 있도록 하는 상상 속의 허구이거나 또는 당신의 선행을 보상해야 한다고 믿는 관계에 입각한 최고의 힘을 가진 존재라고 가정한다. 이와 같은 견해는 새롭지 않다. 사탄은 욥의 모범적인 행동에 대한 설명으로 행동주의자들의 원인과 결과론적 생각의 논쟁 자료를 제공한다. 사탄은 하나님에게 욥이 의롭고 하나님을 저주하지 않는 유일한 이유는 그가 가족, 부 그리고 육체적 건강에 대한 축복 또는 보상을 받았기 때문이라고 말한다(욥기 1-2). 즉, 욥의 의로움은 단순한 행동의 반응에 따른 현상이라고

설명한다. 하나님의 대답과 이어서 일어나는 욥의 시험은 인간의 본성과 행동이 인과법칙에 의한 우주의 이차원적 산물 이상이라는 사실을 드러내 준다. "비록 그가 날 죽이실지라도 나는 그분 안에서 소망을 가질 것이다."(욥기 13:15)라고 욥은 말했다. 비록 욥은 자신의 곤경에 대해 의문을 가졌지만, 욥의 하나님에 대한 신앙과 믿음은 그의 물리적인 조건과 삶에 대한 사탄의 속임수에 의해 지배되지 않았다.

성격에 대한 일반 상담 이론들이 가지는 근본적인 문제는 창세기를 이해할 수 없다는 점이다. 그들은 인간 안에 있는 하나님의 형상과 인간의 타락, 즉 인간의 이타주의로의 끌림과 신성 그리고 죄와 악으로 향하는 인간의 반역적인 경향 양쪽 모두를 설명할 수 없다. 일반 상담 이론들은 인간의 본성 중 잠재적인 선함만을 강조하거나 아니면 근본적인 악함을 강조한다. 우리는 일반 상담 이론이 설명할 수 없는 두 입장의 예를 정신분석학자 지그문트 프로이트(Sigmund Freud)와 심리학자 칼 로저스(Carl Rogers)의 연구에서 볼 수 있다.

프로이트는 친구 오스카 피스터(Oskar Pfister)에게 보낸 편지에서, 선과 악의 본질에 대한 연구에 관심은 없지만, 자신의 경험에 따르면 대부분의 사람들은 "쓰레기"이며 또 "대체로 인간에게 '선함'은 거의 없다."라고 말했다.[6] 프로이트의 정신분석 이론은 인간의 좌성에 관한 입장을 반영한다. 인간의 본성은 무의식적인 생물학적 힘(특히, 성적인 충동)에 의해 움직이고, 성격 안에 있는 갈등 요소는 신경증과 도덕적 불안을 초래한다. 갈등은 프로이트의 이론의 특징적인 개념이다. 프로이트가 인간의 타락에 대해 어느 정도 희미한 이해를 가지고 있었지만 그의 통찰에는 창세기의 포괄적인 맥락이 결여되어 있다. 프로이트가 생각하는 인간의 타락은 하나님의 형상으로 창조된 인간에 대한 어떤 이해도 가지고 있지 않다.

로저스는 모든 사람이 선천적으로 선하다고 믿었다. 그의 인간중심 상담이론에서는 이러한 선함이 표현되도록 함의 중요성을 강조한다. 경험과 자기 지시에 의해 인도된 내담자는 정신적인 건강과 책임 있는 행동으로 자연스럽게 이끌린다고 말한다. 인간중심 이론에서 상담자의 역할은 내담자에게 상담자 자신의 가치를 강요하거나 위압하지 않고 무조건적이고 긍정적인 존중을 보임으로써 자기 인식을 촉진시킨다. 성장과 선함에 대한 자연적 잠재력에 집중한 결과, 로저스는 인간의 본성 속에 있는 위선, 악 그리고 죄를 향한 어떤 지향도 간과하거나 무시했다. 로저스와 프로이트 누구도 하나님의 형상으로 창조된 인간에 대해 그리고 타락이 우리의 인간 본성에 미친 결과에 대해 설명할 수 없다.

다음 장에서 프로이트와 로저스의 상담 이론과 또 그와 유사한 다른 이론들로부터 우리는 어떤 가치를 이끌어 낼 수 있을 것인지를 결정하기 위해 프로이트와 로저스를 좀 더 조사할 것이다.

요 약

1. 우리는 하나님과 다른 사람들과의 교제를 위해 계획되었다. 우리는 하나님의 형상으로 창조되었지만 죄로 인한 우리의 타락은 하나님으로부터의 단절과 다른 사람들과의 관계에서 불화를 초래했다.

2. 오직 하나님만이 우리의 관계를 회복할 능력을 가지고 계시고 화해를 가능하게 하는 길을 만드셨다.

3. 성경의 가족 역사와 개인의 가족 역사에 대한 연구는 우리에게 인간의 상태와 개인적, 사회적 및 영적인 힘이 우리의 삶에 미치는 영향에 관해 가르쳐 준다.

4. 일반 상담 이론의 실패는, 그것들이 인간의 성경적 본성을 이해할 수 없다는 점과 문제의 정의와 원인 그리고 해결을 위한 개입을 위해 개인적 혹은 사회적 힘에 의지한다는 점에 있다.

5. 창세기의 이해는 기독교 상담의 성경적 모델에 있어서 기초가 된다. 인간의 본성과 창조주와의 관계에 대한 포괄적인 성경적 설명 없이 우리는 부적절하고 불충분한 돌봄의 모델과 결함 있는 치유 과정에 이르게 될 불완전한 그림을 갖게 된다.

이제 우리는 여기에서 어디로 가는가

이러한 토대를 가지고, 우리는 지금 성경적 상담을 위해 사용 가능한 출발점으로 향한다. 나는 성경적 기독교 상담은 하나님께서 우리에게 주시는 본보기를 반드시 사용해야 한다고 믿는다. 우리의 출발점은 하나님께서 인류의 역사 가운데 최초의 위기 상담 개입에서 보이셨던 반응이다.

아담과 하와는 위기에 처해 있었고, 죄가 그들의 삶에 들어갔다. 그들은 하나님으로부터 단절되었고 서로의 관계도 이미 끊어져 있었다. 오직 하나님만이 이들을 중재할 능력을 가지고 계셨고 그분은 설명 또는 요구가 아니라 질문을 가지고 상담을 시작하셨다.

기록된 인간의 역사에서 하나님의 첫 번째 질문이 위기 상담을 위한 개입의 질문이라는 것을 당신은 알았는가? "네가 어디에 있느냐?" (창세기 3:9) 이렇게 해서 이 땅 위에서 천국의 상담이 시작된다.

연습문제

1. 당신은 '하나님의 형상'을 어떻게 정의하겠는가? 기독교 상담에서 하나님 형상의 함축은 무엇인가?

2. 몇몇 일반적 성격 이론을 연구하고 창세기 1~3장과 비교해 보라. 그 설명에서 중요한 차이점은 무엇인가?

3. 새 아담으로서 예수님의 역할을 연구하고, 예수님과 옛 아담 사이의 차이점을 확인해 보시오. 어떤 면에서 우리는 옛 아담과 유사한가? 그리고 우리는 새 아담과 어떻게 비슷한가?

4. 지난 2~3세대에 걸쳐 당신 가족의 상세한 가계도 또는 역사를 완성하라. 당신은 당신의 원가족 중 누구와 가장 닮았는가? 당신의 가족 역사에서 어떤 영역이 당신 개인의 삶에 가장 많은 영향을 미쳤는가?

5. 성경은 가족의 영향과 개인의 책임을 어떻게 다루고 있는가?

후 주

1) 예를 들면, Edward Hoffman, *The Hebrew Alphabet: A Mystical Tradition* (San Francisco: Chronicle Books, 1998), 25쪽을 보라.

2) Francis A. Schaeffer, *He Is There and He Is Not Silent* (Wheaten, Ill., Tyndale House, 1972), 14-17.

3) 인간 창조의 구별됨에 대한 더 많은 예는 창세기의 원어에서 발견된다. 성경은 하나님께서 인간과 동물 모두를 만드셨다고 우리에게 말하고 있다. 하지만 비록 똑같은 히브리어가 두 본문에서 사용되고 있지만, 창세기 2:7과 2:19에서 사용된 철자에 약간의 차이가 있다.
"여호와 하나님이 흙으로 사람을 지으시고"(*yyatsar-*)(창세기 2:7)
"여호와 하나님이 흙으로 각종 들짐승과 공중의 각종 새를 지으시고"(*yatsar-*)(창세기 2:19)

통찰이 예리한 독자들은 "지으시고"라는 말이 그 구절에서 다르게 쓰여졌다는 것을 알아차릴 것이다. 히브리 원어에서, yod라고 불리는 추가된 글자는 인간을 만든다고 언급할 때 덧붙여졌다. 두 동사 모두 히브리어의 미완료 시제고, 미완료 시제에서 두 번째 yod는 보통 삭제된다. 이러한 첨가에 대해 문법적인 또는 문어적인 근거는 없다. 이 단어는 여분의 문자 없이도 같은 뜻을 가지고 있기 때문에, 왜 그 문자가 거기에서 쓰였는지에 대한 질문이 생긴다. 어떤 문법학자는 그것을 종종 발생하는 문어체의 변형에 불과하다고 설명할 것이며, 반면 몇몇 유대주의 학자들은 좀 더 신비한 해석을 할지도 모르겠다. 명확한 설명은 없을 수도 있지만 나는 성경이 동물의 창조와 비교하여 인간의 창조에 대해서 무엇인가 다르다는 점을 문맥 속에서 그리고 아마 실제적인 단어의 철자 속에서 명확히 하고 있다고 믿는다. 성령의 영감 아래, 창세기의 기자는 추가적인 요소들이 인류의 창조 속에 들어왔다는 점을 증명하고 있다. 하나님의 형상을 따라 인간이 창조됨은 우리가 창조주와 특별한 관계를 가지도록 허락받았다는 것을 의미한다.

4) 이러한 원리들에 대한 한 가지 암시는 목회적 돌봄과 상담이 온전한 인간, 즉 몸, 마음(인지적이고 정서적인) 그리고 영을 모두 다루어야 한다는 점이다. 예를 들어, 마태복음 25:31-36을 보라.

5) 게이드(Gaede)는 세상의 궁극적 본질에 대한 인간의 가정 또는 믿음이 실재에 대한 세 가지 관점으로 환원될 수 있다는 점을 주목한다. 첫째로 물질적인 우주가 참된 실재이며 그것은 항상 존재해 왔다고 주장하는 자연주의, 둘째로 단지 신성함의 현시(顯示)인 우주에 존재하는 모든 물질적이고 비물질적인 요소와 에너지를 가진 물리 세계를 하나의 환영으로 보는 범신론, 셋째로 하나님을 영원한 그리고 창조 이전부터 계신 존재 그리고 우주의 창조자이자 유지자로 바라보는 일신론이다. 자연주의적 철학은 계몽운동 이래로 서구 학문 속에 스며들어 왔다. S. D. Gaede, *Where Gods May Dwell: On Understanding the Human Condition* (Grand Rapids, Mich.: Academie Books/Zondervan Publishing House, 1985), 33-39쪽을 보라.

6) Heinrich Meng and Ernst L. Freud, eds., *Psychoanalysis and Faith: The Letters of Sigmund Freud and Oskar Pfister,* trans. by Eric Mosbacher (New York: Basic Books, 1963), 61-62.

참고문헌

Gaede, S. D. *Where Gods May Dwell: On Understanding the Human Condition*. Grand Rapids, Mich.: Academie Books/Zondervan Publishing House, 1985.

Hoffman, Edward. *The Hebrew Alphabet: A Mystical Tradition*. San Francisco: Chronicle Books, 1998.

Meng, Heinrich, and Ernst L. Freud, eds. *Psychoanalysis and Faith: The Letters of Sigmund Freud and Oskar Pfister*. Trans, by Eric Mosbacher, New York: Basic Books, 1963.

Schaeffer, Francis A. *He Is There and He Is Not Silent*. Wheation, Ill.: Tyndale House, 1972.

CHAPTER

03

상실: 인간의 위치

위치의 세 가지 차원

상담의 과정: 최선의 길 찾기

버나드 오라일리와 실종된 비행기

위치에 관한 중요한 원리

최고의 구출

일반 상담 이론들과 학자들의 자리

일대기로서의 이론

상담에서의 위치와 관계

CHAPTER 03

상실: 인간의 위치

집을 구입할 때 기억해야 할 가장 중요한 세 가지 사항은 위치, 그리고 위치, 마지막으로 또 위치라고 부동산 중개인은 말한다. 그들은 단지 집의 재질과 크기에 의해서가 아니라 기본적으로 그 지역에서 가치를 지닌 다른 것, 즉 좋은 학교, 좋은 편의 시설과 공공서비스, 교통, 쇼핑몰이나 교회의 위치, 그리고 매력적인 여가 시설 등을 고려해 볼 때 집이 좋은 위치에 있는가 아닌가 하는 사실이 집의 가치를 우선적으로 결정함을 고객들이 이해하기를 바란다.

아담과 하와는 이사를 갔지만 그들은 장소에 유의하지 않았다. 아담과 하와의 새로운 부동산 중개인은 그들을 속였고 지금 그들은 위기를 맞이했다. 인간의 역사에서 첫 번째 위기 상담 개입은 "네가 어디 있느냐?"(창세기 3:9)라는 질문으로 시작된다. 하나님의 이 질문은 우리가 복음을 증거하고 상담할 때에도 필요한 근본적인 원리를 제공하고 있다. 효과적인 기독교 상담은 우리가 동일한 질문으로 시작하기를 요구한다. 상담자는 도움을 구하러 온 내담자의 정확한 위치를 확인하는 일이 필요하다.

> 여호와 하나님이 아담을 부르시며 그에게 이르시되 네가 어디에 있느냐? 가로되 내가 동산에서 하나님의 소리를 듣고 내가 벗었으므로 두려워하여 숨었나이다. 가라사대 누가 너의 벗었음을 네게 고하였느냐? 내가 너더러 먹지 말라 명한 그 나무 실과를 네가 먹었느냐? 아담이 가로되 하나님이 주셔서 나와 함께 하게 하신 여자 그가 그 나무 실과를 내게 주므로 내가 먹었나이다. 여호와 하나님이 여자에게 이르시되 네가 어찌하여 이렇게 하였느냐? 여자가 가로되 뱀이 나를 꾀므로 내가 먹었나이다 (창세기 3:9-13).

"네가 어디에 있느냐?" 하나님께서는 왜 그런 질문을 하셨을까? 하나님의 지식은 무한하기 때문에 이미 다 알고 계셨으므로 그냥 간단하게 아담과 하와에게 그들이 정확히 무엇을 잘못했는지 지적하고 그에 따른 벌을 주는 모양이 더 합리적일 것 같아 보인다. 하나님의 질문은 숨바꼭질 놀이에서처럼 아담과 하와의 물리적 위치를 물으시는 내용은 분명히 아니었다. 하나님께서는 그들이 물리적으로 어디에 숨어 있는지 알고 계셨다. 나는 하나님께서 두 사람의 위치를 찾는 데 도움받기 위해 그 질문을 한 것이 아니라 오히려 아담과 하와 그리고 우리의 유익을 위해 하셨다고 믿는다.

하나님께서는 그가 모든 죄인에게 물으시는 것과 같은 질문을 아담과 하와에게 하셨다. 그 질문은 그들이 하나님과의 의사소통에 단절이 있었음을 보여 준다. 대화의 단절로 인해 인간은 창조주와 더 이상 올바른 관계에 있지 않다. 원인은 하나님이 아니라 바로 우리에게 있다(로마서 3장 23절). 하나님의 질문을 보면 우리가 그분의 노예가 아니라는 점을 인식하게 하고 또 인간은 제한된 선택의 자유를 가졌음을 알게 해 준다. 우리는 하나님의 말씀을 들을 수도 있고 또는 하나님을 거부할 수도 있다. 하나님이 하신 그 질문은 또한 우리가 하나님 없이는 길 잃은 사람임을 말해 준다. 인간은 우리 스스로의 길을 찾을 수 없다. 인간의 죄는 우리가 하나님을 찾을 수 없도록 한다. 세상의 종교들은 하나님을 찾기 위한 인간의 시도인 반면, 성경은 하나님께서 우리를 먼저 찾으신다는 사실을 보여 준다.

마지막으로, 아담을 향한 하나님의 질문은 하나님께서 이 땅에서 하늘의 상담을 어떻게 시작하셨는지를 보여 준다. 하나님은 우리에게 오셨고 우리가 있는 그 시점에서부터 치유를 시작하신다. 하나님은 우리가 주어진 상황을 잘 알고 현재의 마음 상태를 잘 인식하며 그에 따른 개인적인 책임을 받아들이고, 가장 중요하게는 우리에게 그분이 필요함을 인정하도록 원하신다.[1] 하나님의 접근은 효과적인 성경적 기독교 상담으로 가는 열쇠를 우리에게 주고 또한 복음전도와 제자도에 대한 암시를 갖고 있기도 하다.

위치의 세 가지 차원

하나님의 질문에 대한 아담과 하와의 반응은 기독교 상담에서 다루어져야 할 세 가지 차원을 보여 준다. 그것은 자기 자신, 타인 그리고 하나님의 관점으로부터의 위치 발견이다.

1. **자기 자신과의 관계에서의 위치** 하나님에 대한 아담의 첫 번째 반응은 두려움의 표현이었다. 육체적으로 자신을 가리고 숨기려고 했던 아담의 시도는 그가 하나님께 불복종했음을 보여 준다. 죄는 창조주로부터의 분리를 낳았고 자신에 대한 왜곡된 견해를 가지게 했다. 아담의 자기 이해는 자기중심적이 되었다. 아담이 보인 반응의 동기는 더 이상 하나님을 섬기지 않고 자기 자신과 자기만의 욕심을 보호하고 있다. 성경은 아담의 은폐가 성공적이지 않았음을 명확히 보여 준다.

2. **타인과의 관계에서의 위치** 인간의 타락은 타인과의 관계에 단절을 가져왔다. 하나님께서 아담에게 자백할 기회를 주셨을 때, 아담은 자백 대신 하나님과 하와를 비난하는 반응을 했다(하나님이 주셔서 나와 함께하게 하신 여자 그가 그 나무 실과를 내게 주므로 내가 먹었나이다[창세기 3:12].). 갈등은 이제 아담과 하와의 관계에 존재하게 되었는데, 이것은 그들의 벌거벗은 몸을 덮음으로 상징되며, 책임과 과실을 다른 사람에게 전가함으로써 표현되었다. 서구 사회에서는 아담과 하와의 가리는 행동이 성적인 의미를 가진다고 보며 이 행동은 순진함의 상실과 함께 정숙함을 암시한다고 하지만 아담과 하와의 가리는 행동은 아마도 부가적인 시사점을 가지고 있었을지도 모른다. 창조적 힘은 하나님 형상의 나타남이다. 아담과 하와는 창조된 장소에서 그들의 몸을 가리는 행동을 함으로써 그들이 더 이상 창조주의 형상을 완전하게 반영하지 않는다는 점을 나타내고 있다. 현시대 산모의 출산이 고통과 연관되어 있다는 점이 이러한 사실을 입증한다.

아담과 하와의 몸을 가리는 행동은 또한 더 이상 서로에게 완전히 열려 있지 않다는 점을 명시한다. 불신과 비난이 그들의 관계에 들어왔다. 그들이 함께 나누던 영적인 연합은 이제 깨어졌고 남녀의 신체적 차이를 보여 주는 부분을 가렸던 행동은 그들이 지금 경험하고 있는 관계적 차이와 불일치를 상징했다.

3. 하나님과의 관계에서의 위치 인간의 타락에서 가장 중요한 상실(이것과 비교하면 다른 것들은 미약한 수준이다.)은 하나님과의 관계가 단절된다는 점이다. "뱀이 나를 꾀었습니다."라고 하와는 말했다. 하나님에 대한 하와의 충실성에 변화가 일어났고 인간은 이제 하나님보다 어떤 다른 권위에 귀를 기울이고 있었다. 거짓 행동은 다른 사람들과의 관계와 하나님과의 관계에 있어서 일부분이 되었다. 인간의 죄는 하나님과의 관계의 단절을 야기했다. 우상 숭배가 관계 속으로 들어왔고 보좌 위에 앉은 새 우상들은 바로 자신이었으며 또 사회적 그리고 악마적 세력이었다. 아담과 하와는 타락했고 그들은 자신을 스스로 구할 능력이 없었다.

상담의 과정: 최선의 길 찾기

성경적 기독교 상담은 내담자의 위치와 상실의 문제를 다룬다. 상담의 과정은 숲 속 가운데 길에서 벗어나 헤매고 있는 사람을 도우려고 하는 것과 같다. 내가 학생들에게 어떤 상황에서 이와 같이 길을 잃었다면 무엇을 갖고 싶을지에 대해 물었을 때 가장 많은 대답은 나침반과 지도였다(다른 대답으로는 전 세계의 위치를 파악하는 전달장치, 작동되는 이동전화, 목적지로 이끄는 비둘기, 매우 긴 줄, 그 밖의 다른 창조적이고 상상력이 풍부한 해결법이 있었으나 예화를 위해 배제했다.). 나는 만약 길 잃은 사람이 어떤 정보도 가지고 있지 않다면, 나침반이나 지도만으로는 도움이 되지 않을 것이라고 학생들에게 말했다.

길 잃은 사람들이 알아야 할 첫 번째 사항은 자신들이 지도상에서 어디에 위치해 있는가 하는 점이다. 만약 그들이 지도상에서 자신들의 정확한 위치를 찾지 못한다면 지도는 전혀 소용없다. 길 잃은 사람들은 현재 위치를 성공적으로 알아내기 위해 주변에 있는 잘 알려진 표지물들을 충분히 인지할 수 있어야 한다. 그러나 이러한 지식이 필수적이긴 하지만 자신들의 문제로부터 구조되기에는 여전히 불충분하다. 비록 그들이 지도상에서 자신의 위치를 정확히 찾아낼 수 있을지라도 다음과 같은 두 번째 딜레마에 직면할 것이다. 어느 방향으로 가야 할 것인가? 안전과 구출의 장소는 어디에 있는가? 목표는 무엇인가? 길 잃은 사람들이 알아야 할 두 번째 사항은 지도에서 대피소와 보호지역을 상징하는 곳을 찾아내는 일이다. 그들은 자신들이 어디로 가고 있는지를 알 필요가 있다.

나는 종종 나의 내담자들에게 그들의 문제가 해결된다면 자신의 상황이 어떻게 보일 것 같은지 묘사해 보라고 말한다. 당신이 목적지 또는 안전한 장소에 도착했는지를 어떻게 아는가? 목적지는 어떤 곳이고 당신은 그것을 어떻게 느끼나? 당신이 목표에 도달했음을 말해 주는 주된 지침이 있는가? 그러나 현재 위치에 대한 지각과 명확히 결정된 목표 또는 목적조차도 사람들을 숲 바깥으로 나가게 하기에는 충분치 않을 것이다. 여전히 세 번째 요건이 남아 있다.

내담자들은 현재 그들의 위치와 목적지를 정한 후에, 그들이 목표까지 도달하기 위하여 걸을 길을 결정해야만 한다. 그다음 할 일은 내담자들이 목적지까지 효과적으로 안전하게 도달할 수 있도록 계획을 세우는 일이다. 곧은 길만이 가장 좋은 길은 아닐 수도 있다. 굽은 길을 선택함으로써 위험하고 알려지지 않은 지역을 피해야 할지도 모른다. 장비에 대한 준비와 함께 육체적, 정신적, 감정적, 영적 능력 또한 갖추어야 할 필요가 있다.

문제와 불일치는 이 세 단계 중 어디에서도 일어날 수 있다. 지도는 정확하지 않거나 또는 자세한 정보를 포함하지 않을 수도 있다. 사람들이 지도를 정확하게 해석할 수 없거나, 그것을 면밀하게 조사하지 않을 수도 있다.

나와 동료들이 호주에서 최남단 지점을 따라 5일 동안 걷는 일정 중 3일째 되는 날이었다. 그날 우리는 산악 지형을 통과해서 등대까지 3마일을 자전거로 내려간 후 해변 캠프장까지 4마일을 더 걸어갈 계획이었다. 우리의 인솔자가 사용한 대략적인 지도는 등대까지 가는 두 가지 길을 보여 주었는데 하나는 먼지가 많은 흙 길이었고 다른 하나는 좁은 산길이었다. 우리는 좁은 산길보다 좀 더 넓고 평탄한 길로 가기로 선택했다. 하지만 기진맥진하여 등대에 도착하기까지 가파른 길을 힘들게 오르내려야 했다. 이후에 그 지역의 정확한 지형도를 보게 되었다.

우리는 선택했던 경로에 대해 면밀한 검토를 했고 이 작업을 통해 우리가 갔던 길에 대한 중요한 정보를 얻게 되었다. 우리가 선택하지 않았던 좁은 산길은 곧은 길이었고, 등대까지 가는 길 전체는 같은 높이를 유지하고 있었다. 그 길은 우리가 선택했던 길보다 산세가 덜 험악했을 뿐만 아니라 약 3분의 1 정도 더 짧았다. 결국 그 당시 목적지에 도달하기 위해 잘못된 방향으로 여행을 하면서 불필요한 에너지를 사용한 꼴이 되었다. 심한 폭설과 같은 특이한 상황을 만났더라면 우리가 선택한 결정은 큰 위험에 처하는 치명적인 결과를 초래했을 수도 있었다.

우리 일행은 이 경험으로부터 몇 가지 중요한 교훈을 얻었다. 첫째, 믿을 만한 지도를 소유하라. 둘째, 당신의 지도를 연구하고 여행을 떠나기 전에 여정을 계획하라. 셋째, 당신이 여행하려고 하는 지역에 대해 잘 아는 사람에게 자문을 구하거나, 당신을 인도해 줄 믿을 만한 가이드를 구하라. 넷째, 넓고 쉬워 보이는 길이 선택할 수 있는 최선의 길이라고 가정하지 마라. 이러한 교훈들을 상담에서 방향 찾기에 적용할 수 있다.

상담을 위한 기본적인 단계들은 위치에 대한 세 가지 요건으로 요약할 수 있다. (1) 당신은 누구인가? (2) 당신은 어디에 있어야 하는가? (3) 어떻게 그곳에 다다를 것인가? 상담은 개인, 가족 또는 집단에서 자신이 처해 있는 현재의 상태를 알아내기, 목표 또는 목적지를 정하기 그리고 그 목표에 이르기 위한 계획을 세우기와 연관이 있다.

부정확한 신호들이 나타나고 길을 잃은 사람의 정확한 위치에 대해 의견 차이가 있을 때 문제가 생긴다. 이 주제는, 인간의 심리 상태를 어떻게 가장 잘 정의할 것인지 그리고 도움이 필요한 사람을 어떻게 도울 것인지를 확인하려는 시도에서 다양한 상담 이론과 모델이 서로 충돌하게 되는데 이는 상담의 근본적인 문제 중 하나로 부각되곤 한다.

버나드 오라일리와 실종된 비행기

1937년 2월 19일 금요일, 조종사와 부조종사, 그리고 다섯 명의 승객을 태운 스틴슨 여객기가 호주의 동쪽 해안에 있는 브리즈번에서 이륙했고 구름 속으로 높이 올라가더니 사라졌다. 그 비행기는 브리즈번에서 출발하여 리스모어를 경유하여 다른 승객들을 태우고 시드니까지 비행을 하도록 되어 있었다. 그러나 비행기는 리스모어에 도착하지 못했고 그 이유를 알기 위해 조사가 이루어졌다. 비행기를 목격한 사람들의 증언에 따르면 비행기는 브리즈번의 맥퍼슨 산맥 남쪽을 지나서 구름 속으로 들어갔다. 하지만 이후의 조사 결과에 따르면 이 비행기는 남쪽으로 더 향하고 있었고 시드니와 가까운 위치였다. 이 보도가 있은 후 하늘, 땅, 심지어 바다에서까지 성과 없는 조사가 몇 주 동안 이어졌다. 신문들은 정보를 요청하느라 시끄러웠고, 이제 호주 공군 비행기와 민간인 비행기가 동원된 탐색에 관해 최신 소식이 전해졌다.

조종사가 리스모어를 경유하지 않은 이유로는 날씨가 좋지 못했기 때문에 리스모어를 우회하여 시드니까지 곧장 비행하는 것을 선택했으리라는 가정이 나왔다. 그렇다. 그 비행기를 시드니 북부 지역에 있는 사람들이 목격했고 그 소리를 들었다. 물 위에 떠돌던 비행기의 잔해가 팜 해변에서 목격된 점도 맞다. 신문과 라디오에 따르면, '의심할 여지없이' 시드니 북쪽으로 비행기로 몇 분 걸리는 곳에 위치한 혹스버리 강의 남쪽 황무지에 비행기는 떨어졌고 이에 대한 증거는 명백했다.

그다음 주 마지막 즈음에 신문과 라디오는 설득력 있는 증거를 바탕으로 하여 명백한 결론을 보도하고 있었다. 비행기는 시드니 북쪽 황량한 수풀 속에 추락했거나 또는 바다에 추락해서 흔적도 없이 사라졌을 수도 있다. 그때까지의 생존 여부는 매우 희박했고, 결국 탐사를 포기하기로 결정되었다. 그러나 시드니 북쪽 약 400마일 떨어진 맥퍼슨 산맥 정상에서 어떤 한 사람이 그 증거를 조사했고 보도된 사실을 부정했다.

버나드 오라일리(Bernard O'Reilly)와 그의 가족은 현재 래밍턴 국립공원으로 알려진 곳에 있는, 사람이 대부분 거주하지 않는 곳이었던 맥퍼슨 산맥에 살았다. 이 지역에 정착한 사람들은 억척 같은 초기 개척자들을 시험했던 열대 우림의 무성한 숲과 거친 지형의 진가를 인정하며 자란 강한 혈통들이었다. 오라일리는 맥퍼슨 산맥 지역의 열대 식물과 동물에 익숙했다. 그는 여러 가지 식물과 나무, 덤불, 독사, 들개, 왈라비, 타이거 캣, 금조, 그리고 많은 화려한 앵무새들을 잘 알고 있었다. 그는 키 큰 나무들이 가지와 잎으로 엉켜 있고 그로 인해 형성된 차양이 너무 빽빽해서 태양 빛이 땅으로 들어올 수도 없게 되어 있는, 너무나 무성해서 사람이 헤치고 들어갈 수 없는 그런 밀림을 탐험해 왔다. 그리고 그는 초보인 덤불 보행자들이 무심코 손을 뻗었다가는 그대로 잡히는 위치에 있어서 손을 심하게 찔리는 변호사 덩굴(lawyer vine) 때문에 입은 지독한 상처도 경험해 보았다.

버나드 오라일리는 또한 입증되지 않은 이론이나 모호한 가설이 아니라 확실한 정보와 현실을 취급하는 시골 생활에서 견디어 온 기본적인 기독교 신앙을 가지고 있었다. 그는 현시대의 흐름과 항상 변하는 견해를 수용하는 데 관심이 없었다. 그리고 난해하고 복잡한 열대 우림의 자연 세계에 대한 그의 깊은 지식이 창조자인 동시에 통치자이신 하나님은 존재해야 한다는 반박할 수 없고 논리적인 그의 생각을 견고하게 했다. 그가 가지고 있는 이러한 믿음과 이성을 가지고 오라일리는 실종된 지 8일이 지난 스틴슨 항공기의 불가사의한 사건에 대한 정보를 조사하기 시작했다.

비행기 추락을 둘러싼 상반되는 증거와 다양한 추측에 대한 연구로부터 오라일리는 두 가지 명백한 사실을 얻어 냈다. 첫 번째 사실은 비행기는 날씨가 좋지 않아서 해안 아래로 방향을 돌리고 산맥에서 멀어져야겠다고 리스모어 공항에 보고하려고 시도한 흔적이 없다는 점이다. 오라일리는 당시 기장이었던 렉스 보이든처럼 숙련된 조종사라면 무선으로 그의 위치를 알리고 비행계획을 바꾸었으리라 생각했다. 두 번째 사실은 오라일리의 동생을 포함한 수백 명의 사람들이 비행기가 구름 속으로 사라지기 직전에 산맥을 향해 그리고 리스모어 공항을 향해 비행기가 날고 있었다는 사실을 목격했다는 점이었다. 그는 또한 비행기가 실종되던 날 허리케인만큼이나 맹렬한 폭풍이 급격한 하강기류를 형성하여 그 지역의 농장과 재산을 망가뜨리면서 산맥을 통과하여 지나갔다는 사실을 기억했다. 폭풍에 뒤이은 비는 그 지역에서 여전히 계속되고 있었다. 이러한 두 가지 사실을 확실히 하면서 오라일리는 가장 최근에 만든 맥퍼슨 산맥 공중 탐사 지도를 입수했고, 자와 연필을 가지고 비행기가 가장 마지막으로 보였던 지점에서 리스모어의 도시까지 직선을 그었다. 직선은 4개의 높은 산맥들을 가로질렀다.

오라일리의 계획은 그 선을 따라가는 것이었다. 문제는 시야가 10야드 이상 보이지 않고 면적이 80,000에이커인 밀림 지역에 산맥이 위치에 있다는 점이었다. 오라일리는 그 선을 따라 추적하는 탐사를 하기 위해서는 자신이 살아온 시간의 3배보다 더 오래 걸릴지도 모른다고 생각했다. 이러한 많은 어려움에도 불구하고 그는 비행기와 실종자들을 찾기 위해 홀로 탐사에 착수했다.

비행기가 실종된 지 9일이 지났다. 오라일리는 며칠분의 빵, 버터, 양파 그리고 마실 차, 뱀에 물렸을 때를 대비할 구급약품과 팔다리를 묶을 끈을 준비했다. 그의 다리 한쪽은 이틀 전에 이미 녹슨 못에 찔려 감염된 상태였지만 그는 가족들의 격려와 어머니의 기도에 힘입어 길을 떠났다.[2)]

몇 시간 동안 오라일리는 무성하고 어두운 밀림을 지나 걸음을 방해하는 가시와 덤불을 칼로 베며 길을 헤쳐 나갔다. 그가 가진 풍부한 지식은 길의 방향을 알 수 있게 해 주었다. 그는 산등성이의 방향과 그 개수를 알고 있었다. 북쪽 경사면에는 나무딸기와 변호사 덩굴이 무성하게 자라고 있었다. 이끼와 지의류는 나무의 남쪽을 향하는 방향에서 자란다. 특정한 나무 종들은 2천 피트에서 꽃을 피우는 동시에 4천 피트에서 봉오리지기 시작하는 반면, 낮은 고도에서 씨를 뿌린다. 고도에 대한 유사한 원리는 새들이 둥지를 트는 방식에도 적용된다. 맥퍼슨 지역에서 남쪽으로부터 불어오는 항풍은 비바람을 맞는 나무들이 북쪽으로 기울어진다는 점을 의미한다. 창조주에 의해 제공된 이러한 수풀 나침반만이 그의 지침서가 되었다.

탐색 첫날 늦은 오후에 오라일리는 그 지역의 초기 탐사지에서 가장 멀리 떨어진 지점에 이르렀다. 다음날 아침 그는 네 개의 산등성이 중 첫 번째에 올랐다. 그는 그가 예상했던 항공기의 행선지에 구름이 걷히기를 기다렸다. 그때 8마일 떨어진 지점의 래밍턴이라 불리는 세 번째 산등성이에서 나무 사이로 밝은 갈색의 파편을 보았다. 봄에 갈색으로 변하는 나무가 있긴 했지만 그때는 늦은 여름이었다. 번갯불이 변색을 일으킬지는 몰라도 습기가 많은 열대 우림에

서 자연 발화는 잘 일어나지 않는다. 오라일리는 대량의 불타는 항공기 연료가 그러한 갈색 지역을 만들었을지도 모른다고 생각했다. 이러한 희망으로 확신을 가지고 오라일리는 축축하고 무성한 열대 우림으로 들어갔다. 그는 오직 자신의 정글에 대한 지식에만 의존하면서 맹목적으로 걸었다. 오라일리는 8시간이 걸려 갈색 지역으로부터 20야드 떨어진 곳, 즉 그의 탐사의 놀라운 공적이 되었던 장소에 도착하기까지는 그 갈색 나무를 다시 보지 못할 거란 사실을 몰랐을 것이다.

그가 그 나무 주변으로 갔을 때 사람의 울음소리가 들렸고 사람의 소리를 따라간 곳에서 그는 까맣게 타 버린 항공기의 잔해와 함께 추락 이후 10일이 넘도록 가까스로 살아남은 존 프라우드(John Proud)와 조지프 빈스테드(Joseph Binstead)를 발견했다. 두 생존자 모두는 응급치료가 절실히 필요한 상황이었다. 조종사와 부조종사는 추락과 함께 사망한 상태였다. 세 사람이 생존해 있었다. 그들 중 한 명은 영국인 제임스 웨스트레이(James Westray)로 도움을 요청하러 간 상황이었다. 그는 스코틀랜드 고지를 등산하던 숙련된 등산가였으나 호주 산등성이의 위험한 식생들과 친숙하지는 않았던 것 같다. 거대한 헴홀트지아 백합들은 절벽 아래까지 내려가는 데 안전한 손잡이가 되어 줄 것처럼 보여서 등산가들이 그 줄기에 의지하기도 하는데 그것들은 등산가의 무게로 인해 쉽게 끊어진다. 오라일리는 이후에 웨스트레이가 떨어졌던 장소임을 알려 주는 뭉쳐지고 뜯겨진 백합 사이를 가로질러 나갔다. 그는 웨스트레이를 도와주고 안전하게 구출하기 위해 미끄러운 바위들과 4개의 폭포 아래로 몇 마일을 기어 내려가는 모험과 희생을 감수하였지만 결국 큰 돌 위에서 웨스트레이의 시신을 발견했다.

오라일리와 두 생존자들의 노력은 여기가 끝이 아니었다. 오라일리는 여전히 그 사람들을 부축해서 나와야만 했고 그들 중 한 명은 걸을 수조차 없었다. 프라우드는 다리가 부러졌고 열이 났으며, 빈스테드는 겨우 기어갈 수 있을 정도였다. 오라일리의 첫 번째 임무는 계획을 세우는 일이었다. 그가 집에서부터 왔던 길을 따라 그대로 돌아가기에는 너무 오랜 시간이 걸릴 것이라는 점을 알았다. 그는 지도에서 그가 있는 정확한 위치는 몰랐지만 골짜기 아래에 크리스마스 시내의 지류가 있고 9마일 아래에 있는 길은 개간지이며 개발된 곳이란 것을 경험에 의해 알고 있었다. 오라일리는 그 사람들이 최대한 편안하도록 살핀 후 그곳을 출발했다. 그때가 오후 4시 반이었다.

3시간 동안 오라일리는 이전까지 탐험해 보지 않은 지형을 가로질러 갔다. 산림 속의 개간지에 도달해서 구조 요청을 하기까지, 그는 수없이 베이고 가시에 찔리고 타박상을 입었지만 아랑곳하지 않고 미끄러운 골짜기 아래로 기어 내려가기도 했고, 짐 웨스트레이의 시신을 지나서 허리까지 잠기는 저수지를 건너 시내 바닥을 따라 무턱대고 달리기도 했다. 오라일리는 탈진했지만 그가 편안하게 잠을 잘 수 있을 때까지는 48시간이 더 필요했다.

생존자 구출계획은 수십 명의 자원자들이 오라일리가 훗날 "14마일의 흠뻑 젖은 녹색지옥"이라고 묘사하곤 했던 추락 현장으로 가로질러 가는 것으로 세워졌다. 그러는 동안에, 오라일리의 놀라운 발견과 업적은 뉴스를 통해 나라 전체에 방송되었다. 기자들이 오라일리가 있는 지역으로 내려갔고 구출계획을 세운 후 연이어 이를 성공해 냈던 오라일리의 구출과정에 대해 더 많은 정보를 알아냈다. 사람들은 오라일리로 하여금 비행기가 추락했다고 보도된 곳으로부터 400마일이나 떨어진 곳에서 비행기를 찾아야겠다는 동기를 부여했던 점이 무엇이었는지에 대해 궁금해했다. 기자들은 오라일리의 놀라운 업적을 환경에 대한 그의 지식과 직감력 또는 육감 때문이라고 보았지만 오라일리는 이러한 표현에 동의하지 않았다.

사람들의 많은 추측에 대한 오라일리의 응답이 밝혀지기 시작했다. 그의 저서 『녹색 산맥(*Green Mountains*)』에서 그는 수풀에 대한 지식과 본능만으로는 맥퍼슨 산맥의 빽빽한 식생 속에서 비행기를 발견하기는 불충분하다고 진술했다. 자신의 공로는 희망을 북돋우며 자신을 지도했던 어머니의 기도 덕분이라고 그는 말했다. 또한 오라일리가 육감으로 이 모든 일을 해냈다는 추측에 대해서는 믿음을 이야기했다.[3] 그는 육감을 믿지 않았다. 그의 인간적인 추론 뒤에는 하나님의 거룩한 손길이 있었다. 오라일리는 다음과 같이 말했다. "하나님께서는 누군가에게 맹목적이고 비이성적 충동으로 가서 그분의 뜻을 행하라고 영감을 주시지 않을 것이다. 그러나 하나님께서는 사람에게 이성과 결단을 통하여 우리가 자발적으로 움직이도록 하신다." 그렇게 선택된 사람이 자신의 대부분의 삶을 의식하지 못하면서도 주어진 일을 감당하며 살아간다는 사실은 그 모든 것의 뒤에는 분명한 목적이 있다는 점을 더 깊이 보여 주는 듯하다.[4]

위치에 관한 중요한 원리

버나드 오라일리의 이야기는 우리 현시대의 그림과 기독교 상담자의 역할에 대한 이해를 제공한다. 일반 상담 이론들은 인간이 어떤 한 시점에 확실하게 놓여 있다고 말하고 있다. 이 이론들은 인간의 심리 상태를 묘사하고 또 우리 스스로를 구원하기 위해 무엇을 해야 할 필요가 있는지를 설명하고 있다. 일반 상담 이론들은 부분적 진리의 요소와 사실적인 정보를 포함하고 있지만 성경이 말하는 진리와 인간의 현주소에 대한 관점에는 근본적으로 충돌하고 있다. 성경은 우리가 진리를 찾기 위해서는 어디서부터 시작해야 하는지를 말하고 있다. 이런 위치를 결정하는 몇몇 원리가 오라일리의 이야기에서 발견되고 그 지침은 기독교 상담 과정에 적용할 수 있다.

1. **어떤 사람의 위치를 찾기 위해 사실에 대한 주의 깊은 탐구가 필요하다.** 정확한 정보는 부정확한 추측과 분리되어야 한다. 오라일리는 추락사건의 자료 중 모순된 정보를 가려낼 수 있었고 몇몇 필수적인 진리를 발견할 수 있었다. 그는 방송 매체와 전문가들의 보도를 포함한 다른 사람들의 믿음과 추측에 흔들리지 않았다. 그는 사람을 잘못 인도할 수 있는 크고 모순된 목소리를 경계해야 한다는 생각을 가지고 있었다(전도서 9:17).

   기독교 상담자들은 상담 현장에서 나타나는 입장, 추측, 이론 및 정서로부터 사실을 가려내야 한다. 상황 안에 있는 증거를 주의 깊게 바라보고 사건에 대한 사람들의 해석을 무비판적으로 수용하는 태도를 피해야 한다. 아담과 하와가 그들의 분별 있는 믿음을, 생명에 대한 왜곡된 환상에 굴복하게하고 자신들의 자만심을 부추기는 독단적인 충동으로 대체하기를 선택했던 것과 같은 실수를 피해야 한다.

2. **아무리 최선의 의도와 상당한 경험을 가진 상담자일지라도 항상 자신을 돕거나 타인을 구할 수 있는 것은 아니다.** 우리에게는 도움이 필요

한 순간이 있다. 우리는 당면한 문제를 풀어 갈 자원이나 지식이 부족할 수도 있다. 웨스트레이는 풍부한 기술과 실제적인 노하우를 소유하고 있었지만 익숙하지 않은 지형에 착륙했기 때문에(이 경우에는 추락했다.) 자신에게 당면했던 문제를 다루는 데 미숙했다. 그는 자신이 직면한 위험에 대해 알지 못했고 결과적으로 영웅적인 의도에도 불구하고 사람들을 구하는 데 실패했다.

훈련되고 숙련된 기독교 상담자들은 도움이 필요한 사람을 돕는 자리에 있다. 기독교 상담자들은 내담자들이 자신의 문제 정도를 깨닫도록 인도하고 자신의 개인적인 역량을 정확하게 평가하도록 도와야 한다. 동시에 상담자들은 상담자 자신의 능력의 한계에 대해 알고 있어야 한다. 상담자들은 지식, 훈련 그리고 개인적인 기술의 한계를 벗어나 행하려고 하는 유혹을 피해야 한다.

3. **세상으로부터의 지지에 의존하거나 세상을 기대하지 말고 기독교 공동체로부터의 격려와 지지를 찾아라.** 오라일리는 어머니의 기도와 아내와 가족들의 지지를 통해 격려를 받았다. 그는 세상의 견해가 주는 변하기 쉬운 감상에 의존하지 않았다.

성경적 상담에서는 자신의 힘으로 사람을 구하려고 충동적으로 움직이는 론 레인저(역자 주: 미국의 라디오와 텔레비전 프로그램, 책, 영화, 코미디 등에 등장하는 가상의 인물. 서부에서 법의 테두리 밖에서 보안관과 같은 역할을 한 사람이다.) 같은 상담자를 위한 공간은 없으나, 하나님의 인도와 지도 아래 자기희생을 할 수 있는 공간은 있다. 기독교 상담은 성령, 성경의 권위, 동료 신앙인들의 기도와 격려, 하나님의 창조세계에 대한 정확한 조사와 관찰에 의해 공급되고 양육된 영적 은사와 훈련이 필요하다.

4. **주의 깊게 듣고 관찰하라. 그리고 성령의 음성과 인도하심에 반응하라.** 오라일리는 그가 육감으로 행동하지 않았다고 말했다. 그는 분별 있는 믿음에 의존했고 그를 가르치시고 인도하시는 하나님을 신뢰했다.

   기독교 상담자들은 상담을 진행할 때 매번 하나님의 손길을 구하고 또 하나님께서 도움을 주심을 기대해야 한다.

5. **당신이 필요로 하기 전까지 결코 알지 못했던, 하나님께서 주신 은사, 기술 그리고 능력을 지속적으로 개발하라.** 오라일리는 구출을 위한 준비를 하는 데에 그의 전 생애가 걸렸음을 지적했다. 숲 속의 수풀, 지형, 식물 그리고 날씨에 대한 그의 지식은 그의 생활 감각과 창조주 하나님을 향한 변함없는 믿음을 따라 수년 동안 성숙되고 성장되었다.

   기독교 상담자들은 성경적인 지식, 영적인 은사, 영적 훈련 그리고 상담 기술을 끊임없이 개발해야 할 필요가 있다.

6. **사람들을 돕는 일은 자기희생을 요구할지도 모른다.** 버나드 오라일리가 경험했던 육체적인 대가는 컸다. 그는 자지 않고 며칠 동안을 버텼다. 그가 탐험했던 길은 대부분의 사람들이 시도해 보지도 못할 만큼 힘든 길이었고, 또 그는 다른 사람들로부터의 조롱을 받을지도 모를 위험을 감수했다. 옳은 일을 하기가

항상 쉽지는 않다.

기독교 상담자들은 사람들을 돕기 위한 보통의 소명 그 이상으로 부르심을 받았을지도 모른다. 여기에는 윤리적이고 도덕적인, 심지어는 상담에서의 법적인 규준을 위반하고자 하는 유혹이 따른다. 가령 '나는 더 높은 소명을 가지고 있어.'라는 생각은, '그러므로 나는 인간의 규칙 아래 종속되어 있지 않아.'라는 생각으로 진행되기도 한다. 기독교 상담자들은 스스로가 판단하여 어떤 행동을 취하기 전에 믿음의 공동체 안에서 지식이 풍부하고 지혜로운 사람들에게 자문을 구하고 사려 깊은 계획을 추구하여 규칙을 무시하려는 경향을 거부하여야 한다.

7. **당신의 업적에 대해 인정받을 때, 당신의 성공이 어디에서 기인했는지를 기억하라.** 버나드 오라일리는 기분 좋게 받아들일 수 있는 세상의 찬사를 그에게로 돌리지 않기 위해 조심했다. 그는 자신의 모든 기술과 추리 그리고 잃어버린 사람들을 찾을 기회들은 건초더미에서 바늘 찾기라는 유명한 속담보다도 더 적음을 인식하고 있었다. 그의 성공은 하나님의 은혜 덕분이었다.

기독교 상담자들은 때때로 그들의 상담 사역에 대한 진지한 감사를 (그리고 비판을) 받는다. 우리에게는 자신을 축하하고 자신의 성취에 대해 뽐내려는 유혹이 있다. 겸허한 상담자는 성공적인 성경적 상담이 전적으로 하나님의 인도하심과 은혜에 달려 있다는 점을 알고 있다.

최고의 구출

예수 그리스도는 성공적이고 희생적인 탐구와 구출 시도에 대한 탁월한 예를 우리에게 보여 주신다. 기독교 상담은 길 잃은 사람에게 집으로 가는 길을 찾도록 돕는 그리스도의 모델을 따른다. 길을 잃어버린 세상에게 그리스도의 가르침에 대해 증언하고 말씀을 가르치는 성경적인 소명은 분명히 모든 그리스도인에게 주어진 명령의 일부다. 그리고 이 메시지는 상담 사역을 포함해서 그리스도인들이 하는 모든 일의 일부가 되어야 한다. 그러나 성경적인 메시지는 우리가 스스로 길을 찾을 능력이 없다는 점을 명확히 한다. 하나님 홀로 탐사를 시작하셨고 구원에 이르는 길을 보여 주셨다.

일반 상담 이론들과 학자들의 자리

지그문트 프로이트(Sigmund Freud)와 칼 로저스(Carl Rogers) 같은 상담과 성격 이론 연구자는 우리의 위치를 결정하는 데 어떤 가치를 가지고 있는가? 셀 수도 없이 많이 출판되어 있는 심리치료에 관한 이론들이 있지만(그 이론들은 약 500개일 것으로 추산된다.) 나는 심리치료에서 인정받은 이 두 선구자를 토론의 목적으로 살펴보려 한다. 그들은 살아 있는 인간의 기록을 연구하고 자신들의 발견을 보고하는 시도를 했다. 프로이트와 로저스는 모든 동기를 이해하고 질문하는 일은 불가능하지만, 우리는 프로이트와 로저스가 정신적인 고통과 불안을 경험하고 있었던 사람들을 돕고자 하는 훌륭한 목표를 가지고 있었으리라 추측할 수 있다. 그리고 그들의 이론을 보면 어떠한 일치도 어렵다는 사실을 알 수 있다. 그 두 이론 사이의 차이점은 뚜렷하다. 로저스는 그의 이론이 부분적으로는 프로이트의 정신분석 이론에 대한 반작용으로서 발전되었다는 점을 받아들였다. 그들은 코끼리의 다른 부분을 만지고 있는 장님과 같았고 경험에 기초하여 상반되는 설명을 한 그들이 둘 다 옳을 수는 없다.

성경적 기독교 상담에 대한 책들은 정신분석과 인간중심 상담이론에 대해 비판적인 경향이 있다. 비판적인 경향이 보다 강한 사람들은 두 이론들을 반성경적인 이론으로, 그리고 상담에서 어떤 고려할 만한 가치가 없는 생각이라며 밀어낸다.

나는 창세기와 관련해서 일반 상담 이론들의 실패를 이미 언급했다. 그러나 나는 일반 상담 이론들이 두 가지 영역에 대한 정보를 제공하는 데 공헌할 수 있다고 믿는다. 첫 번째는 관찰과 조사, 두 번째는 일대기와 위치다.

상담 이론들은 지지할 만한 증거와 임상적으로 검증된 자료가 있을 때 더 많은 가치를 가진다. 관찰과 실험적 자료들은 인간의 행동에 대한 추리적인 이론이나 해석보다 일반적으로 더 바람직하고 훨씬 정교하다. 최근의 연구 중 이혼으로 이르게 하는 요소에 대한 연구가 좋은 예가 된다. 이 연구는 이혼이 매우 예측 가능하며 과거에 사용되었던 특정한 신념과 상담 과정은 신뢰할 수 없고 비효과적이라는 점을 보여 주고 있다. 이에 비해 새로운 연구들은 몇몇 성경적인 진리와 원리를 보완하며 명백히 한다. 우리가 이미 성경에서 도움이 되는 진리를 가지고 있기 때문에 이러한 과학적 연구가 불필요하다는 주장은 설득력이 없다. 성경을 엄밀하고 주의 깊게 연구하면 하나님의 창조적인 작업에 대한 정보는 모든 인간에게 공통으로 허용된 은혜와 이성을 통해 밝혀질 수 있다는 점을 알 수 있다. 성경해석학의 견고한 기초가 기독교인들로 하여금 성경으로부터 정확한 인도를 이끌어 내기를 돕는 것처럼 경험적 연구 기술과 통계적인 분석이 적절하다면 우리가 상담의 감각적 자료로부터 좀 더 정확하고 객관적인 결론을 이끌어 낼 수 있다. 현명한 성경적 기독교 상담자들은 연구 결과가 성경적 진리에 어긋나는지를 먼저 검토한 후에 그것을 받아들일지를 결정한다.

상담학자들에 의해 소개된 이론과 가설은 조사와 검증을 필요로 하는데, 그 이론과 가설에는 하나님의 창조세계 안에 있는 진리를 부분적으로 드러내 준다. 또한 그러한 연구는 신념과 판단 안에 있는 인간의 오류를 드러내기도 하고, 사람들로 하여금 그 증거를 다시 고려할 수 있게 한다는 점에서는 유익을 준다.

1927년 프로이트는 『망상의 미래(*The Future of an Illusion*)』라는 책을 출판했다. 이 책에서 프로이트는 종교가 어린 시절에 형성된 아버지와 아들의 관계에 대한 왜곡된 견해에서 파생된, 단순한 강박관념적 신경증일 뿐이라고 주장했다. 하나님은 단순히 보호와 안전을 갈망하는 인간의 강한 무의식적 욕망과 유치한 욕구의 투사라는 것이다. 다시 말하면, 종교적인 사람들은 심리적 및 지적 약함으로 인해 고통을 받는다. 프로이트의 주장은 무신론자들이 심리적으로 더 정상적이며 세상에 대해 합리적이고 불합리하지 않은 견해를 가지고 있다고 함축할 수 있다. 이와 대조적으로, 기독교인들은 불합리하고 미성숙한 욕구와 소망에 기초한 병리적 망상으로 고통받고 있다고 말한다.

어떤 기독교인은 단순히 프로이트와 그의 동료들을 비웃고 이러한 견해를 버리고 싶은 충동을 느낀다. 성경에 나타난 신성한 계시에 기초하여 프로이트를 상당히 쉽게 논박할 수 있다. 그러나 프로이트는 종교에 대한 그의 이론으로 경험적인 관찰의 수준에서 또한 우리를 공격하고 있다. 그는 우리에게 측정 가능한 과학적 도전을 제시한다.

1990년대 후반에 기독교인이자 뉴욕 대학교의 심리학 교수였던 폴 비츠(Paul Vitz)는 프로이트의 논제를 합법적인 연구의 도전으로 삼았다. 비츠는 하나님께서 창조 속에 제공하신 증거를 연구하기로 결정했다. 하나님을 향한 믿음이 건강하거나 건강하지 않은 성격과 연관이 있는가? 프로이트는 기독교인이 망상적이라고 주장했다. 프로이트의 주장에 따르면, 무신론자들은 건강한 마음의 특성을 보여야 하고, 특히 자신들의 아버지와 건강한 관계를 가지고 있어야 한다.

비츠의 저서 『아버지 부재의 신앙: 무신론자의 심리학(*Faith of the Fatherless: The Psychology of Atheism*)』[5]에서, 그는 지난 4세기에 걸친 50명의 저명한 무신론자들과 유신론자들의 전기적 연구를 제시했다. 비츠의 연구는 프리드리히 니체(Friedrich Nietzsche), 데이비드 흄(David Hume), 버트런드 러셀(Bertrand Russell), 장 폴 사르트르(John-Paul Sartre), 알베르 카뮈(Albert Camus), 지그문트 프로이트 그리고 허버트 조지 웰스(Herbert George Wells)와 같은 잘 알려진 무신론자들을 포함했다. 유신론자들의 비교 집단으로는 블래즈 파스칼(Blaise Pascal), 에드먼드 버크(Edmund Burke), 모제스 멘델스존(Moses Mendelssohn), 존 헨리 뉴먼(John Henry Newman), 쇠렌 키르케고르(S¿ ren KierKegaard), 길버트 키스 체스터턴(Gilbert Keith Chesterton), 카를 바르트(Karl Barth) 그리고 디트리히 본회퍼(Dietrich Bonhoeffer)가 포함된다. 비츠는 이 사람들이 그들의 아버지 또는 아버지의 대리인과 가졌던 관계에 초점을 맞추었다. 프로이트는 기독교인들이 그들의 아버지와 역기능적인 관계를 가진다고 암시했다. 이와 비교하여, 무신론자들은 건강한 관계를 가져야만 했다. 비츠는 무엇을 발견했을까?

비츠의 연구는 유신론자들이 좋은 아버지 또는 좋은 아버지의 대리인을 가진 반면, 무신론자들은 나약하거나 나쁜 아버지를 가졌거나, 또는 아버지가 없었다는 사실을 보여 주었다. 비츠의 발견은, 결여되거나 결함이 있는 아버지들은 자녀들이 철학적 무신론자는 아닐지라도 실제적인 무신론자가 되게 하는 경향이 있음을 암시한다. 비츠는 프로이트의 종교에 대한 투사 이론을 역으로 활용했다. 프로이트의 이론은 하나님에 대한 믿음이 보호와 안전을 향한 어린아이와 같은 욕구에서 나온 환영이라는 점을 지적했다. 그러나 비츠는 "이 세상의 아버지에 대한 무신론자들의 실망과 분노가 무의식적으로 하나님에 대한 거부를 정당화시킨다."라는 사실을 우리에게 보여 주었다.[6] 기독교인보다 오히려 무신론자가 좋은 치료를 받을 필요가 있음을 말했다.

기독교가 틀렸음을 증명하고 하나님을 이성과 과학 또는 몇몇 뉴에이지의 체험으로 대체하려고 끊임없이 시도하고 있는 세상에서, 비츠는 우리가 그 충돌에 정면으로 맞서기를 제안하고 있다. 기독교인들은 하늘과 땅의 창조주인 하나님을 예배한다. 그분은 시간과 역사의 창시자이시다. 하나님은 우리의 내적인 갈망을 만족시키기 위해 필요로 하는 모호한 사상이나 환영이 아니다. 누군가가 우리의 믿음을 공격하기 위해 과학 또는 이성의 언어를 사용할 때, 우리는 성경적인 반응을 찾아야 하며, 우리의 적과 같은 언어를 사용하여 반응하는 도전을 받아들여야 한다. 만약 그 도전이 과학적이라면, 우리는 자연과 과학의 창시자를 조사하고 다른 사람에게 전달하기 위해 그 언어를 사용해야만 한다. 모든 진실된 과학적 관찰, 원리 그리고 법칙은 하나님의 성경적 견해를 지지할 것이다.

일대기로서의 이론

성격과 상담 이론들은 우리에게 이론가들에 대한 어떤 것을 말해준다. 마치 한 권의 책이 저자에 대한 것을 드러내 주듯이, 상담 이론은 필연적으로 이론가의 개인적인 경험으로부터 나온 요소를 포함한다. 이러한 자서전적 특징은 감춰질 수도 있고 솔직하게 드러날 수도 있다. 이론의 요소(개념)들은 좋은 상황과 즐거운 사건으로부터 유래된 것일 수도 있고, 또는 부정적인 과거의 경험에 대한 반작용일 수도 있다. 이론가들은 효과적인 심리학적 치료와 인간의 본성에 대한 가설을 발전시키기 위해 보통 추가적인 관찰, 실험 그리고 조사를 통해 그 가설이 인간조건에 보편적이라는 가정을 이끌어 낸다. 심지어 공공연하게 기독교의 반대 입장에 있는 이론가들조차도 통찰력, 기회 그리고 연구에 대한 생각을 제공할 수 있다.

성격에 대한 다양한 이론을 연구하는 것은 이론가들의 위치를 발견할 기회를 주며, 사역에 대한 부가적인 가능성을 연다. 내가 상담 이론에 대한 강의를 할 때, 학생들에게 이론가들의 일대기를 연구하도록 요구한다. 어떤 의미에서는, 하나의 이론이 그 이론가의 일대기 형태이기도 하다. 이러한 활동은 학생들에게 이론과 이론가의 연관성에 관한 통찰력을 준다. 연관성에 관한 연구를 어느 정도 마친 후, 학생들은 두드러진 전기적 사건들이 이론을 형성하는 신념과 성격 그리고 한 개인에 의해 제안된 상담 이론과 연관된다는 것을 알 수 있다.

나는 때때로 학생들에게 한 이론을 공부하기 전에 저자의 정보를 읽으라는 과제를 준다. 이후 나는 학생들에게 그들이 이해한 저자로부터 이론을 유추하도록, 즉 저자를 통해 그 상담 이론에 대한 특징과 인간 본성에 대한 견해를 예측하고 묘사하도록 한다. 그들의 예측은 놀라울 정도로 정확하다. 그들은 한 개인의 삶에 있었던 사건과 성격 또는 뒤이어 상담 안에서 일반화된 신념 체계를 연결시킬 수 있다. 이론가들은 자신들의 개인적인 경험, 문화적인 조건, 그리고 역사적인 맥락을 보편적이라고 혹은 모든 인간을 묘사한다고 믿는 견해로 일반화하였다.

이론들에 대한 연구는 우리가 이론가들의 위치, 즉 그들이 어떻게 생각하고 느끼는지, 그들은 무엇을 믿고 바라는지, 그리고 그들은 문제에 대한 해결이 어디에 있는지 등을 이해하는 데 도움이 된다. 또한 이러한 이론들은 우리에게 비슷한 세계관을 공유하는 사람들에 대한 통찰력을 준다. 결과적으로, 이론가에 대한 연구는 성경적 기독교 상담자들에게 한 이론가와 같은 세계관이나 배경을 가진 사람들을 서로 연결해서 생각할 수 있도록 도와준다. 유사한 예로는, 바울이 아테네 철학자들과 의사소통하기 위해 금욕주의와 쾌락주의적 관점을 사용한 점을 들 수 있다(사도행전 17:18-34). 바울은 결코 이교도 철학을 받아들이지 않았으나, 진리를 듣고자 했던 사람들을 인도하기 위해 그들의 철학으로부터 나오는 산문과 개념을 활용했다. 바울은 아테네 철학자들의 믿음, 문학 그리고 언어의 관점에서 사람들의 위치를 파악했다. 바울은 그들의 관점에서 시작했고, 그렇게 한 후에 그들을 경건한 진리로 이끌었다.

프로이트와 로저스의 삶의 대한 소개는 이론가의 개인적 삶과 철학이 이론에 끼친 영향을 이해하는 데 좋은 예가 될 것이다.

프로이트의 위치

프로이트는 오스트리아의 모라비아 주 프라이부르크라는 작은 도시에서 태어났다. 그의 출생일은 공식적인 전기에서는 1856년 5월 6일이라고 나타나지만, 프라이부르크에 남아 있는 기록에 따르면 3월 6일이다.[7] 출생일에 대한 질문은 프로이트의 부모가 출생 열 달 전이 아니라 여덟 달 전에 결혼했다는 사실과, 날짜가 수정되었다는 사실을 고려할 때 아주 중요하다. 프로이트의 생애에 있어 비밀과 은폐가 있었을지도 모르는 일이기 때문이다. 그는 일곱 명의 아이들 중 첫째였다. 프로이트가 태어났을 때 그의 아버지 야코프(Jacob)는 40세였고, 그의 어머니 아말리아(Amalia)는 20세였다. 야코프가 이전 결혼에서 낳은 두 아들 모두 그의 아내 아말리아보다 나이가 더 많았다. 그 아들 중 하나였던 필리프는 미혼이었고 그는 한동안 프로이트가 사는 집의 맞은편에서 살았다. 그리고 몇몇 학자는 이 이복 아들 필리프와 야코프의 젊고 매력적인 아내와의 관계에 대해 의문을 가지기도 한다.[8] 프로이트의 아버지는 양모를 파는 상인이었고, 프로이트가 4세였을 때 아버지는 사업을 확장하기 위해 가족들과 빈으로 이사했다. 프로이트는 아말리아의 일곱 명의 아이들 중 첫째였으므로, 공부할 수 있는 자신만의 방을 가질 수 있는 특권을 누렸다. 그는 학교에서도 뛰어나서 시험을 면제받았다.[9] 프로이트는 반유대주의 문화 속에서 자랐다. 그는 열등한 이방인으로 취급되는 편견을 경험했고 어린 시절 자신의 아버지가 인종 차별과 모욕에 대항하여 자신을 방어하지 못하는 모습을 보면서 수치심을 느꼈다.[10] 프로이트는 자신의 유대인 유산에 대해 양가감정을 품었다. 모세와 유일신 사상에서 그는 유대주의에 대한 몇몇 기본적인 교리를 연구했었다.[11] 그러나 학자들은 성격에 대한 프로이트의 견해가 유대 신비주의 문학과 구전되어 온 카발라(Kabbala: 유대 신비주의)의 신비주의 전통의 세속화된 해석을 닮았다는 사실에 주목해 왔다.[12] 카발라 전통은 뚜렷한 설명보다 암시와 추측에 의해 한 번에 한 사람에게 비밀 교육과 정보의 구두 전달을 한다. 우리는 정신분석 훈련에서 유사한 과정을 발견한다.

프로이트는 유대인이라는 이유로 오직 두 가지의 직업을 선택할 수 있었는데 그것은 법학 또는 의학이었다. 그는 의학을 선택했다. 그는 빈 종합병원에서 신경병리적 질병으로 고통받고 있는 환자들과 함께 일했다. 그는 프랑스 신경과 의사 장 샤르코(Jean Charcot)의 지도 아래 파리에 잠깐 있는 동안 그곳에서 히스테리 환자들의 전환반응(conversion reactions)을 연구하고 최면 기술을 배웠다(전환반응에서 정신적인 갈등은 신체적인 증상으로 나타난다.). 내과 의사 요제프 브로이어(Josef Breuer)의 지지에 힘입어 그는 히스테리 증상의 역동을 연구했다. 프로이트는 그의 환자들의 문제가 무의식 안에 갇혀 있는 정신적 외상의 기억에 의해 일어난다고 믿었다. 그는 정신적 외상으로의 회상에 저항하고 이를 극복하기 위해 자유연상을 포함한 기술을 개발했다. 프로이트의 정신분석 이론의 기원은 그의 의료적 시술에서 발견된다. 프로이트는 정신건강에 대한 것보다 정신 병리에 대한 모델을 발전시켰다. 프로이트는 자신들의 문제 안에서 파괴되어 가는 사람들을 연구했다.

프로이트는 비밀과 속임수가 팽배한 시대와 문화 속에서 살았다. 그는 편견과 위선이 만연했던 19세기 유럽사회에서 이방인으로 살

고 있던 유대인이었다. 빈에 있던 유대인들은 판단, 사건에 대한 자세한 분석, 시간을 통한 관계의 성장, 말장난 그리고 말의 의미에 대한 토론의 중요성을 아주 높이 평가했다. 빅토리아 여왕 시대 역시 성에 대한 불안정하고 일관성 없는 태도를 조장했다. 프로이트의 이론은 어린 시절의 생각, 성적인 욕망, 그리고 경험들에 대한 비밀과 억압을 유지하는 점에 초점을 맞춘다. 성격에서 무의식적이거나 의식적인 힘은 자신에 대한 통제를 위해서 일을 한다. 쾌락의 원칙에 의해 움직이는 충동적인 어린아이 같은 원욕은 현실의 원칙으로 기능하고 있는 자아를 강화함으로써 조절되어야 한다. 동시에 위압적이고 매우 도덕적인 초자아는 제어되어야 한다.

프로이트는 개인적으로 그가 유대인으로서 이방인의 삶을 살아야 했던, 그 시대의 의학과 문화 속에 자리 잡고 있었던 위압적이고 거만한 윤리적 · 사회적 힘과 같은 숨겨진 쟁점들을 다루었다. 프로이트의 이론은 어린 시절에 가졌던 억압된 기억과 성적 문제를 포함하는 자신의 개인적인 경험과 문제의 모형으로 만들어졌다.[13] 이러한 프로이트 자신의 개인적 경험을 토대로 만들어진 이론을 모든 인간에게 보편적으로 적용하고자 하는 시도는 이론이 처음 제안된 때부터 분쟁이 일어났다. 예를 들어, 인류학자 브로니슬라브 말리노프스키(Bronislaw Malinowski)는 트로브리안드 섬의 남쪽 바다에 사는 부족들에게서 오이디푸스 콤플렉스로 실재를 지지할 만한 증거를 발견하지 못했다.[14] 프로이트는 자신이 경험했던 아버지로부터의 소외와 어머니와의 강한 애착이 오이디푸스 콤플렉스를 발견한 데에 명확한 원인이 되었음을 알고 있었기 때문에, 프로이트는 이와 같은 특정한 현상은 모든 사람에게 보편적으로 적용할 수 있으리라고 가정했다.[15] 그의 이론에 대한 가치는 우리가 프로이트 그리고 그와 비슷한 사람들을 이해하는 데 도움을 주고 있는지도 모른다. 프로이트는 세 가지 유형의 사람의 표본이 된다. 즉, 개인적인 삶과 외부 세상에 대해 일치되지 않은 감정을 가지고 있는 사람, 편견과 차별을 겪은 이민자들 그리고 비밀, 숨은 동기, 애매한 성적 감정 및 혼란스러운 어린 시절의 경험을 마음에 품고 있는 사람이다. 이러한 사람들은 명료하며 변화하기를 싫어하지만 몇 주, 심지어는 몇 년에 걸쳐서라도 전문적인 상담자와 자신의 삶의 과거와 현재를 기꺼이 분석하려는 사람들이다.

기독교 상담자들은 정신분석 그리고 정신분석의 수정 모델인 교류 분석과 대상관계와 같은 이론이 프로이트의 연구와 활용을 보증할 만한 충분한 가치와 진리를 가지고 있는지를 결정해야 한다. 도움이 필요한 소수의 상담자들과 사람들에게는 프로이트의 연구가 개인의 위치를 결정할 때 보조 역할과 대화의 수단을 제공할 수도 있다. 하지만 그 이론이 세속적이라는 점에서 볼 때 이론은 개인의 변화와 이해를 위해 사회적인 힘 그리고 자기중심성을 필연적으로 좇게 될 것이다.

로저스의 위치

로저스는 미국 일리노이 주 오크 파크에서 1902년 1월 8일에 태어났다. 그는 여섯 아이들 중 넷째였고 엄격한 개신교 가정에서 자랐다. 로저스의 어머니는 어린 로저스에게 두 가지 메시지를 전했다. 첫 번째 메시지는 자신이 가진 믿음과 같지 않은 사람과는 사귀지 말라는 것이었고, 두 번째 메시지는 사람들이 아무리 최선을 다할지라도 정말로 선한 사람은 없다는 것이었다. 담배를 피우고 춤을 추

고 카드 게임을 하고 술을 마시고 영화를 보러 가는 사람들을 로저스는 피해야만 했다. 이런 사람들은 무지하다고 생각하기에 너그럽게 보아 줄 수는 있어도 그들과 어떤 접촉이나 교류가 있어서는 안 되었다. 로저스가 고등학교를 다닐 때 그의 부모님은 가족들과 일리노이 주 글렌 엘린에 있는 시골 농장으로 이사를 가면서 이러한 신념을 더욱 강화했다. 로저스는 사회생활의 기술이 형편없는 외톨이가 되었다. 그는 이상하거나 기괴한 사고와 환상을 가졌고 오직 피상적인 사회적 접촉만을 가졌다.[16] 칼을 포함하여, 그 가족의 여섯 명의 아이들 중 세 명은 궤양을 앓고 있었다.[17]

로저스가 위스콘신 대학교(University of Wisconsin)에 입학하기 위해 가족을 떠났을 때 그는 새로운 자유를 경험했다. 1922년에 중국을 여행하면서 그는 엄격한 종교적 뿌리로부터 철학적 단절을 촉진하게 되었다. 그의 인생의 가치와 목표는 뉴욕으로 이사한 후 영구적인 변화를 맞이했는데 중국에서 그는 종교적인 믿음에 대한 의심으로 인해 유니언 신학교(Union Theological Seminary)에서 하던 목회 공부를 중단하고 컬럼비아 대학교(Columbia University)의 사범대학으로 옮겨 심리학 학위를 마쳤다.[18]

성인 초기에 로저스는 낙관주의가 팽배한 시대와 나라에서 살았다. 1940년대와 1950년대의 미국은 의욕적인 정신 그리고 경제 성장을 촉진하고 권위에 이의를 제기하는 개인주의적 윤리를 기꺼이 받아들였다. 로저스의 비지시적이고 인간중심적인 치료는 로저스의 개인적인 역사와 사회적, 역사적인 맥락을 반영한다. 그는 지배적이고 완고한 부모님과 프로이트의 이미지에 대해 거부하기 시작했다. 고전적 정신분석은 상담자의 가르침을 엄밀하게 고수하기를 요구한다. 분석가는 환자의 상태에 대한 뛰어난 지식을 가지고 문제를 해석하고 진단하는 능력을 가지고 있어야 하고, 환자들은 정신분석가의 직접적인 도움 없이 자신의 문제를 이해하고 해결할 수 없는 구조였다. 로저스는 정신분석의 권위적이고 지시적인 입장을 거부했다. 그는 경험이 가장 높은 권위라고 사람들에게 가르쳤다. 『사람됨에 관하여(*On Becoming a Person*)』에서 그는 "성경도, 예언자도, 프로이트 연구도, 하나님의 계시도 사람, 즉 나 자신의 직접적인 경험보다 우선할 수는 없다."라고 말했다.[19)]

우리는 로저스의 성격 이론과 상담에서 그의 부모님과 프로이트의 지시적인 태도에 대해 거부하는 로저스의 반응을 볼 수 있다. 로저스는 도움이 필요한 사람을 상담자와 동등한 자격에서 더 이상 환자가 아닌 내담자라고 불렀다. 실제로, 로저스의 상담은 내담자가 상담 회기를 통제하고 있다. 로저스가 숨이 막힐 정도의 엄격하고 도덕적이고 종교성을 강조한 부모로부터 뛰쳐나와서 스스로 자기 성장을 할 수 있었던 것처럼 내담자들은 자기 지시적인 성장을 할 수 있고 상담자의 기능은 개인의 성장을 촉진시키는 환경을 조성하는 것이다.[20)] 로저스는 상담자가 우월, 조건적 사랑, 충고 또는 도덕적 판단을 넌지시 비추는 태도뿐만 아니라 어떤 지시적인 행동도 허용하지 않았다. 로저스는 자신의 생각과 감정을 거짓 태도나 가면으로 감출 필요가 없다는 점을 강조했고 감정, 입장, 진심, 솔직함, 무조건적 수용 그리고 자아의 통합에 대한 솔직한 표현을 높이 평가하고 지지하는 치료적 세계를 원했다. 그는 자신의 어린 시절에 놓쳤던 것들을 그의 이론에서 원했다.

로저스의 상담 접근은 내담자들이 과거에 진실한 사랑과 애정의 결핍으로 상처를 입었을 경우 호소력이 있어 보인다. 사랑과 애정이 결핍된 내담자들의 위치를 파악하기 위해 상담자는 판단하는 듯한

인상을 주거나 내담자들의 가치를 평가절하하는 행동과 같은 지시적인 접근을 피해야 한다. 이러한 내담자들은 지나치게 의존적인 사람들로서 어떤 감정적인 일의 발생에 있어서 개인적인 책임을 지는데 실패하는 사람들일 수 있다. 혹은, 이들은 반항적이어서 어떤 권위라 할지라도 저항이나 도피로 대응할지도 모르는 사람들로서 상담에 다시 오지 않을 수도 있다. 그들은 사람들과의 관계에서 안전과 사랑에 대한 강한 욕구를 가지고 있다. 우리는 예수님의 사역에서 안전과 사랑의 관계를 발전시키는 성경적인 예를 발견할 수 있는데, 예수님은 특별히 그의 제자들에게 끈기 있는 가르침, 온화함 그리고 사랑 안에서 치료적이고 용서하는 돌봄을 보이셨다. 실제로, 최근의 연구는 치료적 변화가 일어나도록 만드는 경청 그리고 긍정적이고 지지하는 상담자와 내담자의 관계 형성에 대한 중요성을 다시 한 번 드러냈다.[21)]

하지만 인간중심 이론의 약점은 궁극적인 희망이 자신 안에서 발견된다는 믿음에 있다. 로저스는 개인적인 경험이 사람의 가장 높은 권위이며, 심지어 하나님과 성경의 계시 위에 있다고 명백히 진술했다. 자기 성장과 자기실현의 목표는 인간의 타락이라는 성경의 현실과 하나님과의 관계를 향한 우리의 필요를 무시한다. 기독교 상담자들은 예수 그리스도 안에 있는 하나님의 무조건적 사랑의 참된 본성과 그리스도 안에서 발견되는 참된 소망을 드러내려고 노력하여야 한다. 로저스의 자기 성장은 개인의 노력을 강조한다는 면에서는 칭찬할 만하지만 우리 자신을 스스로의 힘으로 끌어올리려고 하는 시도는 필연적으로 실패하게 되어 있다.

상담에서의 위치와 관계

성경적인 기독교 상담은 하나님, 자신, 그리고 타인과의 관계에서 한 개인, 가족, 또는 집단의 위치를 발견하려고 노력한다. 단절된 관계는 깨어진 의사소통에 이르게 된다. 사람의 위치에 대한 정보는 왜곡되고, 해결하려는 시도는 실패한다. 효과적인 상담은 다음과 같이 위치에 대한 기본적인 질문들과 관계에 대한 세 가지 차원을 축으로 전개된다.

현재의 위치

- 당신은 자신의 생각과 감정이 현재 위치한 곳이 어디라고 말하고 있나? 당신은 문제가 무엇이라고 믿는가?
- 당신의 상담자는 당신이 어디에 위치해 있다고 말하고 있나? 당신을 잘 알고 있는 당신의 부모, 형제, 친척, 친구, 그리고 그 밖의 사람들은 당신이 어디에 있다고 말하고 있나? 그들은 당신의 문제가 무엇이라고 말하나?
- 하나님께서는 당신이 어디에 있다고 말씀하시나? 당신의 상황에 대한 성경적 견해는 무엇인가?

목표, 목적지 또는 해결

- 당신은 어디에 있기를 원한다고 믿는가? 당신의 문제에 대한 해결방법은 무엇이며 당신은 무엇이 변하기를 원하는가? 당신은

어디에서 통제하고 있는가? 당신은 자신에 대해 어떤 변화를 만들기를 원하고 또 만들 수 있는가?

- 당신의 상담자는 당신이 어디에 있을 필요가 있다고 말하는가? 다른 사람들은 당신이 어디에 있어야 한다고 말하는가? 그들은 무엇을 제안하는가?
- 하나님께서는 당신이 어디에 있어야 한다고 말씀하시는가? 성경은 당신의 문제에 대한 해결방법이 무엇이라 말하며, 하나님께서는 어떤 변화를 기대하시는가?

변화를 위한 계획

- 당신은 자신의 목표에 이르기 위해 무엇을 계획하는가? 당신은 어떤 자원들을 가지고 있는가?
- 당신의 상담자와 다른 사람들은 목표에 이르기 위해 어떤 제안들을 하는가?
- 이 상황에서 당신의 삶을 향한 하나님의 계획은 무엇인가?

상담 회기에서 판에 박힌 방식으로 이러한 질문들을 하는 행동은 불필요하고 현명한 일도 아니다. 이 질문들이 필요한 사람에게는 필요의 영역에 따라 질문이 주어진다. 그리고 상담적 대화는 내담자의 언어, 관심사, 기질, 소망에 맞출 필요가 있다. 상담에서의 이상적인 상황은 세 가지 관점과 차원 사이의 일치 혹은 완전한 동의가 있을 때 발생한다. 내담자, 상담자 그리고 성경의 사이에서 문제의 본질, 치료의 목표, 그리고 가능한 해결방법, 개입 또는 치료에 관해 견해가 서로 다르고 충돌이 발생할 때 실질적 어려움이 발생한다.[22)]

요 약

1. 성경은 우리가 하나님, 자신, 그리고 타인과의 관계를 위해 창조되었다는 점을 보여 준다. 인간의 불순종은 창조주 하나님과의 특별한 관계를 파괴시켰다. 우리는 죄의 상태에 있다. 또한 우리가 맺고 있는 타인과의 관계에 불화가 존재한다. 오직 하나님만이 그와 우리의 관계를 회복시킬 힘을 가지신다.

2. 사람의 위치는 우리의 현실에서 행해지는 논쟁거리다. 세속적인 치료자들은 인간의 본질과 상담 이론에 관해 서로 다른 입장을 견지할 뿐만 아니라 종종 서로 충돌하는 견해를 제시한다. 모든 세속적인 상담자는 인간과 하나님과의 관계를 명확히 다루는 데 실패하고 있다. 이들은 자신의 이론을 사회 속의 개인과 다른 사람들을 관찰함으로써 얻었다고 주장하지만, 그들의 이론은 또한 그들 개인의 삶을 반영하고 있다. 이론가들의 생각은 자신의 경험을 반영함과 동시에 크게 새겨진 그들의 개인적인 역사의 표현이라고 볼 수 있다. 기특하게도 몇몇 이론가는 이러한 영향을 인정한다. 기독교 상담자들은 세속적 이론들과 이론가들을 인정하지 않아서 연구에서 제외하거나 또는 기독교 사역의 일환으로 이 이론가들과 이론들의 현주소를 연구하여 기독교 상담의 발전에 기여할 수도 있다.

이제 우리는 여기에서 어디로 가는가

내담자들의 현주소를 알아내는 일은 상담에 있어 필수적이다. 그러나 그 과정은 단순하지 않다. 성경적 기독교 상담은 명확한 설계와 목적을 가지고 있다. 다음 장에서는 효과적인 기독교 상담을 정의하는 특성을 살펴보고 성경적 기독교 상담의 독특한 특징을 역사적인 교회와 성경적인 세계관과 연결하여 살펴볼 것이다.

연습문제

1. 지도에 대한 비유는 기본적인 상담의 과정을 설명하기 위해 사용되었다. 당신은 성경적 기독교 상담을 설명하기 위해 어떤 다른 은유 또는 설명을 사용할 수 있겠는가?

2. 길을 잃은 사람들을 안전한 곳으로 인도하시는 하나님에 대한 추가적인 성경적 예를 찾고 설명하라.

3. 당신은 상담자와 내담자가 그들의 위치와 문제의 본질에 대해 합의를 이루지 못하는 상담 상황을 어떻게 다룰 것인가?

4. 어린 프로이트가 당신에게 도움을 요청하러 온다면, 당신은 그를 어떻게 상담할 것인가? 그의 위치를 파악하고 그의 욕구를 충족시키기 위해 당신은 어떤 접근을 취할 것인가?

5. 한두 명의 다른 상담 이론가들의 일대기를 연구하고 그들의 배경과 그에 따르는 그들의 이론들 사이의 연관성을 논의하라.

후 주

1) 하나님께서는 창세기 4장에서 가인이 그의 동생 아벨을 죽인 후 가인에게 다가가실 때, 위치에 관한 유사한 질문을 사용하신다. "네 동생 아벨은 어디 있느냐?"라는 질문에 대한 가인의 반응은 책임을 받아들이는 것에 실패했음을 드러내 주며("내가 동생을 지키는 사람입니까?"), 결과적으로 처벌을 받게 된다. 가인은 이웃을 사랑하라는 하나님의 명령을 명백히 위반했다(요한1서 3:11-12과 비교하라).

2) Bernard O'Reilly, *Green Mountains* (Annandale, NSW, Australia: Envirobooks, 1940), 16.

3) 같은 책, 50.

4) 같은 책, 15.

5) Paul C. Vitz, *Faith of the Fatherless: The Psychology of Atheism* (Dallas: Spence Publishing Co., 1999).

6) 같은 책, 16. 비츠는 무신론에 대한 이 새로운 이론을 불완전한 아버지에 대한 가설이라 불렀다.

7) Ernest Jones, *The Life and Work of Sigmund Freud: Vol. 1* (New York: Basic Books, 1953), 1.

8) Paul Vitz, *Sigmund Freud's Christian Unconscious* (Grand Rapids, Mich.: William B. Eerdmans Publishing Company, 1988), 39-42.

9) 프로이트의 초기 생애와 그의 부모님과의 관계에 대한 더 많은 토론에 대해서라면, Marie Balmary, *Psychoanalyzing Psychoanalysis: Freud and the Hidden Fault of the Father,* trans. Ned Lukacher (Baltimore: The Johns Hopkins University Press, 1979/1982)를 보라.

10) Sigmund Freud, *An Autobiographical Study*, authorized trans. by James Strachey (New York: W. W. Norton & Company, 1952), 14.

11) Sigmund Freud, *The Interpretation of Dreams*, trans. James Strachey (New York: Avon Books, 1965), 230.

12) 예를 들면, David Bakan, *Sigmund Freud and the Jewish Mystical Tradition* (Boston: Beacon Press, 1958)을 보라.

13) Vitz, *Sigmund Freud's Christian Unconscious*를 보라.

14) Bronislaw Malinowski, *Sex and Repression in Savage Society* (Chicago: The University of Chicago Press, 1927/1985).

15) Duane Schulz and Sydney Ellen Schulz, *Theories of Personality*, 6th ed. (Pacific Grove, Calif: Brooks/Cole Publishing Company, 1998), 40-41.

16) H. A. Van Belle, "Carl Ransom Rogers," in *Baker Encyclopedia of Psychology and Counseling*, 2nd ed., ed. David G. Benner and Peter C. Hill (Grand Rapids, Mich.: Baker Books, 1999), 1046; James Fadiman and Robert Frager, *Personality and Personal Growth* 5th ed. (Upper Saddle River, N.J.: Prentice Hall, 2002), 394-95.

17) Jerry M. Burger, *Personality*, 4th ed. (Pacific Grove, Calif.: Brooks/Cole,

1997), 322.

18) Carl R. Rogers, *On Becoming a Person: A Therapist's View of Psychotherapy* (Boston: Houghton Mifflin Company, 1961), 6-10.

19) 같은 책, 24.

20) 로저스의 이론이 형성되도록 도왔던, 특히 그의 어머니에 대해 가졌던 부정적인 인식이 로저스의 형제들과 함께 공유된 경험이 아니라는 점에 주목하는 일은 중요하다. 예를 들면, Joyce Milton, *The Road to Malpsychia: Humanistic Psychology and Our Discontents* (San Francisco: Encounter Books, 2002), 128쪽을 보라.

21) 예를 들면, Mark A. Hobble, Barry L. Duncan, and Scott D. Miller, *The Heart and Soul of Change: What Works in Therapy* (Washington, D.C.: American Psychological Association, 1999)를 보라.

22) 성경은 건강한 영적 위치—'주님, 제가 여기에 있습니다.' 라는 순종의 위치—에서 하나님께 반응한 사람들에 관한 많은 예들을 가지고 있다. 예를 들어, 아브라함(창세기 12:1-4; 22:1-19), 모세(출애굽기 3-4), 사무엘(사무엘상 3), 그리고 이사야(이사야서 6:1-3)를 보라.

참고문헌

Bakan, David. *Sigmund Freud and the Jewish Mystical Tradition.* Boston: Beacon Press, 1958.

Balmary, Marie. *Psychoanalyzing Psychoanalysis: Freud and the Hidden Fault of the Father.* Ned Lukacher, trans. Baltimore: The Johns Hopkins University Press, 1979/1982.

Fadiman, James, and Robert Frager. *Personality and Personal Growth,* 5th ed. Upper Saddle River, N.J.: Prentice Hall, 2002.

Freud, Sigmund. *An Autobiographical Study.* Authorized translation by James Strachey. New York: W. W. Norton & Company, 1952.

Freud, Sigmund. *The Interpretation of Dreams.* James Strachey, trans. New York: Avon Books, 1965.

Hubble, Mark A., Barry L. Duncan, and Scott D. Miller. *The Heart and Soul of Change: What Works in Therapy*. Washington, D.C.: American Psychological Association, 1999.

Jones, Ernest. *The Life and Work of Sigmund Freud: Vol. 1*. New York: Basic Books, 1953.

Malinowski, Bronislaw. *Sex and Repression in Savage Society*. Chicago: The University of Chicago Press, 1927/1985.

Milton, Joyce. *The Road to Malpsychia: Humanistic Psychology and Our Discontents*. San Francisco: Encounter Books, 2002

O'Reilly, Bernard. *Green Mountains*. Annandale, NSW, Australia: Envirobooks, n.d. (originally published in 1940).

Rogers, Carl R. *On Becoming a Person: A Therapist's View of Psychotherapy*. Boston: Houghton Mifflin Company, 1961.

Schulz, Duane, and Sydney Ellen Schulz. *Theories of Personality*, 6th ed. Pacific Grove, Calif.: Brooks/Cole Publishing Company, 1998

Van Belle, H. A. "Carl Ransom Rogers." In *Baker Encyclopedia of Psychology and Counseling*, 2nd ed. Ed. David G. Benner and Peter C. Hill. Grand Rapids, Mich.: Baker Books, 1999. 1046-47.

Vitz, Paul C. *Faith of the Fatherless: The Psychology of Atheism*. Dallas: Spence Publishing Co., 1999.

Vitz, Paul C. *Sigmund Freud's Christian Unconscious*. Grand Rapids, Mich.: William B. Eerdmans Publishing Company, 1988.

CHAPTER

04

성경적 기독교 상담의 특징

CHAPTER 04

성경적 기독교 상담의 특징

성경적 기독교 상담의 정의

성경적 기독교 상담은 하나님을 나타내는 상담자와 도움이 필요한 사람이나 가족 또는 집단과의 역동적인 의사소통 과정으로서 상담을 받는 사람과 하나님과의 관계, 자기 자신과의 관계, 그리고 자신과 타인과의 관계에서 치유를 이루기 위한 목적을 가진다. 인간은 관계 지향적 존재이기 때문에 상담 과정은 우리에게 영향을 미치는 상호 의존의 영역을 다루며, 우리의 역할, 필요 및 다른 사람을 섬기는 경건한 소명에 초점을 둔다. 이러한 상담은 사람들로 하여금 더 풍성하게 살고 일상생활 가운데 발생하는 문제와 인간관계를 책임감 있게 다루도록 돕는 데 목적이 있다. 이러한 활동은 하나님의 뜻 안에서 정신건강과 완전성을 향한 발전과 성장을 도모한다.

의사소통의 역동적 과정으로서의 상담

성경적 기독교 상담은 과정을 의미한다. 과정이란 상담의 특별한 체계와 방법과 연관되는 행동과정 또는 절차다. 이 과정은 독단적이지 않다. 그러나 과정에서 일어나는 변화의 단계는 방향성과 함께 상담의 특별한 목표 또는 계획을 동반하며 신중하게 선택된다. 과정은 제한된 시간을 가진다. 상담적 만남은 보통 상담자와 내담자 사이에서 동의를 거쳐 결정된 짧은 시간 동안 지속된다. 이러한 특징은 전도나 제자도의 공식적인 사역으로부터 성경적 상담을 구별한다. 전도, 제자도, 그리고 상담은 서로 보완적이지만, 그것들은 각각 독특한 특징과 목적을 가진다.

전도는 기회가 닿는 한 언제 어디에서든지 모든 기독교인의 삶에 존재하는 소명이다. 전도는 구조화되고 형식적인 활동이 아니다. 우리는 복음을 나눌 기회에 대해 항상 마음을 열고 준비할 필요가 있지만 우리의 도움을 구하는 사람들을 기만해서는 안 되고 사람들을 전도하기 위해 상담자의 가면을 써서는 안 된다. 우리는 사람들에게서 먼저 그들의 필요를 알아낸 다음 그들의 관심사에 집중하셨던 예수 그리스도의 본을 따라야 한다. 그의 삶은 "네가 어디에 있느냐?"라는 하나님의 질문에 대한 표현이었다. 예수님은 그렇게 하심으로써 우리를 찾아오셨고 우리를 하나님께로 인도하셨다.

제자도는 기독교인의 삶에서 이루어지는 성장과 발전의 과정이고, 이것을 통해 영적으로 좀 더 성숙한 스승은 믿음이 더 어린 사람을 가르치고 인도한다. 제자도는 상담보다 좀 더 개방적이다. 제자도는 상담 과정에서 중요하게 여기는 비밀 보장 문제에 대해 상담 관계보다 자유로우며, 비형식적 만남으로 보다 넓은 영역의 화제에 대한 토론과 연구가 이루어지고, 상담과 같이 일시적인 관계가 아닌 지속적으로 맺어 가는 동역자로서의 관계, 그리고 가르침과 격려가 포함된 성숙한 나눔과 책임 등과 연관을 갖는다. 상담 관계에서의 상담자는 내담자의 영적인 상태를 평가할 필요가 있고, 또한 적절한 때에 그들로 하여금 영적인 지도자들과 제자도의 관계를 형성하도록 격려할 필요가 있다. 전반적으로 상담 관계는 좀 더 형식적이고 상담자와 내담자 간의 상호작용에 있어서 여러 가지 규칙이 있으며 내담자의 특별한 주제나 문제에 초점을 맞추는 형식으로 이루어진다.

그러면 상담의 가치는 무엇인가? 성경적 기독교 상담은 내담자의 현재 상황의 문제들을 보다 더 인식하고 지각하도록 시도한다. 이러한 인식작업을 통해 내담자가 자신의 죄책감으로부터 용서를 구하고, 분리의 감정으로부터 가정과 개인의 회복의 역사를 가지며, 심리적 상처로부터 궁극적인 정의로, 무가치하다는 느낌으로부터 주님 안에서의 측량할 수 없는 가치를 가진 존재로 인식할 수 있게 돕는다.

성경적 기독교 상담은 역동적인 과정이다. 상담 관계는 도움이 필요한 사람, 가족 또는 집단에서 일어나는 변화에의 기대를 함축한다. 역동이라는 말은 힘이나 권능을 의미하는 그리스어 두나미스(dunamis)에서 유래한다.

상담 과정은 긍정적이고 치료적인 변화를 생산하는 에너지, 능력, 행동을 평가하고 사용하는 일과 관련이 있다. 동기를 부여하는 에너지는 변화, 수정, 교정, 심지어 삶의 변형으로 인도하는 데 있어서 적극적이면서 힘이 넘칠 수도 있으나 한편으로 이 에너지는 부드럽고 조용할 수도 있다. 역동적인 과정은 또한 변화를 위한 잠재적 힘인 동기를 부여하는 에너지를 함축하고 있으며 이 동기 부여의 에너지는 이성과 필요를 포함한다는 목표 역시 가지고 있다. 상담은 도움이 필요한 사람들의 생활에서 변화를 일으키기 위해 필요한 동기나 자극, 영감, 그리고 격려의 주제들을 다루어야 한다.

이 힘은 건설적이고 신성한 목적을 위해 쓰일 수도 있지만 때로는 상담자가 그것을 남용하여 파괴적인 결과를 낳는 고통을 일으킬 수도 있다. 치유를 낳고 양성하는 창조적인 힘은 우리 삶에서 일하시는 성령의 사역 안에서 가장 명확하고 완벽하게 나타난다.

상담은 역동적인 **의사소통**의 과정을 포함한다. 성경적 기독교 상담은 **코이노니아**(*koinonia*)의 개념과 관련이 있다. 그리스어인 코이노니아는 친교를 의미한다. 이는 공통의 결속과 친밀한 관계를 나누는 개개인의 모임이자 공통의 목적을 가지고 함께 합의와 친교를 추구하는 같은 마음을 가진 사람들의 공동체다.

상담은 상담자와 내담자가 함께 만난다는 동의를 포함한다. 신약에서 **코이노니아**라는 단어는 모든 기독교인의 연합의 장소(요한1서 1:3, 6)인 하나님의 영, 그의 말씀, 그의 삶, 그의 고난과 친교(빌립보서 2:1; 1:5; 3:10; 고린도전서 10:16) 그리고 우리의 모든 기독교인 형제를 포함하는 다른 사람들과의 친교(사도행전 2:42; 고린도후서 8:4; 로마서 15:26)를 추구하는 일과 관련된다. 만약 합의가 없다면, 그때는 어둠과 빛이 분리되듯이(고린도후서 6:14) 친교가 있을 수 없다. 기독교인에게 코이노니아는 우리의 마음을 그리스도의 마음에 일치시킴을 의미한다.

코이노니아의 기초를 이루는 요소는 의사소통의 개념이다. 친교는 의사소통, 마음과 마음과의 만남 또는 상호 이해를 포함한다. 코이노니아 의사소통은 상대의 말을 기꺼이 경청하고자 이해를 추구하는 마음과, 사랑과 지지적인 형식으로 상대에게 진실되고 정확한 정보를 전해 주고자 하는 희망을 포함한다.

상담적 의사소통은 또한 상담자와 내담자 양자 모두가 역동적 과정에 참여하는 현상을 의미한다. 그것은 한 사람이 다른 사람에게 명령하는 일방통행의 길이 아니다. 그것은 오히려 능숙하고 정확한 경청, 그리고 신중하고 사려 깊은 치료적 대화를 요구하는 의사소통이다.

상담의 설계와 목적

상담은 **설계**를 가지고 있다. 기독교 상담은 종합적인 목적과 목표를 가진다. 그것은 제멋대로의 과정이 아니다. 대신에, 상담의 가정, 계획, 신념, 가치 그리고 상담자와 내담자 간의 협동과 합의다. 설계에는 시작, 중간 그리고 끝이 있다. 3장에서 보았듯이 우리는 상담을 계획하는 과정에서 사람의 위치, 그들의 의도 그리고 목적을 성취하기 위해 사용 가능한 수단을 확인해야 한다.

상담은 회복이나 **치유**(healing)를 성취하는 목표를 가지고 있다. **치료**(therapy)라는 단어는 '돌봄, 치유 또는 회복'을 의미하는 그리스어 *therapeuo*에서 유래한다. 이 '치유'라는 말은 어떤 영적인 힘이나 함축이 결여되어 있는 현대 의학과 심리학에서 말하는 세속적이고 자연주의적인 의미에서 이해되어서는 안 된다.[1] 치유에 대한 성경적인 개념은 역사적인 교회를 통해 그리고 성경적인 시대 안에서 그 흔적이 발견된다. 고대의 관습인 *cura animarum* 또는 영혼의 치유는 몸과 마음 그리고 정신의 돌봄과 치유를 포함하는 포괄적인 개념이다. 그리스의 철학자들은 마치 의술이 병든 몸을 치유하듯이 같은 방법으로 올바른 생각과 믿음이 병든 영혼을 치유한다고 주장하면서 종종 그들 자신을 의사나 영혼의 치유자라고 생각했다. 건강은 단지 육체적 또는 물질적 차원만이 아니라 영혼의 정신적, 감정적 그리고 영적 행복을 포함한다.[2)] 그러한 일은 기독교 사역에 있어 본질적인 부분이 된다. 실제로, minister(목사)란 단어는 라틴어 *ministerium*에서 파생되었는데, 이것은 "돕고, 다른 사람들의 필요를 섬기거나 돌보고, 치유하는 사람 또는 종"을 의미하는 그리스어 *therapon*(동사 *therapeuo*의 명사형)을 번역한 말이다.[3)] 목회 사역은 치유, 격려, 권고 그리고 중재의 기능을 포함한다.[4)]

치유에 대한 성경적인 표현은 다양한 차원을 포함한다. 땅과 국가에 대한 치유가 있는가 하면(역대기하 7:14; 요한계시록 22:2), 치유하는 말(잠언 1:18; 12:18), 감정적인 치유(시편 147:3), 배교 혹은 믿음의 결핍의 치유(호세아 14:4), 영적인 치유(누가복음 8:2; 이사야 53:5; 예레미야 17:14; 시편 30:2), 그리고 육체적인 치유(시편 103:3; 마태복음 10:1; 요한복음 4:47)가 있다. 치유는 육체적, 영적, 정신적, 감정적, 관계적 치유 또는 이것들의 연합일지도 모른다. 성경을 바탕으로 한 상담에서의 전반적인 초점과 방향은 정신건강과 완전성을 향하고 있다. 하지만 기독교 상담자들은 자신의 상담을 지속적으로 검토하고 부주의로 인해 야기되는 문제들을 피해야 한다.

치료의 역효과로 인해 생기는 결과는 상담자가 내담자의 상황을 개선하기는커녕 실제로 문제를 악화시키고 더 나쁘게 만든다. 의료계는 수십 년 동안 이 문제를 다루어 왔다. "수술은 성공적이었으나, 환자는 죽었다."라는 말이 이 문제를 요약한다. 병원에 있는 환자들이 직면하는 주요한 위험 중 하나는 간호사와 의사들이 환자들과 접촉한 후 그들의 손을 씻지 않음으로써 면역체계가 약한 환자가 그로 인해 감염되는 문제다. 건강 관련업에 종사하는 사람들은 환자를 치료하고자 할 때 이러한 부주의로 환자에게 해를 일으킬지도 모른다.

상담자들은 해결되지 않은 개인적인 주제들로 인해 상담 과정에 악영향을 미치고 있지는 않은지 그리고 자신들이 현명한 것으로 입증된 상담을 하고 있는지를 계속적으로 확인하고 검토하는 작업을 해야 한다. 상담자들은 지속적인 연구, 상담 훈련, 임상 슈퍼비전, 지도와 감독, 자문 그리고 자신이 한 상담에 대한 책임 등을 고려하여 자신의 상담 평가와 관리 그리고 개선을 위한 역할을 감당해야 한다.

관계의 상담적 차원

하나님과 궁극적인 치유 궁극적인 치유는 하나님과의 관계에서 발견된다. 성경적 기독교 상담은 진리와 방향을 결정하는 근거로서 절대적인 권위 혹은 지속적인 기준점을 필요로 한다. 수 세기 동안 북반구의 항해자들은 그들의 항로를 계획하기 위한 기준으로 밤하늘에 있는 북쪽의 별(북극성)을 사용해 왔다. 하늘에서 회전하는 듯 보이는 다른 별들과 달리 이 별들에 둘러싸인 북극성은 수백 년 동안 매우 미미한 움직임 외에 거의 같은 자리에 고정되어 있어서 이는 신뢰할 수 있는 불변의 별로 남아 있다. 하나님은 기독교 상담자들에게 '북극성'과도 같으며 우리에게 항상 믿을 만한 지침 또는 기준이시다. 그의 말씀은 그와의 관계에서 우리의 위치를 결정하는 방법을 알려 준다. 그리고 그는 그의 영과 그의 창조에 나타난 일반 계시를 통해 자신을 드러내신다.

기독교 상담자들은 하나님 대신에 활동하는 대리인이다. 상담자들은 하나님의 치유적인 메시지를 내담자와의 치료적 만남에서 전달하고 모든 상담 상황에서 하나님의 인도하심을 구해야 한다.

자아의 치유 기독교 상담은 자아의 치유와 연관이 있다. Psychology(심리학)라는 말의 근본적인 의미는 *psyche*(프시케) 또는 영혼에 대한 연구 혹은 말이다. Psychotherapy(심리치료)라는 말은 글자 그대로 '영혼 치료 또는 영혼 치유'를 의미한다. 프로이트와 세속적인 심리학이 나오기 훨씬 이전에 성경적인 심리학에 대한 연구가 특히 독일에서 공식적으로 알려져 있었는데, 우리는 1843년에 벡(J. T. Beck)이 쓴 『성경적 영혼교육 개요(*Umriss der biblischen Seelenlehre*)』와 1855년 프란츠 델리츠슈(Franz Delitzsch)가 쓴 『성경적인 심리학의 체계(*System der biblischen Psychologie*)』에서 그 예를 발견한다.[5)]

이 책들은 자기, 자아 그리고 영혼의 성경적인 개념에 대해 검토하고 있다. 델리츠슈는 그 책에서 한 장에 걸쳐 자아에 대한 성경적인 이해를 저술하였는데, 정신, 영혼 그리고 육체로부터 자아를 구별했다(그의 책은 프로이트가 태어나기 일 년 전에 출판되었다.).[6)] 그는 성경적 심리학을 교회의 가장 오래된 과학의 하나로서 생각했다.[7)] 벡은 인간의 영혼(히브리어로 *nephesh*)으로서의 삶이 정신(히브리어로 *ruach*)에서 영혼이 분리되는 데에서 오고 또 영혼은 마음(히브리어로 *leb*)에서 어떻게 식별되는지를 분석함으로써 그의 작업을 분류하였다.

스콧 플레처(Scott Fletcher)는 프시케의 개념이 신약에서 보이고 있는 의미와는 미묘한 차이가 있음에 주목했다. 그 단어는 몇몇 본문에서 '생명'으로, 그리고 다른 곳에서는 '영혼'으로 번역된다. 그러나 플레처는 생각의 논리적인 전개를 반영하면서 그 용어가 사용된 네 가지 뚜렷한 의미에 대해 논의한다. 그 네 가지는 (1) 육체화된 인간의 삶으로서의 영혼 (2) 감정과 욕망의 자리로서의 영혼 (3) 자아로서의 영혼 그리고 (4) 인간의 정신적인 부분으로서의 영혼이다.

인간 전체의 삶에 대해 다양한 면을 설명하고 있는 네 가지 주요한 용어는 성경에서 발견된다. 그것은 삶의 주체, 자아나 자기로도 불리는 개인의 삶의 운반자인 영혼, 일반적으로 영혼보다 더 높은 삶의 원리가 되면서 사람을 하나님에게 연결하고 있는 영, 모든 생각, 감정 그리고 의지의 자리이며 생명의 기관인 마음, 그리고 단지 몸이나 그것의 물질적 실체가 아니라 생명 형태화의 매체 그리고 살아 있는 물질인 신체다. 플레처는 1912년에 출판된 『신약의 심리학(*The Psychology of the New Testament*)』에서 이러한 성경적인 심리학적 용어들을 더 자세히 설명했다.[8)]

기독교 상담은 개인의 치유 과정과 건강한 자기 평가 및 정확한 성경적 자기 이해에 대한 중요성을 강조한다. 정확한 자기 이해는 비록 타락해서 죄의 상태에 있지만 하나님에 의해 창조된 인간의 진가와 가치를 받아들인다. 하나님께서 우리를 사랑하시기 때문에 인간은 창조주를 욕되게 해서는 안 되는 만큼 우리 자신을 사랑해야 한다. 그러나 이러한 깨달음이 하나님 안에서 창조된 인간의 정체성을 인정하지 않고 자기 향상을 촉진하는 자존감에 대한 세속적인 견해와 혼동되어서는 안 된다.

타인과 우리의 관계 상담은 배우자, 자녀, 형제, 친척, 교회 구성원, 사업 동료, 그리고 우리가 사회적으로 만나고 아는 모든 사람을 포함하는 타인과의 관계에서 치유의 필요성을 강조한다. 경건한 자기 사랑이라는 표현은 다른 사람을 사랑하고 섬기고자 하는 우리의 욕망이다. 성경은 우리가 다른 사람과 어떻게 연결되어 있는지에 대해서, 그리고 자기에 대한 적절한 존중에 대해서 자주 언급하고 있다.

자존감의 문제

성경에서 말하고 있는 자기에 대한 사랑과 오늘날 대중적인 심리학 문헌에서 보이는 자존감 및 자기 수용에 대한 강조 사이에는 뚜렷한 차이점이 있다. 성경적인 사랑은 이기적이거나 자기중심적이지 않다. 그것은 자기 방종의 철학, 개인의 우월감 그리고 자존감의 향상을 조장하지 않는다. 자기에 대한 성경적인 사랑은 우리가 하나님의 형상을 따라 창조되었다는 사실을 수용함과 피조물에 대한 하나님의 사랑을 깨달음을 기초로 한다. 만약 하나님께서 우리를 사랑하신다면, 우리는 그리스도 안에서 죄를 회개하고 용서를 받으며 성령의 선물을 받음으로써(사도행전 2:38-39), 그리고 우리 자신을 돌봄으로써 그 사랑을 영화롭게 해야만 한다. 경건한 자기 사랑에 대한 가장 높은 표현은 하나님의 사랑을 받아들이고 그의 뜻을 순종하는 데에서 발견된다. 이런 형태의 즉각적인 자기 사랑의 표현은 다른 사람들을 사랑하고 섬기고자 하는 욕구로 나타날 수 있다. 예수 그리스도 안에 있는 하나님의 희생적인 사랑은 우리에게 뛰어난 모범과 따라야 할 모델을 제시한다.

대부분의 자조(self-help) 책들에서 제시하는 자존감은 성경적이지 않은 왜곡된 그림을 보여 주고 있고, 실제로 최근 연구는 자존감과 관련된 전체 문헌에 대해 이의를 제기하기 시작하고 있다. 사람들로 하여금 자존감을 높이도록 돕는 방법을 다룬 책이 2,000권이 넘도록 출판되었다. 사람들은 자기 수용에 대한 주문을 외우고 집안의 곳곳에 자기 수용에 대한 글을 붙이도록 지도받는다. 치료자들은 반사회적인 내담자들에게 "나는 나 자신을 존중하고 사랑한다."라는 말을 매일 반복하라고 말한다. 이러한 심리적 치료 접근들을 검토하고 조사해 보면 문제가 되는 상황이 발견된다.

낮은 자존감은 어린 사람에게서 나타나는 낮은 학업 성취의 원인이 아니다. 그것은 자기 파괴적인 행동과 우울, 10대 임신, 자살 시도 그리고 불량배로부터의 피해와 같은 부정적인 경험과 관련 있다. 더 높은 존중이 이러한 몇몇 문제를 개선한다는 가정은 거짓이다. 낮은 자존감이 개인에게 어떠한 문제를 일으킬지 모르지만 높은 자존감을 가진 사람들은 훨씬 더 쉽게 다른 사람들에게 피해를 준다. 높은 자존감을 가진 사람들은 인종 차별적인 태도를 쉽게 받아들이고 음주 운전과 같이 무모하게 다른 사람들을 위험에 빠뜨리는 사회적 행동에 좀 더 연루되기 쉽다. 그들은 낮은 자존감의 사람들보다 좀 더 쉽게 타인에게 고통과 상처를 준다.[9)]

높은 자존감을 가진 사람들은 낮은 자존감을 가진 사람들보다 확실히 다른 사람들을 향해 공격적으로 행동하는 경향이 있다. 실제로 죄수들은 일반적인 사람보다 평균적으로 더 높은 자존감을 가지고 있기도 하다. 반사회적 사람들을 대상으로 실시한 자존감 검사에 대한 연구는 이들에게 남몰래 그들 자신을 나쁘게 여기고 있다는 낡은 정신역동의 개념을 지지하는 어떤 증거도 없음을 보여 주고 있다. 그들은 자신을 향한 부정적 감정으로 인해 범죄를 저지른 것이 아니라 인종 차별과 폭력에 의해 반사회적 행동을 한 것이다. 낮은 자존감이 인종 차별적인 태도, 약물 복용, 과실 또는 알코올 중독을 일으키는 위험한 요소가 아니다. 따라서 반사회적 성격을 가진 사람들에게 자신에 대한 높은 자존감을 가지도록 가르치는 행위는 위험하다. 왜냐하면 그들 중 소수의 사람들만이 겸손함 그리고 타인을 존중함이 무엇인지를 알고 있기 때문이다.[10)]

자존감에 대한 최근의 연구는 높은 자존감을 가진 사람들이 낮은 자존감을 가진 사람들보다 타인에게 더 큰 위협을 일으킨다는 사실을 보여 준다. 높은 자존감을 가진 사람들은 자신에 대한 비현실적인 생각을 갖는 경향이 있어서 자신이 위협을 받는다고 느낄 때 공격적으로 행동하고 타인에게 해를 끼칠 가능성이 높다. 문제는 자존감 관련 연구 산업이 우리의 문화 속에서 확고히 자리 잡아 가고 있는 수백만 달러의 규모라는 점이다. 기독교 상담자들은 이러한 자존감을 주제로 하는 학술대회와 워크숍을 통하여 그리스도 안에서 자신이 죽고 그렇게 함으로써 새로운 자기정체성을 발견해 나가기를 원한다. 그러나 기독교 상담자들은 흔히 학술대회나 워크숍에서 주제로 다루어지는 자기훈련과 자기조절에 관한 자존감 연구에는 별로 관심이 없다(로마서 6:1-11; 갈라디아서 2:20).

자기에 대한 성경적인 접근은 자존감이나 자신을 얼마나 훌륭한 사람으로 받아들이는지에 초점을 두지 않는다. 대신에 성경은 우리가 정직하고 정확한 자기 평가를 하도록 한다(예를 들면, 빌립보서 2:3-8). 우리는 자신의 위치를 찾을 필요가 있다. 우리는 창세기에 나타난 인간의 정체성과 하나님의 창조 속에서 우리의 육체, 마음 그리고 정신을 평가할 필요가 있다. 성경적 자기 평가는 누군가가 자신에 대해 얼마나 좋게 느끼는지가 아니라 자신의 삶의 모든 현장에서 타인을 잘 돌보고 또 하나님을 기쁘게 하는 데에 우리가 얼마나 충실한가에 근거해야 한다. 이러한 관점에서만 우리는 온전함, 참된 평화 그리고 경건한 존중을 얻을 수 있다.

높은 자존감에 대한 세속적 상담의 이해는 성경에서 말하는 자만심과 킹 제임스 번역 성경(King James Version)에 쓰인 "거만한 마음"(잠언 16:18)과 밀접하게 관련이 있다. 자만한 사람들은 자신에 대한 지나친 자신감, 거만함, 자만심, 자만 그리고 비현실적인 자만으로 가득 차 있으며 그들의 행동은 타인에게, 궁극적으로는 그들 자신에게 해를 끼치게 된다. 그리 어렵지 않게 성경이 자존감에 대한 몇몇 최근의 연구를 확증해 준다는 사실이 드러난다. 그것은 우리에게 자만심에 대한 위험과 겸손에 대한 가치 둘 다를 명확하게 알려 준다. 자만심은 죄인들이 하나님께로 돌아오는 행위, 심지어 하나님에 대한 생각까지 방해한다(시편 10:4). 한 사람에 대한 진가와 가치의 인식을 향상시키기는커녕, 자만심은 그 사람에게 수치심을 경험하게 한다. 대조적으로, 지혜는 겸손을 추구한다(잠언 11:2). 자만심은 어리석은 말과 행동으로 이어진다. 자만하고 탐욕스러운 사람들은 가난한 사람들을 학대하고 이기적인 것들을 자랑으로 여긴다(시편 10:2-3). 교만은 관계에서 갈등과 부조화를 일으키며 이런 사람들은 상담에 있어서 자신에게 필요한 말과 상담의 내용을 듣지 못하게 된다(잠언 13:10). 교만은 어리석은 말로 이어지지만 지혜 있고 분별력이 있는 말은 생명을 구할 수 있다(잠언 14:3). 이기적인 교만은 불명예와 수치로 이어지지만 겸손한 정신은 명예와 존경을 가져다준다(잠언 29:23). 세속적 상담은 낮은 자존감과 높은 자존감의 문제에 대한 명확하고 건전한 대안을 주지 못하지만, 성경은 우리에게 그리스도의 원리 안에서 자기 존중이 아닌 하나님 존중이라는 치료적 답을 제공한다.

기독교 상담자들은 자존감(self-esteem)이란 단어를 다시 해석하고 그것에다가 성경적인 의미를 불어넣거나 새로운 용어를 보충할 필요가 있다. 단어의 의미를 바꾸는 일은 흔하지 않다. '나쁜(bad)' '방종한(gay)'과 같은 단어가 가지는 의미의 최근 변화를 살펴보라. 신약은 '자애'라는 의미를 가진 비교적 독창성이 없는 그리스어 아가페(*agape*)를 가져와서 그 뜻을 재생력이 있고 초자연적이며 인격화된 인간을 향한 하나님의 사랑의 표현으로 바꿈으로써 더욱 강력한 의미를 갖게 했다. 최소한, 기독교 상담자들은 세속적 용어를 사용할 때 그것들이 무엇을 의미하는가에 대해 정확히 이해할 필요가 있으며 용어의 정의가 흠 없는 성경적 진리와 정확한 연구에 기초하는가에 대해 명확히 알 필요가 있다.

요 약

1. 성경적 기독교 상담은 하나님을 대신하는 상담자와 도움이 필요한 사람, 가족 또는 집단 사이의 역동적인 의사소통의 과정이고 그것은 그러한 사람, 가족 또는 집단과 하나님과의 관계, 자신과의 관계, 타인과의 관계에서 치유를 이루려는 목적이 있다.

2. 상담 과정은 전도 활동과 제자도를 보완하는 역할이 있긴 하지만 그것들과는 구별되는 형식을 가지고 있다.

3. 상담의 설계와 목적은 이해를 요구하는 관계적 치유로의 방향성을 가진다. 그러한 치유는 영적인 차원을 인정하는 성경적인 세계관에 뿌리박혀 있으며, 치료와 치유에 대한 현대의 세속적 정의와 표현으로부터 명백히 구분할 수 있다. 영혼의 치유는 역사적으로 교회의 사역에 있어서 기본적인 구성요소다.

4. 성경 구절들과 연구 조사 모두 자존감에 대해 잘못 상담할 수 있는 여지들이 있음을 나타낸다. 기독교 상담자들은 자존감에 대해 정확한 성경적인 이해를 가져야 한다.

이제 우리는 여기에서 어디로 가는가

하나님의 사랑에 대한 이해와 우리의 삶에서 그를 우선적으로 두어야 하는 중요성 없이는 우리는 영원한 소망을 가질 수 없다. 만약 우리가 우리를 향한 하나님의 사랑을 받아들인다면 우리는 항상 모든 장소에서 다른 사람을 사랑하고 섬김으로써 그분에 대한 사랑을 표현하지 않을 수 없다. 가장 큰 계명을 구성하는 두 목록은 사람들에게 그들의 위치를 파악하고 성경적인 사랑을 표현하도록 상담자들을 지도하는 것이다.

연습문제

1. 기독교 상담에 대한 당신의 개인적인 정의는 무엇인가? 당신의 정의를 제시하고 이 장에서 명시한 것과 비교하라.

2. 기독교 상담과 성화의 개념 사이의 관계를 설명하시오. 기독교 상담은 성화 과정의 일부로서 기능할 수 있는가? 그렇다면 어떻게 가능한가?

3. 치유(healing)에 대한 성경적인 견해는 치료(therapy)에 대한 세속적인 정의와 어떻게 다른가?

4. 대학 교과서에서 심리학에 대한 정의를 찾고 성경적인 심리학 그리고 역사적인 신학과 철학에서 발견되는 그 단어의 의미와 비교하라. 다른 정의들이 상담에 대한 개인적 이해와 접근의 입장에서 볼 때 어떻게 영향을 미칠 것인가?

5. 자존감에 대한 당신의 이해는 이 장을 읽은 후 어떻게 바뀌었는가?

후 주

1) 19세기에 면허를 갖고 있었던 정통적 혹은 '대증요법적인' 의사들은 의료계의 직업 통제권을 얻기 위해 대안적인 의료 철학, 특히 동종요법을 두고 학파 간의 싸움에 연루되었다. 뒤이어 서구에서 일어난, 자연주의적 과학에 기초한 의료 모델의 성공은 사회적 행동과 도덕적 선택에 대한 사회적 규제와 정치적인 통제의 평가 기준을 획득한 의료 단체로 귀결되었다. 의학과 정신의학의 힘은 그들의 치료적인 모델을 범죄, 약물 남용, 성적 일탈 행위와 같은 영역의 관리에 적용하였다. 그 과정에서, 치료의 개념은 인본주의적이고 세속적인 과학적 세계관을 반영하는 대부분의 세속적 문헌 속에서 그 의미가 바뀌어 왔다. Paul Starr, *The Social Transformation of American Medicine: The Rise of a Sovereign Profession and the Making of a Vast Industry* (New York: Basic Books, 1982), 93-102, 336-37을 보시오.

2) John T. McNeill, *A History of the Cure of Souls* (New York: Harper

Torchbooks, 1951), vii, 17-41; Martha C. Nussbaum, *The Therapy of Desire: Theory and Practice in Hellenistic Ethics* (Princeton, N.J.: Princeton University Press, 1994). 누스바움(Nussbaum, p. 49)은 다음과 같이 언급하고 있다. "사실상 로고스와 의학적 치료 사이의 유추(analogy)는 고대 그리스 신화에서 지극히 오래되고 뿌리가 깊은데, 그것은 성격과 성격의 문제들에 대해 이야기하고 있다. 호메르스 이래 우리는 의료적인 치료와 신체의 병에 대한 관계가 로고스와 영혼의 병에 대한 관계와 같다고 한 사상을 빈번하고도 현저하게 마주친다. 우리는 또한 이성이 강력하고, 심지어는 아마도 이러한 병들을 위한 충분한 치료가 될 거라는 주장을 발견한다. 그것은 이용할 수 있는 유일한 치료법으로 빈번히 묘사된다. 문제가 되는 병들은 흔히 부적절하거나 오해된 감정의 병들이다." 누스바움에게 있어서 로고스는 말, 논쟁 또는 설득, 권고, 비평, 주장을 의미한다.

3) Thomas C. Oden, *Classical Pastoral Care. Vol. 3: Pastoral Counsel* (Grand Rapids, Mich.: Baker Books, 1987), 7; Kenneth S Wuest, *Wuest's Word Studies from the Greek New Testament. Vol 2: Philippians. Hebrews, the Pastoral Epistles, First Peter, In These Days* (Grand Rapids, Mich.: William B. Eerdmans, 1973), 71; Spiros Zodhiates, *The Complete Word Study Dictionary: New Testament* (Chattanooga, Tenn.: AMG Publishers, 1993), 2323-24.

4) William A. Clebsch and Charles R. Jaekle, *Pastoral Care in Historical Perspective: An Essay with Exhibits* (Englewood Cliffs, N. J.: Prentice-Hall, 1964), 32-66.

5) J. T. Beck, *Outlines of Biblical Psychology*, trans. from the 3rd enlarged and corrected German ed. (Edinburgh: T. and T. Clark, 1877); Franz Delitzsch, *A System of Biblical Psychology*, 2nd ed., trans. The Reverend Robert Ernest Wallis (Grand Rapids, Mich.: Baker Book House, 1899, 1966).

6) 자아(Ego)는 일인칭 단수 대명사인 '나'의 그리스어다.

7) 성경적인 심리학이 교회에서 가장 오래된 과학이라는 증거로서, 델리츠슈(pp.7-11)는 2세기와 3세기 때의 그 주제에 관한 기독교 문헌(예를 들면, Melito of Sardis, Tertullian), 4세기의 작품들(예를 들면, Gregory of Nyssa, Augustine), 5세기에서 7세기에 걸친 작품들(예를 들면, Nemesius, Cassiodorus, Johannes Philoponus, Aeneas of Gaza, Gregory the Great), 중세 시대 작품들(예를 들

면, Alexander of Hales, Peter do Alliaco, Erigena, William of Champeaux, Hugo of St. Victor, Albertus Magus, Thomas Aquinas), 그리고 종교개혁 시대 작품들(예를 들면, Melancthon)을 확인했다. 종교개혁 이후, 심리학은 공식적으로 연구되었고 독일의 대학에서 정식으로 논의되었으며, 델리츠슈는 다음에 소개되는 문헌들을 포함하여, 그 당시부터 19세기 중반에 나온 수많은 저자와 작품에 주목했다. 성경적인 심리학의 개요를 포함하고 있는 Caspar Bartholinus, *Manuductio ad veram Psychologiam e sacris literis* (1629), Vives, *De anima et vita* (1538), 1552년 *Liber de anima*로 재발행된 Melancthon, *Commentarius de anima* (1540), 독일의 대학들에서 일어났던 심리학에 대한 학문적 논쟁에 대한 일곱 가지의 예를 포함하는 John Conrad Dannhauer, *Collegium psychologicum* (1627), Jacob Bohme, *Psychologia vera*, or *Forty Questions about the Soul*, 그리고 *Psychologiae supplementum: Das umgewandte Auge*, 인류학적인 해석에 대한 조심스러운 연구이기도 한 *Gundzuge der Seelenlehre aus heiliger Schrift*가, 1857년 Unna의 Cremer에 의해 독일어로 번역된, Magnus Friedrich Roos, *Fundamenta Psyhologiae ex sacra Scriptura collecta* (1769), 성경적 인류학인 J. G. F. Haussmann, *Die Biblische Lehre vom Menschen* (1848), Gust. Fried. Oehler, *Veteris testamenti sentential de rebus post mortem futuris* (1846), Heinr. Aug. Hahn, *Veteris testimanti sententia de natura hominis* (1846), 성경적인 심리학 자료의 모음집인 Bottcher, *De inferis rebusque post mortem futuris* (1846), 그리고 Friedr. Aug. Carus, *Psychology of the Hebrews* (1809)와 Ge. Fr. Seiler, *Animadversiones ad Psychologiam Sacram* (1778-1787)에서 보이는 것과 같이, 델리츠슈가 언급하기는 했지만, '저속한 합리주의적인 견해' 때문에 추천하지는 않았던 추가적인 문헌들이 있다.

8) M. Scott Fletcher, *The Psychology of the New Testament*. 2nd ed. (London: Hodder and Stoughton, 1912), 27, 21.

9) Lauren Slater, "The Lowdown on Self-Esteem," *Fort Worth Star-Telegram* (25 February 2002), 3E; "Clinician's Digest: Low Self-Esteem and Aggression," *Psychotherapy Networker* (March/April 2002), 16, "Clinician's Digest: Is Self-Esteem Snake Oil?" *Psychotherapy Networker* (November/December 2003), 22.

10) Slater, "Clinician's Digest."

참고문헌

Beck, J. T. *Outlines of Biblical Psychology*. Trans. from the 3rd enlarged and corrected German ed., 1877. Edinburgh: T. and T. Clark, 1877.

Clebsch, William A., and Charles R. Jaekle. *Pastoral Care in Historical Perspective: An Essay with Exhibits*. Englewood Cliffs, N. J.: Prentice-Hall, 1964.

"Clinician's Digest: Is Self-Esteem Snake Oil?" *Psychotherapy Networker* (November/December 2003): 22.

"Clinician's Digest: Low Self-Esteem and Aggression." *Psychotherapy Networker* (March/April 2002): 16.

Delitzsch, Franz. *A System of Biblical Psychology*, 2nd ed. Trans. the Reverend Robert Ernest Wallis. Grand Rapids, Mich.: Baker Book House, 1899, 1966.

Fletcher, M. Scott. *The Psychology of the New Testament*, 2nd ed. London: Hodder and Stoughton, 1912.

McNeil, John T. *A History of the Cure of Souls*. New York: Harper Torchbooks, 1951.

Nussbaum, Martha C. *The Therapy of Desire: Theory and Practice in Hellenistic Ethics*. Princeton, N.J.: Princeton University Press, 1994.

Oden, Thomas C. *Classical Pastoral Care. Vol. 3. Pastoral Counsel*. Grand Rapids, Mich.: Baker Books, 1987.

Slater, Lauren. "The Lowdown on Self-Esteem." *Fort Worth Star-Telegram* (25 February 2002): 3E.

Wuest, Kenneth S. *Wuest's Word Studies from the Greek New Testament*. Grand Rapids, Mich.: Eerdmans, 1984.

Zodhiates, Spiros. *The Complete Word Study Dictionary: New Testament*. Chattanooga, Tenn.: AMG Publishers, 1993.

CHAPTER

05

성경적 기독교 상담의 안내

CHAPTER 05

성경적 기독교 상담의 안내

예수님은 우리가 마음을 다하고 목숨을 다하고 뜻을 다하고 힘을 다해 하나님을 사랑하고, 또 우리 자신을 사랑하는 것만큼 우리 이웃 혹은 다른 사람을 사랑하라는 큰 계명을 주셨고 우리는 그것을 소명으로 받는다(마태복음 22:34–40; 마가복음 12:28–34; 누가복음 10:25–28). 그는 십계명의 메시지를 두 가지 차원인 하나님과 인간과의 관계(흔히 첫 번째 계명으로 지칭된) 그리고 우리와 타인과의 관계(두 번째 계명)로 설명하신다.

기독교 상담에서 가장 근본이 되는 초점은 사람들로 하여금 영적인 차원과 하나님(우리의 북극성)과의 관계를 검토하도록 돕는 일이다. 영적인 차원은 타인과 우리의 관계에서도 표현되어야 한다. 그러나 다른 사람들과 대화하고 그들을 도우려고 하는 열망은 우리와 서로 잘 맞는 사람들에게만 제한되지 않는다. 이것은 단순히 우리의 인종적 또는 민족적 정체성, 사회경제적 수준, 종교적인 소속을 공유하는 사람들만을 돕기 위한 행위가 아니다. 한 신학자가 예수님께 이웃이라는 단어를 정의해 달라고 요청했을 때 예수님은 매우 정확히 설명하셨다. 예수님께서는 그에게 선한 사마리아인에 대한 이야기를 하셨다. 그 이야기는 우리가 이웃에 대한 정의를 우리와 비슷하거나 같은 견해를 공유하고 있는 사람으로만 한정해서는 안 된다는 점을 설명하고 있다. 기독교인이든 비기독교인이든 도움이 필요한 모든 사람을 도와야 한다. 나는 이 장에서 사마리아인 이야기의 배경에 대해 좀 더 살펴보려 한다. 왜냐하면 사마리아인 예화가 상담에서 사람들의 위치를 발견하는 노력에 대해 몇몇 중요한 교훈을 제공하기 때문이다.

당신은 어디 있는가? 하나님과의 관계에서 당신은 어디에 있으며 다른 사람들과의 관계에서 당신은 어디에 위치해 있는가? 이 두 가지 질문은 성경 전체에 걸쳐 울려 퍼지고 있으며, 기독교 상담에 있어서 근본적인 질문이다. 우리는 위치에 대한 질문이 십계명 안에 정확히 서술되어 있음을 분명히 볼 수 있다. 십계명은 하나님과 우리와의 관계를 강조하는 명령으로 시작된다. 하나님께서는 인간의 삶에서 최우선이 되어야 한다. 하나님과의 첫 번째 계명을 토대로 가족, 이웃, 우리와의 관계를 말하고 있는 두 번째 계명이 나온다. 하나님의 명령은 목회적인 돌봄과 상담의 기초를 형성한다.

아우구스티누스(Augustine, 기원후 354~430)는 위치적 관계의 중요성을 깨달았다. 그는 기독교인이 다른 사람들을 위한 사역을 하기 전에 먼저 자신의 삶에서 최고의 권위가 되는 하나님을 인정해야만 한다고 주장했다. 기독교인이 해야 하는 두 번째는 자신을 받아들이는 태도다. 왜냐하면 '하나님을 사랑하는 사람이 자신을 사랑하지 않음은 불가능'하기 때문이다. 우리의 이웃과 타인에 대한 관심은 하나님과의 관계의 토대로부터 나오는데 다른 사람에 대한 사랑은 하나님의 사랑으로 나아가는 더 확실한 걸음이다.[1] 개인에게 주어지거나 개인으로부터 받은 모든 연민과 돌봄은 하나님을 사랑하는 궁극적인 목적으로 이어져야만 한다. 이러한 사랑은 자신이 비록 이웃의 어려움에서 떠나고 피할 기회가 있는데도 불구하고 '타인의 유익을 위해 고통받는 행위' 그리고 자발적으로 힘든 이웃 옆에 남아서 섬기기를 선택하는 마음을 의미한다.[2] 기독교인들은 이웃의 몸과 영혼 둘 다를 보호하려고 애써야 한다. 이는 그들의 육체적 필요를 채움으로써 건강한 마음을 성장시키도록 돕고, 영혼을 돌봄으로써 하나님에 대한 사랑과 경외심을 갖도록 격려하는 것이다.[3] 예수님의 가장 큰 계명을 구성하는 관계적인 차원은 도움이 필요한 사람들의 위치를 파악하고 사람들의 문제에 대한 피상적 상담 평가를 피하도록 예방하는 것이다.

기독교 상담자에게는 사람들의 주요한 본성을 발견하고 다루기, 그리고 사람들이 자신의 심리를 이해하고 성서적 자존감, 참된 평화, 그리고 영원한 생명을 발견하도록 돕기가 필요한데 예수님께서 본이 되는 모델을 우리에게 제시하신다. 예수님에게 같은 질문을 했지만 다른 대답을 얻은 두 사람과 예수님과의 만남에서 예수님의 접근법에 대한 예를 볼 수 있다.

예수님과 새 계명

예수님께서는 "영생을 얻기 위해 내가 무엇을 해야 합니까?"라고 동일한 질문을 한 두 사람에게 그에 대한 대답으로 두 사람과 십계명을 토론하셨다. 그러나 예수님께서는 두 사람에게 계명을 다르게 적용하셨다. 첫 번째 경우는 다음과 같다. 부자이면서 젊은 관원 한 사람이 예수님께 다가왔다. "그는 예수님께 '선한 선생님, 영생을 얻으려면 무엇을 해야 합니까?'라고 물었다. 예수님께서 대답하셨다. '왜 나를 선하다고 하느냐? 선한 분은 오직 하나님 한 분뿐이시다. 너는 계명들을 알고 있다. 간음하지 마라, 살인하지 마라, 도둑질하지 마라, 거짓 증언하지 마라, 네 아버지와 어머니를 공경하여라.' 이 청년은 대답했다. '이 모든 것을 저는 어려서부터 다 지켜왔습니다.'"(누가복음 18:18-21)

예수님께서는 부자 관원이 질문했던 '선하다'라는 단어에 대해 대답을 시작하셨다. 예수님께서는 선하다는 말의 온전한 의미에서 볼 때 오직 하나님 한 분만이 이에 해당한다고 말씀하셨다. 실제적으로, 이 청년은 단어의 의미는 이해하고 있었으나, 문맥상으로 볼 때는, 예수님의 설명을 온전히 이해하고 있지는 못했다. 또한 예수님께서는 이 청년이 나중에 다시 오게 될 것이라는 우선적인 원리에 대해 주의를 두고 계셨다.

이 부자 관원의 질문은 충분히 이성적이었고, 분명하고 정직하고 진지했다. 그러나 예수님께서 부자 관원에게 주셨던 대답은 특이했다. 예수님께서는 다른 경우에서 하셨던 것처럼(예를 들면, 마가복음 12:29-33), 계명들을 요약해서 답하지 않으셨고 하나님과 인간의 관계를 강조하는 십계명의 첫 번째 목록으로 시작하지도 않으셨다. 대신, 예수님께서는 십계명의 두 번째 목록부터 다음의 계명들을 열거하셨다. 간음하지 마라. 살인과 도둑질 또는 거짓 증언을 하지 마라. 너의 부모를 공경하라. 예수님께서는 첫 번째 계명의 중요성을 항상 강조하셨는데 지금은 왜 이러한 계명들로 대답을 시작하셨을까?

소수의 상담자들은 이 부자 관원에게 그와 하나님 그리고 다른 사람들과의 진정한 관계가 무엇인지를 밝히기 위해 직접적인 질문을 했을지도 모른다. 만약 이렇게 직접적으로 핵심적인 문제를 바로 공격했다면 젊은 관원은 돌아가 버렸거나 논쟁적인 토론을 벌였을 수도 있었다. 하지만 예수님께서는 합의점에서 그 젊은이와 만나셨다. 예수님께서는 그 청년의 진정성 안에서 그 사람의 현 위치를 발견하셨다. 어린 시절부터 다른 사람들과의 관계에서 독실한 삶을 살려고 노력했던 훌륭한 청년이 여기에 있다. 관원으로서 그의 사회적 입장은 견고했고 보장되어 있었다. 사회적 지위를 바탕으로 하여 그는 사람들의 삶을 통제할 권한을 가지고 있었으며 사회적 관계에 대해서 선과 악을 가리는 권한을 가지고 있었다. 그는 질문에 대한 성실한 태도로 예수님의 관심을 끌어내었다(마가복음 10:21).

십계명의 두 번째 목록을 시작함으로써 예수님께서는 부자 관원과의 대화에서 공통되는 소재를 찾으셨다. 예수님께서는 이 젊은 관원의 입장에서 문제를 이해하셨다. 예수님께서는 부자 관원의 지지자이며 격려자이셨다. 젊은 관원은 이제 자신의 삶에서 획기적 혁명을 일으킬 수 있는 대답을 듣게 되었고 예수님은 관원의 초점을 삶에 있어서 중요한 우선순위가 무엇인지를 알게 하는 지점으로 향하도록 말씀하셨다. "예수님께서 이 말을 들으시고 이르시되 '네가 오히려 한 가지 부족한 것이 있으니 네게 있는 것을 다 팔아 가난한 자들에게 나누어 주라. 그리하면 하늘에서 보화가 네게 있으리라. 그리고 와서 나를 좇으라.' 하시니 그 사람이 큰 부자인 고로 이 말씀을 듣고 심히 근심하더라. 예수께서 저를 보고 가라사대 '재물이 있는 자는 하나님의 나라에 들어가기가 얼마나 어려운지!'"(누가복음 18:22-24)

여기에서 예수님은 십계명의 첫 번째 목록인 그 부자 관원과 하나님과의 관계를 다루었다. 부자 관원의 삶에서 가장 첫 번째는 하나님이 되어야 한다. 그렇지 않으면 그는 영원한 생명을 상속받을 수 없다. 예수님께서는 그 남자의 문제를 아셨다. 부자 관원은 개인의 재산과 하나님 사이에 있는 선택의 기로에서 하늘의 보물을 위해 땅에 있는 자신의 부를 포기할 수 없었다. 부자 관원의 문제점은 바로 우상 숭배였다. 그의 삶에서 하나님은 첫 번째의 우선순위가 아니었다. 예수님께서는 사랑과 지지적인 방법으로 부자 관원의 영적인 상태와 필요의 참된 본질을 보여 주셨다. 그러나 최종적인 결정은 그 젊은 남자에게 달려 있었다.

두 번째 경우는 다음과 같다. 어떤 율법사가 예수님께 같은 질문을 했다. 율법사는 예수님을 시험하고 있었지만 그의 어조나 의도에 악의가 있었다는 표시는 전혀 없었다. 율법사의 질문은 명백히 정직한 것이었다. 율법사는 모세의 율법에 있어서는 전문가였다. 예수님께서는 정중한 태도를 나타내심으로써 이 율법사와의 대화의 기초를 마련하셨고 율법에 대한 그의 전문지식을 물었고 또 예수님의 질문이 율법사의 질문과 어떻게 관련이 있는지를 말씀하셨다.

> 어떤 율법사가 일어나 예수를 시험하여 가로되 "선생님, 내가 무엇을 하여야 영생을 얻으리이까?" 예수께서 이르시되 "율법에 무엇이라 기록되었으며 네가 어떻게 읽느냐?" 대답하여 가로되 "네 마음을 다하며 목숨을 다하며 힘을 다하며 뜻을 다하여 주 너의 하나님을 사랑하고 또한 네 이웃을 네 몸과 같이 사랑하라 하였나이다." 예수께서 이르시되 "네 대답이 옳도다. 이를 행하라. 그러면 살리라."(누가복음 10:25-28)

예수님께서는 이 짧은 대화에서 다시 한 번 예수님 자신이 아닌 율법사의 언어와 그 사람의 관심사를 이해하는 관점에서 율법사와 만나셨다. 예수님께서 율법사의 관심을 집중시키고 성경적 진리로 이끌었던 간단한 방법의 대화는 율법사의 복잡하고 어려운 대화의 표현과는 모순된다. 상담에서 실습생들을 가르칠 때 가장 어려운 것 중 하나는 다양한 수준에서 주의 깊게 그 사람의 말을 경청하는 능력이다. 경청 능력의 기술은 내담자가 사용한 실제적인 언어, 생각, 신념, 의미, 그리고 문장 뒤에 숨어 있는 의미, 목소리의 어조, 태도, 표정, 그리고 말하는 사람의 비언어적인 행동, 성, 사회적 지위, 교육 그리고 문화에 대한 좀 더 넓은 배경을 듣고 이해하는 마음을 요구한다.

예수님께서는 율법사가 대화의 방향을 정하도록 허락하셨지만 율법사가 요약했던 계명들에 대한 예수님의 긍정은 도전을 포함하고 있는 것처럼 보인다. 만약 당신이 현실에서 이것들을 실천할 것이라면 그것에 대해 굳이 말할 필요가 없다. 다시 말해서, 당신이 알고 있는 계명대로 하나님과 당신의 이웃을 전적으로 그리고 완전하게 사랑하라. 그러면 당신은 영원한 생명을 얻을 것이다. 예수님의 대답에 대한 율법사의 응답으로, 그는 방어적인 자세를 취하고 예수님께 이웃이라는 단어에 대한 정의를 내려 달라고 요청했다.

예수님께서는 율법사의 영적 위치를 하나님과 자신의 관계, 그리고 다른 사람과 자신의 관계로 두셨다. 이 율법사는 십계명의 첫 번째 목록인 자신과 하나님과의 관계에는 전혀 문제가 없었다. 그는 경건한 유대인이자 성직자였고, 레위의 자손들과 함께 끝까지 하나님의 탁월함과 하나님을 경배하는 삶에 대한 정당성을 주장했던, 모세의 율법에 정통한 전문가였다(신명기 5:6-11). 우상 숭배가 그의 문제의 초점은 아니었다. 그의 실패는 십계명의 두 번째 목록인 자신과 타인과의 관계에 있었고 예수님께서는 율법사의 편협한 행위 또는 불경건한 태도를 드러내시고 그에게 선한 사마리아인의 이야기를 말씀하심으로써 그의 도전에 대답하셨다.

> 예수께서 응답하여 말씀하셨다. "어떤 사람이 예루살렘에서 여리고로 내려가다가 강도들을 만났다. 강도들이 그 옷을 벗기고 때려서, 거의 죽게 된 채로 내버려두고 갔다. 마침 어떤 제사장이 그 길로 내려가다가, 그 사람을 보고 피하여 지나갔다. 이와 같이 레위 사람도 그곳에 이르러서, 그 사람을 보고 피하여 지나갔다. 그러나 어떤 사마리아 사람은 길을 가다가 그 사람이 있는 곳에 이르러 그를 보고 측은한 마음이 들어서, 가까이 가서 그 상처에 올리브 기름과 포도주를 붓고 싸맨 다음에 자기 짐승에 태워서 여관으로 데리고 가서 돌보아 주었다. 다음날 그는 두 데나리온을 꺼내어서 여관 주인에게 주고 말하기를 '이 사람을 돌보아 주십시오. 비용이 더 들면, 내가 돌아오는 길에 갚겠습니다.' 하였다. 너는 이 세 사람 가운데서, 누가 강도를 만난 사람에게 이웃이 되어 주었다고 생각하느냐?" 그가 대답하였다. "그에게 자비를 베푼 사람입니다." 예수께서 그에게 말씀하셨다. "가서, 너도 그와 같이 하여라." (누가복음 10:30-37)

유대인은 이웃을 설명하는 데 있어 이방인과 혼혈 사마리아인을 배제하는 편협한 정의를 가지고 있었다. 예수님께서는 율법사가 받아들이기 싫어하는 진리를 그에게 전달하기 위해 한 이야기를 매체

로 사용하셨다. 예수님의 이야기에서 중심인물이면서도 있을 법하지 않은 영웅은 강도를 맞은 희생자에게 거짓 없는 동정과 위로 그리고 도움을 제공했던 사마리아인이었다. 그렇지만 이 율법사의 영웅이었던 제사장과 레위인은 고통받고 있는 남자를 외면했다.

예수님께서는 율법사로 하여금 참된 이웃을 구별해 내도록 하셨다. 예수님의 질문은 율법사가 직면하고 있는 근본적인 문제에 초점을 맞추었고 예수님이 준 대답 안에서 율법사의 문제점은 확실히 드러났다. 심지어 율법사는 예수님에게 자비를 베푼 사마리아인의 이야기를 들은 후에도 자신이 스스로 사마리아인이라는 말을 입 밖으로 꺼낼 수가 없었다. 그 말이 너무 불쾌한 나머지 율법사는 자신이 사마리아인이라는 단어를 말하지 않고 단지 자비를 보여 준 사람이라고 언급했다. 예수님께서는 십계명의 두 번째 목록인 율법사 자신과 타인과의 관계를 지적하시면서 율법사의 부족한 이해와 행위를 드러내셨다. 율법사에 대한 예수님의 마지막 권고는 이웃의 의미에 대해 하나님의 정의를 기꺼이 받아들이고 다른 민족이나 사회적 지위에 상관없이, 모든 사람을 향해 사랑, 인정 어린 관심, 그리고 자기희생적인 행동을 보이라는 것이었다.

기독교 상담은 자신과 하나님과의 관계 그리고 자신과 타인과의 관계에서 사람들의 영적인 상황을 점검해 보아야 한다. 이러한 점검은 도움이 필요한 사람들의 상황과 그들에게 현재 필요한 것, 그리고 그들이 처해 있는 위치가 어디인가를 고려해야 한다. 위의 두 경우에서, 예수님께서는 질문자들의 관계에 대해 즉시 그리고 직접적으로 다루실 수 있었다. 왜냐하면 예수님께서는 두 명의 질문자 모두의 마음을 아시고 그들의 문제를 알고 계셨기 때문이다. 만약 그들이 예수님께 다른 어떤 문제를 가지고 왔다고 하더라도 예수님은 그 특정한 문제의 본질에 대해 질문자들이 인식하는 범위에서 그들 각자의 이해의 관점을 가지고 치유 사역을 시작하셨을 것이다.

내담자와 그와 연관된 다른 사람과의 개인적이고 사회적인 관계에 초점을 두고 시작되는 상담이 있는 반면, 성경적 기독교 상담은 내담자와 하나님과의 관계를 먼저 점검해야 한다. 두 차원 모두 다루어져야 하지만 예수님께서 주셨던 예화는 도움이 필요한 사람이 상담의 영역에서 상담의 시작, 간격 그리고 방향에 대해 좀 더 많은 책임이 있음을 제안한다. 모든 상담 상황에서 하나님과 이웃과의 사랑의 관계를 명하는 이 계명이 실력 있는 성경적 기독교 상담을 안내하는 원리가 되어야 한다. 나와 나의 동료들이 교회 안에서 일어난 폭력의 희생자들을 상담하고 위로를 부탁하는 도움의 요청을 받았을 때 나는 예수님의 이와 같은 진리를 통감하였다.

위기 상담과 예수님의 새 계명

1999년 9월 15일 수요일 저녁, 한 남자가 텍사스 주 포트워스에 있는 웨지우드 침례교회의 앞문으로 들어왔다. 그는 외투 바로 아래에 반자동식 9미리 루거(Ruger), 380 구경 ATM 소총과 거의 200개 정도 되는 탄환 고리, 그리고 파이프 폭탄을 들고 있었다. 그 시간 예배당에는 400여 명의 젊은 청년들이 찬양 콘서트를 위해 모여 있었다.

그날 아침 일찍, 웨지우드 교회의 목사인 얼 메러디스(Al Meredes)는 미시간에서 있었던 그의 어머니 장례식 설교를 마치고 돌아왔다. 교회에서 무슨 일이 있어났는지를 알려 주는 전화를 받았을 때 그는 피곤해서 누워 쉬려고 하던 참이었다. 메러디스 목사는 대량 살상과 비극이 일어난 현장인 교회에 도착했다. 문제의 남자, 래리 애시브룩(Larry Ashbrook)은 사람들을 총으로 쏘면서 교회 복도로 걸어 내려왔다. 그는 성전으로 들어가 탄환을 뿌리기 위해 교회의 긴 통로를 오르락내리락했다. 그리고 파이프 폭탄을 폭파했다. 애시브룩은 마지막으로 교회의 뒷좌석에 앉아 자신의 머리에 총을 겨누고 생을 마감했다. 그의 주변에는 이미 죽거나 죽어 가고 있는 일곱 명의 사람들과 부상당한 몇몇 사람들이 누워 있었다.

웨지우드 침례교회는 내가 가르치고 있는 사우스웨스턴 침례 신학대학원(Southwestern Baptist Theological Seminary)의 교정으로부터 약 2마일 정도 떨어진 조용한 지역에 위치해 있다. 많은 동료 교수와 학생이 그 교회에 출석하고 있었고 총기 사건으로 생명을 잃은 대부분의 사람은 학교와 관계가 있었다. 총기 사건이 일어나고 짧은 시간이 흐른 후 신학교에 있는 동료들과 함께 교회에 도착했을 때 우리는 위기 상황 속에 있는 사람들을 발견했다. 우리가 교회 반대편에 있는 빌딩의 복도를 따라 내려갔을 때 건너편에서 보이는 예배당의 처참한 광경을 나는 지금도 잊을 수 없다. 교회는 경찰에 의해 봉쇄되었고 경찰의 집중 조명이 건물 위를 비추었으며 구경꾼의 접근을 막기 위해 바리케이드가 세워져 있었고 머리 위에는 이 참담한 풍경을 촬영하는 취재진들의 헬리콥터가 있었다. 내 뒤로는 희생자들을 확인하려는 유가족들과, 생존자들과 상봉하는 가족들이 있었다. 늦은 밤이 지나면서 가족을 찾기 위해 남아 있는 사람들은 점점 줄어들었고 그곳에 남아 있는 사람들은 아직 가족을 만나지 못한 사람들이었는데 그들은 서서히 자신들의 자녀가 여전히 교회 성전 안에 남아 있다는 무시무시한 사실을 인식하고 있었다. 아마도 그들은 집으로 돌아가지 못했을 것이다.

그러한 위기에서 당신은 어떻게 사람들을 보살필 것인가? 다음 날 어떻게 지역교회를 도울 것인가에 대해 수많은 충고와 제안이 들어왔다. 그 충고들은 다음과 같다. "위기 개입 조직을 구성하라." "피해자와 그 가족들에게 하나님의 말씀을 전해라." "그들에게 괜찮을 것이라고 알려 주자." "그것은 하나님의 뜻이다." "우리는 이러한 문제에 있어서 전문가다. 우리가 도울 수 있다. 그들에게 어떤 중요한 결정을 내리거나 삶의 양식을 즉시 바꾸지 않도록 하자." "믿음에 대한 진술을 가지고 그들의 의심을 향해 도전하자." 이 시간 동안 나는 또 다른 위기 사건에 대한 사람들의 반응을 검토하기 위해 성경으로 돌아갔다. 그것은 예수님을 십자가에 못 박은 사건이었다. 인류의 역사에서 가장 비극적인 승리는 통일되거나 일치하는 반응을 동반하지 않았다. 실제로 십자가의 사건 주변에 있었던 행동의 다양함은 참으로 놀랍다. 사람들은 다양한 방법으로 충격적인 사건에 반응했다.

- **혼란**(마태복음 26:56) 제자들은 당혹스러움과 두려움 속에서 예수님을 버리고 현장으로부터 도망갔다.
- **부인, 두려움 그리고 죄책감**(마태복음 26:69-75) 베드로는 예수님을 돕고 싶었지만, 그가 자신의 안전에 위협을 느꼈을 때, 그는 그리스도를 알고 있는 것조차 부인했다. 세 번째로 부인한 후에 들렸던 수탉의 울음소리는 베드로에게 죄에 대한 인식과 죄책감을 가져왔다. 베드로는 돕는 것에 실패했을 뿐 아니라 그의 스승을 부인했다.
- **자살**(마태복음 27:1-5) 몇몇 사람은 그 상황에 압도되어 자기 파괴적으로 되었다. 유다는 희망 없는 절망 속에서 그가 무고한

자를 죽인 것에 대해 자각했고 자신의 죄로 인해 심히 고통을 겪으며 목을 매어 자살했다.

- **고통과 애도**(누가복음 23:27, 48) 한 무리의 사람들은 고통과 절망 속에서 낙심하여 눈물을 흘리면서 십자가 주변으로 모여들었다. 그들은 십자가 앞에 벌어진 일을 목격하면서 혼란스러워했으며 그 상황을 이해하지 못했다.
- **조롱과 심한 비난**(마태복음 27:27-30; 누가복음 23:35-37) 십자가 주변의 몇몇 목격자와 군사들은 예수님께 악담을 퍼붓고, 그를 조롱했으며, 예수님의 믿음을 비웃었다.
- **분노와 대결**(마태복음 27:39-43; 누가복음 23:39) 몇몇 제사장들, 율법을 가르치는 선생, 장로들과 함께 강도 중 한 명은 예수님께 모욕적인 말을 퍼부었고, 굴욕을 주었으며, 예수님의 메시지를 거들떠보지도 않았다.
- **회개**(누가복음 23:40-43) 십자가에 있었던 또 다른 강도는 자신이 예수님 앞에서 죄인이라는 사실을 받아들였고, 예수님의 무고함을 인정했다. 예수님께서는 강도의 회개를 받아들이셨고 천국에서 예수님과 함께 있을 것이라고 그에게 말씀하셨다.
- **방관자, 호기심을 가진 자 그리고 멀리서 바라보던 자**(마태복음 27:55; 누가복음 23:49) 몇몇 사람은 단지 십자가의 사건에 흥미를 가진 방관자였고 그들은 멀리서 그 사건을 관찰하기만 했다. 갈릴리에서부터 예수님을 따랐던 여자들을 포함하여 예수님을 알았던 몇몇 사람은 그들 자신의 안전과 보호를 위해 예수님의 십자가로부터 조심스럽게 거리를 유지했다.
- **십자가 사건에 대한 격렬한 토론**(누가복음 24:13-35) 몇몇 사람은 깊은 대화에 빠져 십자가 사건을 분석하기를 원했다. 그들이 엠

마오의 마을을 향해 걸어갈 때 두 사람은 십자가 사건이 있었던 현장 주변을 자세히 다시 검토하면서 그들이 목격했던 것을 그들의 방식으로 이해해 보려고 노력했다.

- **은신과 불확실성**(요한복음 20:19) 친구들은 은신처에 모여 숨었고 앞으로 무엇을 해야 할지에 대해 확신이 없었다.
- **실제적인 반응**(마태복음 27:57-60; 요한복음 19:38-42) 아리마대 요셉과 니고데모는 장례식 준비, 시신의 예비와 매장지를 돌보았다. 그들은 실제적이어서 당장에 처해진 장례 준비에 여념이 없었고 순서대로 질서 있게 장례 준비에 임했다.
- **추가된 이차적인 외상**(요한복음 20:11-14) 몇몇 사람은 현재의 상황에서 추가적인 위기를 경험했다. 마리아는 시체가 사라졌음을 발견했다. 그녀는 자신이 평소에 듣던 익숙한 목소리가 들림을 미처 깨닫지 못하면서 여러 가지 심리적 갈등의 징후를 보였다. 그녀의 행동은 당황스럽고 현실과 동떨어져 있는 사람 같았고 기본적인 정보조차도 대화가 안 되어 처리하지 못하고 있었다. 그녀는 어떤 것도 이해하지 못하는 듯했다.
- **정보와 증거에 대한 요구와 믿음과의 투쟁**(요한복음 20:21-29) 몇몇 사람은 그들이 설득력 있는 증거를 얻기 전까지 일어난 일에 대해 믿기를 거부했다. 도마는 다른 제자들이 부활하신 예수님을 보았다는 것을 믿지 않았다. 그는 예수님을 보고 실제로 예수님의 상처에 그의 손가락과 손을 대어 볼 수 있을 때에만 믿을 수 있을 것이라 했다. 그는 논박할 수 없을 만한 증거를 요구하고 있었으며 그 상황을 믿지 않았다.
- **관심의 결여**(요한복음 19:23-24) 비극적인 상황에서 몇몇 사람은 직면하고 있는 일에 대해 관심이 없었다. 그러한 충격은 단순히

그들의 일상 중 일부일 뿐이다. 예수님을 못 박은 십자가에 있었던 군인들은 단지 자신들의 임무를 수행한 것이다. 군인들은 예수님을 알지 못했고, 예수님의 옷을 공평하게 분배하고자 했던 결정 외에는 예수님에 대해 전혀 관심이 없었다.

- **병적 만족감과 비합리적 사고**(요한복음 19:7-16) 몇몇 사람은 실제로 다른 사람들의 고통에서 기쁨을 찾는다. 예수님에 대한 혐의에 근거가 없다는 빌라도의 판단과 발표에도 불구하고, 십자가에 못 박으라고 요구하는 군중의 고함소리는 비합리적인 사고에서 기인했으며 더 나아가 폭도의 행동으로 향하는 그들의 냉담함을 발견할 수 있다.
- **긴장 속에서의 탈출과 익숙한 삶의 일상으로 돌아가려는 시도**(마가복음 14:50-52; 요한복음 21:3) 몇몇 사람은 도망가서 숨기를 원했다. 그들은 아마도 세상에서 자신들이 누렸던 지배권을 얻거나 회복하기 위한 시도를 하는 과정에서 충격적인 십자가 사건에 대해 말하는 것과 심지어 생각하는 것조차도 꺼렸을 것이다. 제자들은 예수님께서 십자가에 못 박히신 때에 사방으로 흩어졌고 이후에 몇몇 제자는 그들의 오래되고 익숙한 삶의 양식으로 되돌아가려고 했다. 제자들은 고기잡이를 하러 갔다.

사람들은 다양한 방법으로 위기의 상황에 반응한다. 첫 번째 집단은 처음에는 어려움이 드러나지 않는 것처럼 보이지만 시간이 지남에 따라 그들은 과거의 기억으로 인해 고통을 경험한다. 두 번째 집단은 초기에 어려움을 겪었지만 일찍 해결방법을 얻어 그들의 삶으로 나아간다. 세 번째 집단은 현재 진행되고 있는 고통을 경험한다. 그들의 고통은 만성적이며 삶은 정신적 충격에 대한 기억과 그 결과로 인해 지속된다. 마지막 집단은 위기를 수월하게 뚫고 나가거나 위기에 대한 부정적 영향을 줄이는 방법에 그들의 에너지를 다시 집중할 수 있는 사람들이다. 이러한 사람들은 보통 자신에게 힘을 제공하는 추가적인 자원과 경험을 가지고 있다. 단순히 위기를 무시하고 부인하기를 택한 몇몇 사람은 마지막 집단에 적합할지도 모르겠다. 그러나 다른 사람들은 첫 번째 또는 세 번째 집단에 좀 더 적합해 보인다.

이러한 각각의 반응은 다른 상담적 개입을 요구한다. 이러한 다양한 반응에 대한 예는 예수님의 부활 후 모습에서 자명하게 나타난다. 내가 사람들의 다양한 반응에 대해 좀 더 면밀하게 조사할 때마다, 그리스도께서 사람들의 고통과 관심의 정점에서 그들을 만나시고 또 그들을 하나님 그리고 사람과의 관계에서 치유를 경험하도록 인도하심을 발견한다.

엠마오로 가는 길

예루살렘에서 엠마오까지 7마일을 걷고 있는 두 사람이 그들이 목격한 것에 대해 진지한 토론을 벌이고 있었다. 예수님께서 그들 앞에 나타나셨을 때, 그들은 예수님을 알아보지 못했다. 예수님께서는 이 두 사람에게 토론하고 있는 내용이 무엇인지를 물으셨다. 그것은 "네가 어디에 있느냐?"라는 질문의 변형된 것이었다. 그들의 대답은 그들을 혼동케 한 신학적이고 성경적인 딜레마를 보여 준다. 두 사람은 예수님께서 예언자이자 아마도 메시아였다고 믿었지만 대제사장은 예수님이 십자가에 못 박히게 하기 위해 다른 사람의 손에 넘겼다. 두 사람이 더 혼란스러웠던 일은 그들의 몇몇 친구들이 예수님께서 못 박히신 지 세 번째 되던 날에 무덤이 비었다고 주장했고 또 여자들은 예수님께서 살아 계시다고 말했던 천사들의 환상을 이야기하고 있었던 사실이었다.

이 두 명의 동료는 예수님께 설명을 원했다. 그래서 예수님께서는 그들에게 성경의 교훈을 주셨다. 그들과 함께 메시아에 대한 언약과 그의 삶, 죽음, 부활을 연결 지으시면서, 율법과 예언자들의 말들을 맞추셨다. 그들은 예수님께 자신들과 함께 머무르기를 청했고 예수님께서 식탁에서 빵을 떼어 그들에게 나눠 주신 후에야 비로소 그들은 예수님의 현존을 인식했고 마침내 모든 수수께끼의 조각들이 함께 맞아떨어짐을 알게 되었다. 그들은 이제 하나님과 친밀한 관계를 가지게 되었으며, 그들의 첫 행동은 예루살렘으로 즉시 돌아가 다른 사람들에게 이러한 좋은 소식을 알리는 일이었다. 두 사람은 복음과 예수님의 큰 계명을 전하는 제자가 되었다(누가복음 24:13-35).

제자들에게 나타나심

예수님께서 부활하신 후 제자에게 나타나셨을 때, 그들은 혼란 상태에 있었다. 예수님께서 그들 가운데 서서 "너희에게 평강이 있을지어다."라고 말씀하셨을 때 그들은 깜짝 놀라고 몹시 두려워했다. 제자들은 자신들 앞에 나타난 예수님이 유령이라고 생각했다. 예수님께서는 즉시 제자들에게 자신의 손과 발을 보이심으로 제자들의 걱정과 의심을 언급하셨다. 그리고 대부분의 인간이 갖고 있는 욕구들 중 하나를 나타내셨는데 제자들에게 먹을 것을 달라고 요청하셨다. 그는 유령이 아니었다. 예수님께서는 제자들의 두려움을 잠잠하게 하신 후 신학적이고 영적인 주제로 전환하여, 자신 안에서 이루어진 시편, 예언서, 모세의 율법에 있는 모든 예언을 상기시키셨다. 예수님은 제자들이 말씀을 이해할 수 있도록 그들의 마음을 여셨고, 그 말씀을 하나님의 계획과 연결시켜 볼 수 있도록 인도하셨다. 그리고 제자들이 사람들에게 이 놀라운 복음을 전하도록 그들을 준비시키셨다(누가복음 24:36-49).

도마

도마는 상대방의 말 자체에 확신을 갖기에는 역부족이었으며 말보다는 다른 증거가 필요한 사람을 대표한다. 그는 절대적이고 논박할 수 없는 확실한 증거를 원했다. 도마는 다른 제자들의 말을 믿지 않았고 오직 그가 그리스도의 손에 있는 못 자국을 보고 예수님의 옆구리에 자신의 손가락을 대어 보았을 때에만 믿으려고 했다. 예수님께서 일주일 후 제자들 앞에 나타나셨을 때, 도마가 요구했던 증거들은 이미 다 충족되었다고 주장하셨다. 도마는 이 모든 증거를 본 이후에 예수님을 자신의 주인으로 인정했다. 예수님께서는 이어서 다른 사람들의 필요로 시선을 옮기시면서 "너는 나를 본 고로 믿느냐 보지 못하고 믿는 자들은 복되도다."(요한복음 20:24-29)라고 말씀하셨다.

마리아

대부분의 남자 제자들은 부활에 대한 눈에 보이는 증거와 함께 성경으로부터 근거한 확신을 필요로 했다. 예수님께서는 이와는 다른 방법으로 마리아에게 다가가셨다. 마리아는 아리마대 요셉이 행했던 실질적인 방법으로 처음에는 반응하였는데 그것은 시체에 바르기 위해 향품과 향유를 준비하기를 도운 것이었다(누가복음 23:55-56). 그러나 빈 무덤을 발견하고는 크게 낙심했다(요한복음 20:10-11). 마리아는 정신적 충격의 다양한 양상을 보였다. 다양한 정신적 외상은 초기의 비극적 사건 뒤에 따르는 추가적인 경험이 한 사람을 압도할 만큼 위협적일 때 발생한다. 처음에는 예수님께서 십자가에 못 박히셨고 이제는 무덤에서 시체가 사라졌다. 명백하게 보인 천사들의 출현조차도 그녀를 안심시킬 수 없었다. 그녀는 많은 기이한 정보를 처리하는 데 어려움이 있는 것처럼 보였다. 마리아가 자신 바로 가까이에 서 있는 누군가를 인식했을 때 그녀는 그가 동산지기라고 생각하며 돌아서서는 시체의 처리에 대해 물었다. 충격적인 사건들에 그녀는 너무나 놀라고 아직 수습조차 안 된 상황이어서 익숙한 목소리와 형상조차도 인식할 수가 없었다.

예수님께서는 마리아를 원래의 자리에 되돌리시고 그녀의 필요를 돌보기 위해 질문을 반복하셨다. "왜 울고 있느냐?" "누구를 찾고 있느냐?"(요한복음 20:13-15) 우리는 예수님이 마리아에게 던지는 질문에서 에덴 동산에 있었던 아담과 하와에게 "네가 어디에 있느냐?"라고 물으셨던 하나님의 질문을 상기시킬 수 있다. 마리아는 어느 누구와도 대화를 연장하는 데에는 관심이 없었고 신학적인 교훈에 대해서라면 더욱 그러했다. 그녀는 단지 군사들이 시체를 어떻게 했는지 알고 싶어 했다. 예수님께서는 이후에 그녀에게 단지 한 단어를 말씀하셨다. "마리아야." 어떤 사람은 이것을 들었을 때에 목소리의 어조 정도만 상상할 것이다. 그러나 이 음성은 마리아의 깊은 내면의 세계까지 다다랐으며 그녀가 당시 경험하고 있었던 절망을 일시에 쫓아내고 상처받은 마음을 즉시 치유하는 음성이었음에 틀림없다. 예수님의 음성을 인식한 마리아는 더 이상의 어떤 증거도, 십자가 사건에 대한 어떤 물리적인 증거나 신학적인 토론도 필요가 없었다. 단지 다시 살아나셔서 눈앞에 보이는 그녀의 구원자로부터 들리는 그녀의 이름을 부르는 음성만 있으면 될 것이었다(요한복음 20:10-18).

마리아의 치유 과정 중 일부로서 예수님께서는 자신의 부활의 정체성을 확실히 하셨고 마리아에게 과제를 주셨다. 예수님은 자신의 부활에 관한 사실과 또한 그가 하나님 아버지에게 돌아감을 그의 제자들과 하나님과의 관계에 연결시켰다. 하나님을 따르는 자들은 예수님이 하나님 아버지께로 돌아가시듯 그들도 그렇게 되리라는 복되고 좋은 소식을 알리는 임무를 예수님께서는 마리아에게 주셨다.

베드로의 변화

마태복음 26장에서 예수님께서는 십자가에서의 죽음과 제자들이 그를 버릴 것임을 예언하셨다. 예수님께서는 목자의 죽음과 그의 양들이 흩어짐을 묘사하실 때, 스가랴 13장 7절을 인용하셨다. 예수님은 또한 베드로가 자신을 부인할 것임을 예언하셨다(마태복음 26:31-35; 요한복음 13:37-38 비교). 그런 일은 결코 일어나지 않는다고 베드로는 두 번이나 말했다(마태복음 26:33, 35). 그러나 같은 장의 끝에서 베드로는 예수님을 알고 있다는 사실을 세 번 부인했다(마태복음 26:69-75; 요한복음 18:15-18, 25-27 비교).

대부분의 성경 주석은 부활 후 예수님께서 베드로에게 물으셨던 세 번의 질문이 베드로를 지도자의 자리로 다시 복귀시킴과 세 번 부인한 사실을 반영함이라고 해석한다. 이러한 해석이 맞을 수도 있지만, 나는 예수님의 이 질문에 또 다른 차원이 있다고 보는데 그것은 위기 개입과 새 계명이다. 베드로는 여전히 낡은 패러다임, 낡은 사고방식과 행동방식 안에서 살고 있었다. 그리고 예수님께서는 이제 그에게 삶의 새로운 방식으로 변화하도록 도전시키려 했다.

성령이 오시기 전(사도행전 2), 십자가 사건의 충격적 결과와 영적 지도력의 빈자리로 인해 몇몇 제자는 그들에게 익숙한 안전과 편안함을 느꼈던 그들의 낡고 오래된 삶의 방식으로 돌아가기 시작했다. 자신의 삶의 초기 단계로의 후퇴와 퇴행은 극심한 정신적 스트레스를 경험한 사람들에게 흔히 발생한다. 어느 날 베드로는 고기잡이를 하기로 결심했다(요한복음 21). 그는 그의 오랜 고기잡이 동업자, 세베데의 아들 야고보와 요한(누가복음 5:9-10)을 포함한 여섯 명의 제자들을 데리고 갔다. 예전에도 그랬던 것처럼 예수님께서는 그들이 현재 처해 있는 장소에 나타나셨고 그들의 관심과 흥미의 관점에서 그들을 만나셨다. 이번에는 그것이 물고기를 잡는 일이었다.

제자들은 처음에 예수님을 알아보지 못했는데 그것은 제자들이 그들의 초점과 관심을 하나님으로부터 돌렸고 또 예수님을 찾지 않고 있었다는 표시였다. 제자들이 고기를 잡지 못했다고 말했을 때 예수님께서는 배의 오른쪽 편으로 그물을 던지라고 말씀하셨다. 제자들은 예수님의 지시를 따름으로써 153마리의 거대한 수확량을 얻었다. 비로소 그 순간에 요한은 주님을 알아보았다.

제자들이 아침 식사를 마치고 주린 배가 채워지자 예수님께서는 베드로에게 가셔서 물으셨다. “요한의 아들 시몬아, 네가 이 모든 사람들보다 나를 더 사랑하느냐?” 베드로는 그러하다고 대답했고, 그러고 나서 예수님께서는 베드로에게 그의 양을 먹이고 돌보기를 요청하셨다. 질문, 반응 그리고 설명은 약간씩 바뀌어서 세 번 반복되었다. 베드로에 대한 예수님의 기대는 무엇이었나? 그것은 치유 사역을 어떻게 예시하는가? 그리고 그것은 예수님의 계명과 어떻게 연관되는가?

예수님께서는 베드로에게 어부의 삶의 양식과 소명에 있어서 근본적인 변화를 포함해서 전적인 헌신을 요구했다. 베드로는 고기잡이 원정을 조직해서 다른 사람들을 이끌었다. 예수님께서는 바닷가에서 텅 빈 그물과 함께 배 안에 있었던 제자들을 발견하셨고 그들의 필요를 충족시켜 주셨다. 예수님께서 제자들을 바닷가에서 다시 만나셨을 때 그는 제자들에게 친숙하고 자연스러운 어부의 언어, 즉 그들의 관용어와 비유를 사용하셨다. 예수님께서는 제자들에게 "사람을 낚는 어부"가 되라고 부르셨다. 그때 베드로는 "곧 그물을 버려 두고 좇으니라."(마태복음 4:18-19)라고 기록되어 있다. 제자들은 지금 공기 중에 퍼진 구운 생선 냄새를 맡으면서, 불을 피운 장작 주변에 앉아 있다. 그러나 예수님께서는 고기잡이에 대해 말씀하시지 않으신다. 처음의 부르심을 떠오르게 하는 말로, 예수님께서는 마침내 베드로에게 "나를 따르라."라고 요구하시지만(요한복음 21:19), 양과 목양으로 비유를 전환함은 베드로의 세계관에 대한 혁명적인 도전과 변화를 의미했다. 예수님께서는 베드로에게 자신의 낡은 삶의 방식에 영원히 등을 돌리고 새로운 사명을 받아들이라고 말씀하고 계셨다.

예수님께서 베드로에게 주셨던 사명의 핵심은 가장 큰 계명에 있는 두 가지 요구사항과 관련 있다. 예수님께서는 베드로가 참으로 그의 마음을 다하며 목숨을 다하며 힘을 다하며 뜻을 다하여 하나님을 사랑하는지, 그리고 베드로가 기꺼이 그의 이웃을 자신의 몸과 같이 사랑할지 알기 원하셨다.

예수님께서 베드로에게 물으셨다. “네가 이 사람들보다 나를 더 사랑하느냐?”(요한복음 21:15) 여기서 예수님께서는 계명의 첫 번째 목록에 초점을 맞추신다. “하나님과의 관계에서 너는 어디에 있느냐?”라고 베드로에게 물으신다. “너는 네가 생각하고, 말하고, 행하는 모든 것에서 기꺼이 하나님을 최우선시할 수 있느냐? 너는 나를 위해 ‘이러한 다른 것들을’, 즉 너의 삶의 낡은 방식과 관계들을 완전히 포기할 준비가 되었느냐? 너는 나를 위해 나의 생각과 나의 메시지를 전할 준비가 되었느냐?”

“그러면 내 양을 먹여라. 내 양들을 돌보아라. 베드로야, 다른 이웃과의 관계에서 너는 어디에 있느냐? 너는 정말 너 자신을 사랑하는 것만큼 다른 사람을 사랑하느냐? 그러면 그것에 관해 뭔가를 하라. 다른 사람을 돌보고 복음을 선포했던 나의 본보기를 따라 하나님을 향한 너의 사랑을 표현해라. 나는 네가 가진 낡은 고기잡이의 삶이 아니라 나의 양을 치는 사역의 관점에서 생각하기를 원한다. 네가 나의 꿈을 끌어안고 나의 영을 받을 때, 최근에 경험했던 너의 정신적 충격으로부터 완전히 자유롭게 될 것이다.”

그리스도께서 전하시는 메시지의 핵심은 3년 동안 알이 부화하듯 품어 온 내용이었다. 베드로는 하나님과 함께 걸었다. 그는 예수님이 설교하고 가르치는 내용을 들어 왔고, 치유하는 사역을 보아 왔다. 예수님께서는 하나님께서 모든 것에 대한 목적을 가지고 계심을 베드로에게 일깨워 주고 계셨고, 그의 개입은 베드로의 사명을 위해 베드로를 준비시키는 수단이었다. 십자가에서의 죽음과 부활은 단지 성경의 예언과 성취를 넘어 현실이었으며, 베드로는 하나님의 계획 안에서 구원의 메시지를 전파하는 역할을 감당했다. 예수님께서는 베드로에게 그의 인생은 부활 후의 의미와 목적이 있음을 말씀하고 계셨다.

해변에서의 이런 도전이 있은 후 짧은 시간이 지나고, 베드로에게 자신이 임무를 수행하기 위해 필요한 모든 것을 받을 상황이 왔다. 오순절이 오고 있었다. 하나님의 은혜와 신실하심은 성령의 현존과 능력 가운데 뚜렷하게 나타났다. 베드로는 고통을 감당할 것이었다. 하나님께서는 죄의 해로운 영향을 항상 은폐하지는 않으시며, 예수님께서도 베드로가 직면할 위험을 보기 좋게 꾸미지 않으셨다. 그러나 예수님은 베드로에게 만약 그가 예수님을 따를 때 그는 하나님을 영화롭게 하는 데 사용된다는 약속을 주셨다(요한복음 21:18-19).

이때 이후로 베드로가 고기잡이로 다시 돌아갔는지, 아니면 고기잡이의 언어를 사용했는지에 대한 어떤 증거도 성경에서 발견하지 못한다. 그러나 나는 베드로가 베드로전서 5장 1절~5절에서 흥미롭고 친숙한 비유를 사용하고 있음을 발견하는데, 이 본문에서 그는 동료 장로로서, 그들이 돌보고 있는 '하나님의 양 무리의 목자'가 되기와, '최고의 목자'가 오실 때까지 '양 무리에게 모범'이 되기를 교회의 장로들에게 호소하고 있었다.

웨지우드 교회의 위기 상담

기독교 상담자들은 내담자가 주관적으로 경험하고 있는 다양한 고통의 정점에서 그들을 만난다. 그리고 하나님의 치유하시는 사랑을 이들과 나누는데 이것은 돌보는 자들이 돌봄을 받는 대상의 신체적이고 영적인 필요를 충족시키는 방법을 발견하는 것과 같다. 상담자들은 예수님의 계명을 실제로 생활에서 실현하는, 즉 계명의 살아

있는 표현이 되는 셈이다.

얼 메러디스 목사님이 웨지우드에서 총격 사건이 있던 날 밤 대중과 인터뷰 기자들로부터 받은 첫 질문 중 하나는 "이 비극이 일어나는 동안 하나님은 어디에 계셨나?"라는 내용이었다. 한 미친 사람이 예배당으로 들어와 사람들에게 총을 쏘는 동안, 사랑이 많으시고 우리를 돌보시는 하나님에 대해 당신을 어떻게 설명할 수 있는가? 메러디스 목사님은 바로 위치(location)에 대한 질문을 요청받았고 그 목사의 영감 있는 대답은 하나님의 측은히 여기는 마음과 이해를 보여 주었다. "하나님께서는 그의 아들이 십자가 위에서 죽을 때 정확하게 예수님이 있었던 곳에 계셨습니다." 하나님께서는 이유 없는 폭력에 대한 고통을 알고 계셨고, 아이를 잃은 부모의 심한 고통을 아셨다. 하나님께서는 어디 계셨는가? 그의 치유의 영은 모든 고통의 한복판, 바로 그곳에 계셨다. 하나님의 말씀은 이 땅 위에 생생하게 살아 있게 되었다. 그는 우리 가운데 거하셨고 우리의 죄 때문에 고통을 당하셨다. 하나님께서는 우리의 상실, 고통 그리고 고난을 이해하신다. 그리고 그는 길을 잃고 궁핍한 세상을 돌보는 일에 그와 함께 동참하기를 우리에게 요청하신다.

웨지우드 교회의 사람들은 다양한 필요와 관심사를 가지고 있었다. 오래전 제자들이 그랬던 것처럼, 그들은 혼란과 감정적인 스트레스를 경험했다. 상담 사역은 도움이 필요한 곳에서 고통받는 사람들의 위치를 알아내고 치유와 온전함을 찾도록 그들을 돕기 위해 설계되었다. 교회 성도들인 증인의 말은 애초부터 명백했으며, 장례식과 추도 예배에서도 믿음, 하나님의 은혜, 그리고 그의 말씀의 선포가 중심이 되었다.

케빈 겔리(Kevin Galley)는 탄환에 맞은 사람들 중 한 명이었고 그는 교회 상담자이자 사우스웨스턴 침례 신학대학원 박사과정의 학생이었다. 그는 성전 복도에서 애시브룩을 만났고 두 번 총알을 맞았다. 켈리는 자기가 맞은 게 페인트 총알이었고, 총을 쏜 사람은 교회에 모인 무리 중 한 명이라고 생각했다는 점을 기억한다. 그는 총기난사 사건에서 살아남았고 신체에 가해진 상처는 나중에 회복되었지만 깊이 파인 정서적 흉터는 여전히 남아 있었다. 상담자로서 그는 위기에 처한 사람의 반응을 이해하고 설명할 수 있었지만 이러한 지식은 실제로 자신이 경험하고 있는 정서적인 무기력에 대해서는 큰 도움이 되어 주지 못했다. 그는 때때로 자신의 감정이 북받쳐 오름을 발견했다. 그는 하나님의 사랑과 은혜에 집중함으로써, 그리고 다른 사람들에게 기도를 부탁함으로써 치유를 찾으려 했다. 그는 왜 그 일이 일어났는지에 대한 대답을 구하지 않았다. 대신에, 그는 그 사건을 다룰 수 있을 만한 평화와 은혜를 하나님께서 자신에게 주시기를 기도했다.

켈리는 다음과 같이 말했다. "사람들이 다음과 같은 사실을 깨닫는 것이 중요합니다. 하나님께서 웨지우드 침례교회를 택하지 않으셨습니다. 한 미친 사람이 선택했습니다. 그러나 하나님의 약속은 계속됩니다. 악이 넘치는 곳에 하나님의 은혜는 더 충만할 것입니다."[4]

교회의 입장에서 메러디스 목사님은 사람들이 하나님께 집중하고 다른 사람들을 돕는 방법을 찾도록 이끌었다. 부활 후 나타나셨던 예수님처럼 목사님은 교회 전체의 영적이고 정서적인 치유를 촉진할 몇몇 구체적인 과제를 찾아냈다. 그가 생각해 낸 첫 번째 목표 중 하나는 돌아오는 주일, 예배당에서 하나님께 예배드리기를 지키는 일이었다. 경찰과 도시 관계자들은 그것이 불가능하다고 말하면서 이에 반대했다. 웨지우드의 성전은 범죄의 현장이었고, 대량 살상에 대한 증거들이 총알 박힌 벽과 천장 그리고 피에 흠뻑 젖은 좌석들 위에 명백히 남아 있었기 때문이다. 하지만 그는 고집했다. 메러디스 목사님은 예배당을 거룩한 땅으로 회복하기와 하나님을 향한 예배로 사람들의 관심을 끌기에 대한 중요성을 다시금 강조했다. 경찰들의 마음이 누그러졌고 교회 건물은 범죄 현장에서 해제되었으며, 메러디스 목사님의 비전은 기꺼이 받아들여져 교인들이 와서 사고의 흔적이 남은 카펫과 의자들을 치우고 예배를 위해 건물을 청소하며 준비했다. 교회 복도의 벽이 희망과 동정 및 기도의 메시지로 가득 찬 메모와 카드, 편지, 이메일 그리고 사진들로 장식되었고, 더 나아가 영적이고 공동체적 지지와 돌봄에 대한 글로 꾸며졌는데, 이것은 곧 하나님의 은혜를 예고하였다.

사건이 있은 다음 주일, 인접한 주에 있는 교회 공동체들이 하나님과 이웃에 대한 사랑의 표현으로 같은 기독교인 형제자매를 위해 기도하면서 건물 바깥을 걷고 있었고 사람들은 예배당 안으로 모여들었다. 타락한 세상을 향한 하나님의 긍휼하심과 사랑의 메시지를 나누고자 열망하여 모인 많은 교회 성도 가운데에 건전한 치유의 신호들이 나타났다. 총격 사건 거의 직후부터 교회 근처의 길가에는 피해자들을 애도하기 위한 꽃과 메시지가 담긴 카드들이 즐비하게 늘어서면서 비공식적인 추도가 이미 시작되었다. 메러디스 목사님은 교회 사람들과 상담자들이 추도하기 위해 방문한 사람들에게 사역을 하도록 준비시켰다. 비록 교회 성도 전체가 상처를 입었지만 좌절하지 않았다. 끔찍한 사건을 경험한 웨지우드 교회의 성도들이 영적으로 궁핍한 세상을 향하여 하나님의 말씀을 나누고자 하는 이러한 구체적 노력들은 그들이 이미 치유의 길로 들어섰고 또 치유 방향으로 가고 있음을 말해 주었다.[5)]

요 약

1. 예수님의 새 계명은 성경적 기독교 상담자들에게 하나님의 사랑을 드러내고 이웃에 대한 사랑을 표현하도록 가르친다.

2. 율법사 그리고 부자 청년 관원과의 마주침은 예수님께서 새 계명의 두 차원을 어떻게 적용하는지를 예시한다. 그는 두 질문자의 관계적 상황을 보았고, 자신의 개인적 필요를 볼 수 있는 대답을 하셨다.

3. 십자가 사건 당시 사람들의 반응에 대한 조사는 사람들이 위기의 상황에서 다양한 방법으로 반응함을 보여 준다. 기독교 상담자들은 다양한 상황 속에서 발생하는 사람들의 인지적, 감정적, 행동적, 영적 반응을 이해하기 위해 필요한 기술을 개발하고 치료를 위한 효과적인 상담 사역을 제공해야 한다.

4. 텍사스 주 포트워스에 있는 웨지우드 침례교회에서 있었던 총격 사건은 기독교인이 세상에서 직면할 수도 있는 위기의 예와 상담의 치유 과정에서 예수님의 새 계명을 적용함에 대한 중요성을 보여 준다.

이제 우리는 여기에서 어디로 가는가

성경적 기독교 상담자들은 사람과 하나님과의 관계, 자기 및 타인과의 관계를 점검한다. 그들은 내담자의 영적, 심리적, 사회적 위치를 발견함의 중요성을 이해한다. 예수님의 새 계명을 구현한 사람의 완벽한 모델은 상담의 대가이며 지상에 있는 천국의 상담자인 예수 그리스도의 사랑과 희생적 모범 속에서 발견된다.

연습문제

1. 당신이 공부해 온 다른 상담 모델, 세속적인 모델과 기독교적 모델 양자의 주요한 초점은 무엇인가? 이러한 모델들의 접근법을 연구하고 이 장에서 강조했던 내용과 비교하라.

2. 상담과 예수님의 중대한 가르침은 지상명령(마태복음 28:18-20)과 모든 민족을 제자로 삼으라는 소명과 어떻게 관련이 되는가?

3. 십자가 사건 외에, 사고와 상황에 대해 다양한 반응을 보여 주는 몇몇 예를 성경에서 찾아보라. 기독교 상담자들은 이러한 상황에서 어떻게 효과적으로 반응할 것인가?

4. 예수님의 중대한 가르침의 적용을 예시하는 오늘날의 목회 사역의 예, 특히 기독교 상담에 관련된 것을 묘사해 보라.

5. 우리는 오순절 이후 베드로의 사역에서 예수님의 중대한 가르침의 표현에 대한 어떤 증거를 보는가?

후 주

1) Augustine, *Morals of the Catholic Church* 26.48, in A Select Library of the Nicene and the Post-Nicene Fathers of the Christian Church, ed. Philip Schaff, Volume IV: *St Augustine: The Writings Against the Manichaeans, and Against the Donatists* (Buffalo, N.Y.: The Christian Literature Co., 1887), 55.

2) Augustine, *Letters* 228.3, in A Select Library of the Nicene and the Post-Nicene Fathers of the Christian Church, ed. Philip Schaff, Volulme Ⅰ: *The Confession and Letters of St Augustin* (Buffalo, N.Y.: The Christian Literature Co., 1887), 577.

3) Augustine, *Morals of the Catholic Church* 28.56.

4) Cindy Kerr, "Walking Again, Galey Seeks Emotional Healing," *Southwestern News: Special Edition*, 58:2 (1999), 12.

5) 웨지우드 총격 사건에 대한 정보를 더 얻기 위해서는 Dan Crawford, *Night of Darkness, Dawning of Light* (Colorado Springs, Colo.: Shaw, 2000)를 보라.

참고문헌

Crawford, Dan. *Night of Darkness, Dawning of Light*. Colorado Springs, Colo.: Shaw, 2000.

Kerr, Cindy. "Walking Again, Galey Seeks Emotional Healing." *Southwestern News: Special Edition,* 58:2 (1999), 12.

Schaff, Philip, gen. ed. A Select Library of the Nicene and the Post-Nicene Fathers of the Christian Church. Volume I: *The Confession and Letters of St Augustin*; Volume IV: *St Augustin: The Writings Againtst the Manichaeans, and Against the Donatists*. Buffalo, N.Y.: The Christian Literature Co., 1887.

CHAPTER

06

메시아 예수: 하늘의 상담자

지혜와 분별의 영

지식과 능력의 영

하나님에 대한 지식과 하나님을 경외하는 영

CHAPTER 06

메시아 예수: 하늘의 상담자

하나님과 피조물과의 관계는 성경적 기독교 상담의 본질을 보여 준다. 그리고 돌봄에 대한 실제적 본보기는 바로 그리스도의 희생적인 삶이다. 예수님의 인격은 그리스도 안에서 돌봄의 사역을 하는 사람들의 최적의 자질을 확인하는 기초를 제공한다. 그리고 성령의 은사 안에 있는 하나님의 은혜는 우리가 성경적인 상담과 돌봄을 행할 때 그리스도의 본보기를 따르도록 인도하신다.

그러면 예수님의 사역 안에 어떤 특정한 요소들이 상담의 기술과 관계가 있는가? 나는 우리가 신약에서 보이는 그리스도의 삶에 대한 연구를 함으로써 이러한 토론을 시작하기보다는 구약에서 이 질문에 답해 주는 근본적인 원리를 찾을 수 있다고 믿는다. 실제로 메시아인 예수님에 대한 묘사는 우리에게 상담의 대가인 예수님의 이상적인 특징을 제공해 준다.

메시아의 본질은 이사야서에 명백히 묘사되어 있는데, 그것은 우리에게 한 아기가 태어날 것이기 때문이다. 이는 한 아기가 우리에게 났고 한 아들을 우리에게 주신 바 되었는데 그 어깨에는 정사를 메었고 그 이름은 기묘자라, 모사라, 전능하신 하나님이라, 영존하시는 아버지라, 평강의 왕이라 할 것임이라(이사야 9:6).

메시아는 세상에 어린아이로 그리고 선물로 올 것이었다. 요한복음 3장 16절은 하나님께서 세상을 아주 많이 사랑하셔서 우리에게 그의 아들을 주셨다고 말하고 있다. 하나님의 아들은 하늘과 땅의 모든 힘을 통치하는 권능을 가지고 있고 그의 이름은 그의 본질적인 인격 속성을 확인한다.

기묘자(Wonderful)와 **모사**(Counselor)라는 용어는 주석서나 번역서에서 종종 결합되어 나타나는데(예를 들면, 개정표준역[RSV], 새 미국표준성경[NASB]), 전자가 후자의 형용사로 상담자의 유형을 묘사하고 있다. 몇몇 번역본(예를 들면, 킹 제임스 역[KJV])이 선호하는 바와 같이 두 단어가 쉼표로 분리된다면, '기묘자'는 하나님의 무한한 본질적 의미를 전달한다. 메시아의 본질은 그 의미를 묘사하는 데 있어 우리가 생각해 낼 수 있거나 말로 표현할 수 있는 그 어떤 단어도 넘어서서 확장되는 경이 혹은 신비다.

상담자(counselor, 히브리어로 *yaats*)라는 용어는 충고하거나 조언해 주는 사람을 의미한다. 이것은 우리가 21세기의 공식적인 심리치료와 연결 지어 생각하는 상담보다 더 포용력이 큰 용어다. 메시아는 무엇이 선한지 그리고 어떤 상황에서든 무엇이 행하기에 옳은 것인지를 분별하신다. 그리고 그는 어떤 인간의 설명 없이도 모든 삶의 주제에 대한 지침과 방향을 줄 수 있는 분이시다. 메시아가 '기묘자(Wonderful, 히브리어로 *pali*)라는 용어와 연결될 때 그 개념은 훨씬 더 초자연적인 힘을 드러낸다. 주님의 상담은 너무나 완벽하고,

매우 비범하며, 참으로 비길 데 없어서 어떤 인간의 언어로도 그것을 묘사할 수 없다. 그것은 형언할 수 없으며, 이해할 수 없을 만큼 경이롭다. 아무도 그리스도와 같이 가르치고 조언할 수 없다. 예수님의 상담과 비교해서 인간의 상담과 지혜는 어리석어 보인다(고린도전서 1:25; 3:19).[1)]

전능하신 하나님으로서, 구세주는 하나님의 권능을 가진다. 그는 하늘과 땅을 통치할 수 있다. 그는 역사의 진행과 한 개인의 마음을 바꿀 수도 있다. 구세주는 창조하고 파괴할 힘을 가지고 있는데 인간이 창조됨과 그 존재가 지속됨에 있어서 모든 것이 그분에게 의존한다.

영원하신 아버지로서, 메시아는 인간으로 그리고 영원하신 하늘의 아버지로 이 땅에 오셨다. 인간의 삶에서 일시적으로 존재하는, 잘못을 저지르기 쉬운 지상의 아버지나 왕과는 달리, 메시아는 항상 우리와 함께 계실 하늘의 아버지에 대한 위안과 확신을 가져온다.

평강의 왕으로서, 메시아는 죄로 가득 찬 인간과 거룩하신 하나님 사이에서 가장 위대한 중재자다. 평강의 왕은 매일 우리의 삶에서 일어나는 여러 가지 갈등과 문제를 다룰 수 있도록 도와주신다. 그리고 우리는 구원의 약속과 하나님의 지속적인 평화를 제공해 주는 영원한 평강을 그에게서 찾을 수 있다(로마서 5:1).

기독교 상담을 위한 모델은 그리스도, 즉 메시아이신 예수님이다. 이사야서 9장 6절에서 보이는 메시아에 대한 묘사는 이사야서 11장 2절에서 더 자세히 말하고 있다. 이 본문은 세 가지의 영 또는 범주 아래 함께 분류되어, 훌륭한 상담자이신 예수 안에 있는 하나님의 영에 대한 여섯 가지 특징과 표현을 묘사하고 있다.

이새의 줄기에서 한 싹이 나며
그 뿌리에서 한 가지가 나서 결실할 것이요
여호와의 신 곧 지혜와 총명의 신이요
모략과 재능의 신이요
지식과 여호와를 경외하는 신이
그 위에 강림하시리니(이사야 11:1-2).

성경 주석은 이사야서가 본문에서 세 가지 또는 심지어 여섯 가지의 다른 본질, 서로 다른 '영'에 대해 설명하고 있지 않음에 동의한다.[2] 그 용어들 모두 하나이신 여호와의 영에 대한 표현이자 특징을 말하고 있다. 용어의 설명은 메시아의 개인적인 본성과 권위에 대한 통찰을 주고 있다. 여섯 개의 용어가 독립적으로 이해되어서는 안 되지만 그것들은 또한 동의어로 간주되어서도 안 된다.

히브리 문학은 종종 하나의 개념이 유사한 단어를 사용하면서 반복되는 대구법을 사용한다. 그러므로 잠언 20장 1절은 "포도주는 거만케 하는 것이요, 독주는 떠들게 하는 것이라. 무릇 이에 미혹되는 자에게는 지혜가 없느니라."라고 말하고 있다. 첫 두 문장은 술의 남용이 사람의 삶에 심각한 문제를 가져온다는 같은 생각을 반복해서 나타낸다. 반복이나 대구는 그 점을 강조한다. 그러나 이사야 11장 2절에서 구세주에 대한 묘사로 사용된 단어들은 대구가 아니며, 차라리 독특하고 양립할 수 없는 의미를 가진다. 그러나 세 쌍 또는 '영'으로 무리를 짓는 일은 그 용어들이 완전히 별개가 아니며, 개념들은 서로 연결되고 또한 어느 정도 중복되는 의미를 가지고 있다는 점을 알려 준다. 그 용어들은 단 한 사람 메시아를 묘사하고 있다.

메시아에 대한 여섯 가지 특징은 실제적으로 그리스도의 삶에서 명백하게 보인다. 정통한 상담자에 대한 묘사로서, 그 특징들은 역시 우리에게 돌봄과 성경적인 상담에 대한 모델을 보여 준다. 예수님을 묘사한 용어들은 효과적이고 성경적인 기독교 상담 사역의 기본적인 특징에 대한 통찰을 준다.

지혜와 분별의 영

지 혜

지혜(wisdom, 히브리어로 *hokmah*; LXX: *sophias*)는 적당한 순간에 옳은 결정을 하기 위해 어떤 것 사이의 참된 관계를 깨닫는 능력이다. 그리고 지혜는 적절한 시기에 올바른 결정을 위해 완벽한 세부사항들을 파악하여 바른 방법으로 문제를 평가하고 완전히 이해하는 능력이다.[3] 메시아는 그가 보고 듣는 외부적인 요인에 의존하면서, 현상에 대해 피상적인 판단을 하지 않을 것이다(이사야 11:3-4). 대신에, 그의 판단은 정당하고 공평하며 철저하고 완전한 이해에 기초할 것이다.

> 그가 여호와를 경외함으로 즐거움을 삼을 것이며
> 그 눈에 보이는 대로 심판치 아니하며
> 귀에 들리는 대로 판단치 아니하며
> 공의로 빈핍한 자를 심판하며
> 정직으로 세상의 겸손한 자를 판단할 것이며

> 그 입의 막대기로 세상을 치며
> 입술의 기운으로 악인을 죽일 것이며
> 공의로 그 허리띠를 삼으며 성실로 몸의 띠를 삼으리라(이사야 11:3–5).

이 말씀은 사물의 참된 본질을 이해하는 이론적인 지혜다. 상담에서 지혜는 개인과 타인과의 올바른 관계와 치유를 감지하는 능력과 연관되며 또한 치유를 이루어 나가는 단계와도 연관된다. 지혜는 인간의 본성과 더불어 인간의 인지적이고, 행동적이고, 감정적이고, 영적인 차원에 대한 깊고 광범위한 깨달음, 그리고 언제 말하고 행동해야 하는지의 최적의 순간을 결정하게 해 주는 성령에 이끌리는 통찰에 기초한다.

욥은 경건한 지혜가 이 세상의 근본으로부터 나오지 않는다는 점을 확실히 한다(욥기 28:12–28). 지혜는 어디에서 발견될 것이며, 총명의 장소는 어디인가? 사람들은 이와 같은 영적인 지혜의 가치를 모르고 또 지혜는 만물이 살고 있는 땅에서 발견되지도 않는다. 지혜는 어디에서 나오는가? 그것은 "하나님 안에서 발견된다."라고 욥은 말했다. 지혜와 총명은 하나님에 대한 경외와 존경에서 발견된다.

잠언 8장 1~36절은 지혜에 대한 확장된 표현을 주고 있다. 지혜는 정의되고 인격화된다. 그리고 지혜의 특징은 지식(*da'ath*) 소유하기, 조언(*etzah*)의 소리 들려주기, 그리고 총명(*binah*)과 재능(*geburah*) 갖기를 포함한다. 우리가 알게 되겠지만 이러한 네 개의 용어들 역시 이사야서 11장 2절에 있는 본문에서 찾아볼 수 있다.

예수님과 지혜 예수님께서는 지혜를 배우셨다. 그의 지혜와 키가 자랄수록 하나님과 사람에게 총애를 얻었다(누가복음 2:52). 예수님의 지혜로운 상담에 대해 수많은 예가 있다. 가장 심오한 지혜는 아마 예수님의 산상수훈에서 찾을 수 있을 것이다(마태복음 5–7).

> 심령이 가난한 자는 복이 있나니 천국이 저희 것임이요.
> 애통하는 자는 복이 있나니 저희가 위로를 받을 것임이요.
> 온유한 자는 복이 있나니 저희가 땅을 기업으로 받을 것임이요.
> 의에 주리고 목마른 자는 복이 있나니 저희가 배부를 것임이요.
> 긍휼히 여기는 자는 복이 있나니 저희가 긍휼히 여김을 받을 것임이요.
> 마음이 청결한 자는 복이 있나니 저희가 하나님을 볼 것임이요.
> 화평케 하는 자는 복이 있나니 저희가 하나님의 아들이라 일컬음을 받을 것임이요.
> 의를 위하여 핍박을 받은 자는 복이 있나니 천국이 저희 것임이라.
> 나로 인하여 너희를 욕하고 핍박하고 거짓으로 너희를 거스려 모든 악한 말을 할 때에는 너희에게 복이 있나니
> 기뻐하고 즐거워하라.
> 하늘에서 너희의 상이 큼이라 너희 전에 있던 선지자들을 이같이 핍박하였느니라(마태복음 5:3–12).

여기에서 예수님께서는 하나님 나라에 대한 참된 본질을 보여 주신다. 그는 참으로 복된 사람들이 정신적으로 겸손하며 하나님을 향한 그들의 절대적인 의존을 인식한다는 점을 강조하신다. 복된 사람

들은 하나님과의 관계에서 자신의 위치와 신분을 이해한다. 하나님의 풍요로우심에 비해 자신들이 지적으로, 정서적으로, 영적으로 가난하다는 점을 깨닫는 사람, 그리고 자신의 죄에 대해 애통해하고 하나님의 구원하는 은혜를 찾는 사람은 축복받는다. 복된 사람들의 하나님을 향한 갈망은 그들이 이웃을 향해 자비를 보여 주고 베풀도록 이끈다. 그리스도의 보혈로 씻긴 그들의 심장은 사람들을 하나님과의 교제 안으로 데리고 오도록 하며, 그들로 하여금 다른 사람들과 평화의 복음을 나누도록 인도할 것이다.

다시 한 번 우리는 하나님을 사랑하기와 우리의 이웃을 돌보기 사이의 밀접한 관계를 볼 수 있다. 성경적 상담자는 지혜를 먼저 구할 것이다. "의인의 입은 지혜를 말하고 그 혀는 공의를 이르며 그 마음에는 하나님의 법이 있으니 그 걸음에 실족함이 없으리로다."(시편 37:30-31) 성경적 상담자는 인간 본성에 대한 이해를 가질 것이고 도움이 필요한 사람의 말과 입장 그리고 현재 겪고 있는 문제 상황 이면에 숨겨진 동기와 원인에 주의를 기울일 것이다.

한 가지 예: 현명한 상담에서 침묵의 사용 지혜에 대한 한 가지 예는 상황을 정확하게 평가할 뿐만 아니라 말하고 행동할 적절한 순간과 침묵해야 할 순간을 아는 능력이다. 성숙하지 못한 상담자들 사이에서 공통적으로 느껴지는 감정은 상담 과정에서 일어나는 침묵에 대한 두려움이다. 침묵이 흐를 때 상담자는 침묵의 공간을 채우기 위해 마음에 떠오르는 무엇이든지 말하려고 하는 유혹을 받는다. 욥의 상담자들이 보인 가장 지혜로웠던 상담은 아마도 그들이 욥에게 와서 욥과 함께 머물던 첫 한 주였던 것 같다.

> 그때에 욥의 친구 세 사람이 그에게 이 모든 재앙이 임하였다 함을 듣고 각각 자기 처소에서부터 이르렀으니 곧 데만 사람 엘리바스와 수아 사람 빌닷과 나아마 사람 소발이라. 그들이 욥을 조문하고 위로하려 하여 상약하고 오더니 눈을 들어 멀리 보매 그 욥인 줄 알기 어렵게 되었으므로 그들이 일제히 소리 질러 울며 각각 자기의 겉옷을 찢고 하늘을 향하여 티끌을 날려 자기 머리에 뿌리고 칠 일, 칠 야를 그와 함께 땅에 앉았으나 욥의 곤고함이 심함을 보는 고로 그에게 한 말도 하는 자가 없었더라(욥기 2:11-13).

욥의 상담자들은 욥의 현재의 위치, 즉 고통을 알았고 그들은 그와 함께 있어 주는 행동을 통해 욥을 위로하였고 정서적으로도 그의 느낌에 동참했다. 그들의 침묵은 친구인 욥을 지지하는 큰 소리가 되었다. 그러고 나서 그들은 입을 열어 말을 하기 시작했고 상담은 논쟁적인 토론으로 발전했다. 욥의 문제가 명백하게 자백과 참회를 필요로 하는 욥의 죄 때문이라 여겼던 그들의 잘못된 견해가 치유보다는 더 많은 고통을 그리고 빛과 희망보다는 어둠과 절망을 가져왔다. 욥의 상담자들은 욥의 의로움이 시험받고 있었다는 사실과 욥의 문제가 영적 전쟁과 연결되어 있음을 이해할 수 없었다. 그들에게는 큰 그림을 볼 수 있는 지혜가 결여되어 있었다. 욥을 상담했던 자들의 잘못된 생각, 즉 그들의 위치는 하나님께서 그들 모두와 대면하셨을 때 비로소 드러났다. 하나님께서는 상담자들에게 희생 제사를 요구하시고, 그들의 어리석음으로 인하여 드리게 된 욥의 중보 기도를 받아들이신다(욥기 42:7-9).

현명한 상담자들은 침묵할 순간과 말을 해야 할 순간이 있음을 이해한다(전도서 3:7b). 침묵은 사람들로 하여금 그들의 생각을 모으고 숙고할 시간을 제공해 줄 수 있다. 침묵은 성령님이 사람들로 하여금 자신의 죄를 깨닫게 하거나 하나님의 진리에 대한 새로운 인식으로 향할 수 있는 기회를 제공한다.

한 기독교인 모임의 사람들이 선교하다가 목숨을 잃은 그들의 가까운 친구들에 대한 비극을 말하기 위해 상담자를 찾았다. 상담자는 그들 중 몇 명이 상담받으러 오기를 꺼려 했음을 인식했다. 그러나 그들은 동료들의 격려를 받으며 상담받으러 왔다. 이와 같은 사람들은 자신의 충격적인 경험과 사적인 생활을 처음 만나는 상담자에게 말하기가 쉽지 않기 때문에 스스로 생각하고 결정할 수 있는 시간을 필요로 한다. 이 상담자는 상담 초기에는 경청과 침묵이 상담 과정에서 매우 중요한 부분일 거라고 생각하면서 상담을 진행했다.

기도로 첫 상담을 시작하면서, 상담자는 이 모임의 사람들에게 그들이 개인적으로 이해한 사건의 내용이 무엇이며 또 그들이 함께 경험하고 있는 이 사건에 관한 각자의 관점과 역할에 대해 이야기할 것을 권유했다. 상담 장면에서 이야기하는 데 좀 더 자유롭고 편안하게 느끼는 한두 명의 사람들이 말을 하기 시작했지만 그들이 말을 마치고 난 후 사람들은 다시 침묵으로 돌아갔다. 상담자는 이때 자신이 하고 싶은 말을 그들에게 거침없이 하고 모임 구성원이 마음을 열도록 격려하며 더 많은 정보를 얻기 위해 계획된 질문을 하고 싶은 유혹을 느꼈다. 상담자는 무능하게 보이고 싶지 않았고, 대화의 결여는 그의 상담 기술 부족을 증명하는 듯했다. 지혜는 있었지만, 그는 침묵을 지켰다. 침묵은 몇 분 동안 지속됐고 이때 조용하게 있던 몇몇 사람이 그들의 생각과 감정을 표현하기 시작했다. 그들이 자신의 경험을 나누어 감에 따라 다른 구성원도 정보를 추가적으로 자세히 말했고 모임에 있는 구성원을 괴롭히고 있었던 질문에 답하기 시작했다.

천천히 조각난 이야기들이 한데 모아졌고, 조각 그림 맞추기에서 합쳐지는 조각들처럼, 뚜렷한 형태의 그림이 나타나기 시작했다. 비극적 사건에 대해 이야기하던 중 모임의 구성원은 하나님의 손길이 그들을 인도하고 편하게 했었다는 사실을 깨닫기 시작했다. 정확한 시간에 울린 전화벨 소리는 필요한 준비가 이루어지고 도움이 주어져야 함을 의미했다. 일 분 후에 그 사람은 사무실을 떠났을 것이고, 아마도 그는 그 긴급한 전화를 결코 받지 못하였을 수도 있다. 또 모임의 다른 사람의 행동은 모임의 다른 구성원을 불안하고 혼란하게 했다. 이제 그들은 그의 행동을 이해했고, 하나님께서 그 혼란 속에서 편안함을 가져오기 위해 그들의 친구를 어떻게 사용하셨는지 깨달을 수 있었다. 비극적 상황의 한가운데에서, 사람들은 하늘의 상담을 발견했다.

침묵은 상담의 과정에서 효과적이었다. "너희는 가만히 있어 내가 하나님 됨을 알지어다."라고 성경은 전한다(시편 46:10a). "애쓰기를 그만하고, 긴장을 풀고, 안도하며, 잠잠하게 내 말을 들어라." 만약 이때 상담자가 침묵하지 않고 말했다면, 상담자는 자신이 원하는 방식으로, 상담자 자신의 욕구를 충족시키면서 상담의 과정을 이끌어 갔을 것이다. 결과적으로, 모임의 구성원들은 상담자의 말에 귀를 기울였을 것이고 그들에게 말씀하시고 그들 가운데 거하시는 하나님의 음성은 놓쳤을 것이다.

분별력

분별력(understanding, 히브리어로 *binah*; LXX *suneseos*)은 사물을 다양한 부분으로 분류하는 능력, 사물의 참된 본질을 식별하는 힘이다. 분별력은 한 개인의 내면, 마음, 성격을 들여다볼 수 있는 능력이다. 이전에 다루었던 지혜의 용어가 넓은 이론적 수준이었다면, 분별력은 실용적 지혜 또는 이해를 의미한다. 이는 문제 사이에서 차이를 알아보고 식별하는 힘이며, 구성요소들이 서로서로 어떻게 연결되고 관계되어 있는지 아는 힘이다. 이론적인 지혜가 우리에게 사물의 본질, 그리고 우리와 세상과의 관계, 우리와 하나님과의 관계에 대해 넓은 그림을 주는 반면, 이해는 심리학적 또는 내적인 차원을 다룬다. 하나님으로부터 오는 이해는 사람의 동기를 탐지하고 인간관계에 있어서 복잡하게 얽힌 문제들을 보통사람들이 생각하는 방식과는 다른 관점으로 생각하고 행동하도록 돕는다.

솔로몬과 이해 우리는 솔로몬의 삶 속에서 이러한 성경적 이해의 모범을 발견한다(열왕기상 3:16-28). 두 엄마가 같은 아기를 두고 자신의 아기라고 주장했다. 두 엄마는 아기를 솔로몬 왕 앞으로 가져왔다. 솔로몬은 두 엄마의 참된 본성을 분별하기 위해 역설적인 개입을 사용했다. 그는 아기를 칼로 두 동강 내어 두 엄마에게 나누어 주라고 명령했다. 진짜 엄마는 자기 아들의 생명을 구하기 위해 아기에 대한 주장을 즉시 포기했다. 반면에 거짓 엄마는 왕의 판결에 동의했다. 솔로몬의 실제적인 지혜는 사람의 말과 눈에 보이는 현상에 의존하지 않았으며 그 결과 참된 진실을 발견할 수 있게 하였다. 아기는 친모에게로 돌아갔다.

예수님과 이해 예수님께서는 성경적 이해로 가득 채워진 분이셨다. 예수님께서는 "친히 사람의 속에 있는 것을 아시므로"(요한복음 2:25) 인간의 본성에 대한 설명을 해 줄 어느 누구도 필요로 하지 않았다. 예수님의 통찰력은 그로 하여금 사람들의 말과 행동 뒤에 있는 동기를 분별할 수 있도록 했다. 바리새인들이 간음하여 붙잡힌 한 여자를 데려왔을 때 예수님께서는 딜레마에 직면하셨다. 예수님은 도움이 필요한 이 여자를 어떻게 돌보며 동시에 바리새인들의 질문 동기와 그들이 예수님 앞에 펼쳐 놓은 신학적인 도전을 어떻게 다룰 수 있었을까? 예수님께서는 자신의 주변에 있는 사람들에 대해 잘 알고 계셨다. 예수님은 바리새인 목소리의 어조를 탐지할 수 있었고, 그들의 심한 비난과 분노를 들을 수 있었지만, 또한 자기 앞에 있는 여자의 두려움과 상처도 알아차릴 수 있었다. 그러한 딜레마 상황에서 그들을 보살피는 일이 어떻게 가능할 것인가?

그리스도의 탁월한 상담 반응은 고발자들과 비난받는 여자 양쪽을 연결하고, 양쪽 모두에게 성경적 상담을 통해 대답하는 그의 능력 안에 있다. 예수님은 현재의 상황을 넘어 그의 주변에 있었던 사람들의 마음의 중심을 들여다보고, 다양한 관점에서 그들을 돌보는 능력을 가지고 계셨다(요한복음 8:3-11).

딜레마 상황에서 가장 안전한 반응은 예수님께서 바리새인들과 같이 간음한 여자를 비난하시면서 그들과 함께하는 것이다. 어쨌든 그녀는 법을 어겼고, 처벌은 돌에 맞아 죽는 것이었다(레위기 20:10; 신명기 22:22-24). 죄인을 정죄함으로써 하나님의 말씀을 지키는 일은 율법 학자로서 그의 명성을 보호하고, 바리새인을 향한 회유적인 몸짓을 할 수 있었다.

상담에서 우리는 내담자가 제공하는 이야기에서의 맥락, 잠재적인 동기 그리고 뉘우침의 기회를 주시하기 위해 멈추지 않고 속단하는 행동을 통하여 그들을 비난하기 쉽다. 우리는 죄에 대해 관대해서도 안 되고 무책임한 행동으로 눈감아 주어서도 안 된다. 그리고 우리는 상담 장면에서 우리가 미처 생각하지 못하는 무엇이 있는지와 하나님께서 이 상황에서 어떻게 일하고 계신지를 살펴볼 필요가 있다. 우리는 우리의 상담이 옳고, 성경적인 관점에 서기를 확실히 원하고, 신성하지 않은 것이나 영적인 연약함에서 오는 어떤 흠집도 피하기를 원한다. 그러나 신앙심을 지키려는 과정에서 우리는 예수님께서 우리에게 가르치신 희생적 모범, 즉 다른 사람들의 영적인 필요를 우리 개인의 사회적 지위와 종교적인 명성보다 앞에 두는 것을 놓칠지도 모른다.

바리새인과 간음한 여인 사이에서, 예수님은 바리새인들이 자신을 시험하고 있음을 알고 계셨다. 바리새인들은 다른 사람을 향한 예수님의 깊은 긍휼, 특별히 가난하고 빈곤한 사람을 향한 예수님의 애정 어린 관심을 앞서 보아 왔다. 그리고 이제 그들은 예수님이 빠져나가지 못하도록 덫을 놓는 데 열심이었다. 예수님께서는 죄에 대해서 우유부단했고, 법 앞에서 관대했으며, 그의 행동은 성경적이지 않았다. "선택하시오." 그들은 예수님께 도전했다. "법에 대한 우리의 해석과 죄인을 향한 당신의 잘못된 사랑 사이에서 선택하시오. 간음한 죄인에게 마땅한 처벌은 죽음이고 모든 경건한 백성은 우리의 뜻에 동의할 것이오. 우리의 방법이 의로운 방법이고 다른 모든 의견은 비난받아 마땅하다는 것을 받아들이시오."

예수님의 대답은 우리가 상담에서 물어야 하는 첫 번째 질문인 "당신은 어디에 있습니까?"의 변형이었다. 만약 예수님이 정면으로 바리새인들의 도전에 맞서려고 했다면 그의 행동은 바리새인들의 적대적 감정을 강화시키고 위험한 상황을 더욱 위기에 처하게 만들 수 있었다. 바리새인들과 같이 전투적인 어조로 대응하는 대신에 예수님께서는 그들의 관점으로부터, 그러나 예수님 자신의 용어로, 적대하는 자들의 현주소를 알아내고 만나는 과정을 시작하셨다.

예수님의 첫 반응의 시작은 아무것도 말하지 않기였다. 예수님은 단순히 그의 손가락을 가지고 땅에 무언가를 쓰기 시작했다. 말을 해야 하는 때와 침묵해야 하는 때가 있다. "말이 많으면 허물을 면키 어려우나 그 입술을 제어하는 자는 지혜가 있느니라." (잠언 10:19) 바리새인들의 질문은 증오심에 의해 유발되었다. 그러나 예수님은 하나님의 사랑을 드러내기 위해 그곳에 있었다. "미움은 다툼을 일으켜도 사랑은 모든 허물을 가리우느니라." (잠언 10:12)

예수님께서는 그 상황을 확대하지 않고 분노와 독설이 커지지 않게 하기 위해 조심하셨다. 그의 침묵은 생각할 시간을 허락했고 고발자들에게 문제에서 손을 떼고 철회할 기회와 시간을 주었다. 때때로 침묵은 효과가 있는 지혜로운 능력이 되고, 긴박한 상황을 완화시킨다. 세 가지 추가적인 상담의 원리를 잠언의 구절 안에서 발견할 수 있다.

첫째, 예수님께서는 바리새인들로 하여금 그들의 용어로 협의사항을 정하도록 하지 않으셨다. 예수님의 행동과 이후의 반응은 문제의 초점을 바꾸었다. 예수님의 반응은 바리새인들이 결코 예측할 수 없는 방법으로 끝날 것이었다. 지혜로운 상담자들은 내담자에 의해 표현된 상황에 대한 해석이나 세계관을 액면 그대로 받아들이지 않는다. 사람들이 상담 장면에 가져오는 문제와 기대는 그들의 현주소에 대한 단서를 제공하지만 상담자들이 내담자의 기대와 견해에 대한 완전한 동의를 표현하는 방법으로서 즉시 반응하고 행동해야 함을 의미하지는 않는다. 내담자가 문제라고 생각하는 일보다는 내담자가 그 문제에 어떻게 반응했느냐가 상담에서는 더 중요하다. 다른 말로 하면, 내담자가 당시에 직면한 문제 자체보다는 문제에 대한 자신의 이해로 인하여 고통을 겪었을 수도 있다는 말이다.

결혼 상담에서 나는, 남편이 아내에게서 발견한 과거에서부터의 잘못과 실수들을 열거하기 원함을 종종 발견한다. 남편은 아내가 그동안 얼마나 나빴는지를 내가 이해하는 것이 중요하다고 생각한다. 남편의 메시지는 분명하다. 그는 내가 그의 현재 상황을 지지하고 그의 아내를 비난하는 선상에 그와 나란히 서 있기를 기대한다. 남편의 기대에 따르면, 나는 남편이 해석한 그들의 상황에 입각하여 그의 아내에게 남편의 입장에서 아내가 무엇을 해야 하고 하지 말아야 하는지에 대해 말해 주는 역할을 해야 한다. 만약 남편이 기독교인이라면, 종교적인 승인의 보증으로서 몇몇 잘 선택된 성경 말씀을 인용하여 그의 아내에게 질책하기를 기대할지도 모른다. 만약 내가 남편이 기대한 내용대로 상담을 진행시켜 간다면, 오히려 화해의 기회는 매우 적을 것이다. 실제로, 나는 그의 아내를 소외시킬 뿐 아니라, 남편은 상담자가 자신의 생각에 동의함으로써 갖게 되는 만족을 일시적으로는 누릴 수 있을지언정 그것은 곧 괴로움의 감정으로 바뀌어서 또 다른 고통을 겪게 되고 배우자를 향한 그의 감정은 훨씬 더 완고해질 것이기 때문이다.

두 번째, 예수님의 침묵은 상담자와 내담자가 그들의 생각을 모으고 문제 상황을 어떻게 진행하기를 원하는지 결정하도록 허용함에 대한 중요성을 예증한다. 상담자의 속단이나 문제에 대해 생각하는 시간을 내지 못함은 많은 문제를 오히려 악화시킨다. 침묵은 상황을 심사숙고하고 평가하도록 사람들을 격려하는 효과적인 도구다. 그

것은 사람들로 하여금 직면한 상황에서 무슨 일이 일어났는지를 스스로 묻도록 한다. 그 사람은 내 말을 들었는가? 그는 내가 한 말을 이해했는가? 그는 무슨 생각을 하고 있는가? 그는 왜 나에게 동의하지 않고 왜 나에게 응답하지 않는가? 그는 왜 아무 말도 없는가? 도대체 무슨 일이 일어나고 있는 것인가?

세 번째, 예수님께서 보이신 처음의 반응은 위협적이지 않았다. 그는 단순히 모래 위에 무언가를 적으셨다. 예수님께서 적으신 행동에 대해서 많은 생각을 할 수 있다. 예수님께서는 그저 바리새인들에게 자신들이 하고 있는 행동에 대해서 다시 생각하도록 하기 위해, 그들에게 철회할 기회를 주기 위해 무의미한 낙서를 끼적거리고 있었는가 아니면 대응을 준비할 시간을 벌고 있었는가? 혹은 예수님은 고발자들의 관심을 포착할 어떤 중요한 것, 그들 자신의 죄와 죄책감 앞에 그들을 직면시키고 도전시키는 어떤 것을 모래 위에 적고 있었는가? 예수님께서 무엇을 적었는지에 관계없이, 그의 행동은 바리새인들이 더 이상 그 상황을 통제하지 못하도록 그의 침묵을 더 강화하고 초점을 바꾸는 역할을 했다. 팽팽한 대결 상황에서 위협적이지도 않으면서 주위의 관심을 다른 데로 돌리는 행동은 적대감을 흩뜨리고 좀 더 건설적이며 만족스러운 대화의 방법을 열게 했을지도 모른다.

바리새인들이 저항했을 때, 예수님께서는 고발자들이 가지고 있었던 잠재적인 협의사항을 다루면서 그 여자를 돌보는 방식으로 반응하셨다. 그는 일어서서 말했다. "너희 중에 죄 없는 자가 먼저 돌로 치라."(요한복음 8:7) 예수님의 시선과 말 모두는 아주 짧았다. 예수님의 행동은 그의 말에 대한 강조에 힘을 실어 주었지만, 언어의 간결함은 대항자들의 노력을 상쇄시켰다. 그는 다시 몸을 구부려 땅

위에 쓰기를 계속했다.

바리새인들은 이제 그들 자신의 영적인 상태를 점검하도록 강요받고 있었다. 그들 중 누가 기꺼이 자신을 완벽하다고 하며 죄 없다 할 것인가? 심지어 완벽의 가능성을 인정하고 말하는 행위는 인간의 교만의 죄를 표현하는 위험과 맞닥뜨리며, 더 나아가 홀로 온전하신 하나님과의 동등함을 암시함으로써 신성을 모독하는 것이기도 했다. 나이가 많고 현명한 사람들은 이 사실을 인식하고서 살금살금 먼저 도망갔고, 다른 사람들도 그 뒤를 따랐다.

예수님께서는 바리새인들에게 일종의 간접적인 직면을 사용하셨다. 예수님은 바리새인들의 초점을 다른 사람을 고소하고 비난하는 일에서 자기 탐색과 자신의 죄를 보게 하는 데로 옮김으로써, 그들의 말에 대한 불일치와 모순을 드러내셨다. 예수님은 하나님 말씀의 권위를 강조하시면서 그들을 다루셨다. 그리고 바리새인들의 말(위치)에 직접적으로 대응하시거나 반대하지 않으시면서 그들로 하여금 하나님 앞에서 인간의 부적절성을 스스로 상기하게 하셨다. 그러면서 동시에 예수님의 행동은 간음한 여자와는 무관하지 않고 연결되어 교훈을 주고 있었다. 만약 예수님이 처음에 바리새인들 편에 섰다면, 그 간음한 여인은 예수님의 말에 귀 기울이지 않았을 것이었다. 그러나 여기 그렇게 하지 않은 사람이 있었다. 위기에 처한 한 여인에게는 생명이 걸려 있는 신학적인 투쟁에서, 예수님은 홀로 유대인이 가지고 있는 종교적인 경건의 전형을 보여 주고 있는 남자들과 대결하면서 동시에 간음한 여인에게는 구원자이자 옹호자가 되어 주셨다. 예수님은 바리새인을 다루는 과정에서 눈썹을 치켜 올리거나 목소리 한 번 높이지 않았다. 그 후 그 여인은 예수님이 말하는 어떤 것이라도 기꺼이 귀를 기울였다.

상담자들은 때때로 내담자에게 말을 할 '권리를 얻음'에 대해 말한다. 우리는 내담자와 동일시함으로써 도움이 필요한 그들의 신뢰를 얻을 필요가 있다. 그러나 신뢰 형성이 우리가 그들의 죄를 눈감아 줌을 의미하지는 않는다. 죄를 무시하는 일은 결코 성경적인 방법이 아니다. 우리는 내담자들이 하나님의 존재를 깨닫게 하는 방법으로 그들을 향해 하나님의 사랑과 긍휼을 전달해야 한다.

예수님은 이 죄 많은 여자와 어떤 공통점을 갖고 계셨나? 공통점이 있다면, 둘 다 바리새인들에 의해 공격당하고 도전 받았다는 점이었다. 이러한 위협이 사라지기 전까지는 이 죄 많은 여인은 어느 누구의 말에도 귀를 기울이지 않을 것이었다.

"여자여, 너를 고소하던 그들이 어디 있느냐? 너를 정죄한 자가 없느냐?" 예수님께서 물으셨다.

"주여 없나이다." 그녀가 대답했다(요한복음 8:10-11을 보라.).

예수님은 이 위협 장면을 다룰 때 그 여자와 동맹할 수 있었다. 그녀를 향한 예수님의 질문들은 위협이 물러갔음을 보여 주었다. 아무도 그곳에 머물러 그녀를 비난하지 않았다. 위협은 사라졌다. 이 시점에서 예수님께서는 간음한 여인의 눈에 보이는 관심에서 벗어나, 영적 차원인 그녀와 하나님의 직접적 관계를 다루기 위해 이야기의 관점을 돌리셨다. 예수님 역시 그녀를 비난하지는 않을 것이었다. 대신에, 그는 그녀가 하나님께 자신의 삶을 드리도록, 가서 다시는 죄를 짓지 않도록 말씀하시며 격려해 주셨다.

외적 형상과 피상적 수준을 넘어 생각하기 내담자의 마음에는 어떤 문제가 가장 최고의 관심거리인가? 도움이 필요한 사람은 위협을 느끼고 있는가? 당신은 내담자의 상황에서 상담자로서 제시할 수 있는 구속적 해결방안을 가지고 내담자에게 어떻게 접근할 것인가? 메시아는 그가 사람들과 연결되고 사람들의 생각과 행동 뒤에 있는 충동과 힘을 이해할 수 있는 분별의 영을 가지고 계셨다. 그러나 사람의 성향은 좀 더 피상적인 수준에서 판단을 한다.

나는 어느 날 이른 아침 포트워스에 있는 카즈웰 공군부대 근처의 주유소에 들렀다. 내 차에 주유를 마친 후 나는 돈을 지불하기 위해 주유소 안으로 들어갔다. 내가 주유소 직원에게 돈을 주려고 했을 때 그의 단정치 못한 모습에 나는 잠깐 주저했다. 그의 머리카락은 기름지고 흐트러졌으며 적어도 하루 정도는 면도를 하지 않아 보였고 그의 눈은 충혈되고 흐렸다. 그의 말은 발음이 분명치 않았고 옷은 더러웠다. 주유소 직원이 계산대에서 나에게 거스름돈을 주려고 했을 때 그는 내 돈을 서투르게 만지작거리고 있었다.

나는 그 직원의 문제가 무엇이었는지 즉시 알아차렸다. 나는 그의 유니폼에 적혀 있는 이름을 보았다. 그는 지난밤 과음한 상태에서 회복하고 있는 것처럼 보였다. 여기에 삶의 목표와 목적을 잃어버린 한 남자가 있다. 그는 어떤 가치도 느끼지 못하고 있었을 것이었다. 이 상태로는 그는 아마도 그의 직업을 그리 오래 유지할 수는 없을 것이다. 그는 거의 서 있을 수도 없는 상태였다. 그가 나와는 다른 인종 출신이라는 사실이 그에 대한 나의 감정을 더욱 강하게 할 뿐이었다. 나는 누군가가 왜 그런 사람을 애당초 고용했는지 궁금했다.

그런데 그가 입을 열었고, 이러한 나의 생각을 중단하게 했다.

"미안합니다." 그의 외모와 꾸물거림에 대해 사과하면서 말했다. "카즈웰 공군기지에 있는 정비 지구에서 지난 밤 나를 불렀어요. 그들은 수리할 수 없는 제트 엔진을 가지고 있었지요. 그리고 그들은 나의 전문지식을 필요로 했어요. 그래서 나는 거기에 갔고, 여기 있는 나의 아르바이트 일자리로 오기 전까지 밤새 그 엔진을 수리했어요. 나는 24시간이 넘도록 자지 못했어요."

때때로 우리의 눈과 귀는 우리를 속이기도 하고 그래서 우리는 성급하게 판단해 버리기도 한다. 엘리(Eli) 제사장은 그가 술에 취해 비탄에 빠져 있는 한나를 비난했을 때 이 교훈을 배웠다. 제사장은 하나님의 예배당에서 한나의 행동을 관찰해 왔고 그녀의 입술 움직임과 몸가짐을 보면서 그녀가 술에 취한 채로 있었다고 결론지었다. 실제로 그녀는 아이를 가질 수 없었기 때문에 깊이 슬퍼하며 눈물을 흘리고 있었다. 절망 속에서 그녀는 자신이 임신을 한다면 그녀의 첫 아들을 하나님께 바치겠다는 약속을 하면서 하나님께 기도를 드렸다. 엘리 제사장의 사죄는 하나님께서 그녀의 청원을 이루어 주실 것이라는 기도와 평안의 축복으로 이루어졌다. 한나는 이후 임신했고 사무엘을 낳았다(사무엘상 1:1-20).

예수님께서는 사람의 중심을 들여다보신다. 그는 우리의 외모, 그 너머를 보시고 우리의 참된 본질을 분별하신다.

> 그는 눈에 보이는 대로 심판치 아니하며 귀에 들리는 대로 판단치 아니하며 그는 의로 심판할 것이다(이사야 11:3-4).

지혜와 총명은 상담에서 이론적이고 지적인 면을 다룬다. 그리고 그것들은 우리가 다른 사람 그리고 세상과 어떻게 관계를 맺어야 할지에 대해 특별한 적용을 한다. 지식과 능력은 개인의 역량과 자산에 대한 우리의 초점을 바꾼다.

지식과 능력의 영

지 식

지식(knowledge, **히브리어로** *etzah*; LXX *boules*) 지식은 진리에 대한 인식이며 상황을 올바르게 평가하고 앞으로 나아갈 올바른 방법을 결정하는 능력이다. 지식은 히브리어로 상담 혹은 충고를 준다는 의미를 뜻한다. 그것은 현명한 계획과 결정을 하기 위한 자료를 수집하는 능력이다. “의논이 없으면 경영이 파하고 모사(히브리어로 *yaatz*)가 많으면 경영이 성립하느니라.”(잠언 15:22) 메시아가 내린 모든 결정은 지혜로운 계획과 상담으로 구성된다. 올바른 수단이란 완전히 정확한 결정에 도달하도록 선택된다.

르호보암과 어리석은 상담 르호보암이 그의 아버지 솔로몬의 죽음에 이어 왕좌에 올랐을 때 그는 딜레마에 직면했다. 백성은 개혁을 요구하고 있었다. 그들은 왕이 그들의 짐을 덜어 주기를 원했다. 르호보암은 자신의 상담자들과 논의할 수 있도록 백성이 3일 동안 자신을 떠나 있게 했다. 르호보암은 자신의 아버지를 섬겼던 연륜이 있는 상담자들과 이야기를 나누었고, 그들은 백성이 요구하는 것을 주라고 왕에게 권유했다. 그렇게 한다면, 백성은 왕의 충성스러운 신복이 될 것이라고 했다. 왕은 그와 함께 자랐던 젊은이들에게 또다시 조언을 구했다. 젊은이들이 왕에게 한 조언은 백성에게 솔로몬보다 훨씬 더 많은 것을 요구해야 한다는 것이었다. 열왕기상 12장 13~14절에 르호보암의 치명적인 결정이 기록되어 있다. “왕이 포

악한 말로 백성에게 대답할 쌔 노인의 교도(*etzah*)를 버리고 소년의 가르침을 좇아 저희에게 고하여 가로되 내 부친은 너희의 멍에를 무겁게 하였으나 나는 너희의 멍에를 더욱 무겁게 할지라. 내 부친은 채찍으로 너희를 징치(懲治)하였으나 나는 전갈로 너희를 징치하리라 하니라."

연장자들의 충고는 백성의 위험한 분위기에 대한 깨달음을 전달하고 있었고, 그들의 지식은 그들로 하여금 왕에게 현명한 계획을 제안하도록 이끌었다. 그러나 왕은 지식과 선견지명이 부족했던 젊은이들의 권고에 귀를 기울였다. 이 어린 상담자들은 백성의 심장과 마음을 들여다보는 통찰력이 부족했고 그들은 참으로 인지적이고, 사회정치적이며, 영적인 위치를 발견하려는 욕구나 관심이 전혀 없는 듯 보였다. 백성이 얼마 지나지 않아 반란을 일으켰을 때, 르호보암은 자신의 결정에 대해 후회했을 것이다.

현명한 상담자들은 내담자가 주위 상황을 고려하는 계획을 세우고 계획을 실행하는 데 있어 발생하는 잠재적인 위험을 다루도록 돕는다. 르호보암의 이야기는 어리석은 상담에 귀를 기울였다가 생긴 위험을 보여 준다. 현명한 계획은 좀 더 다양한 이론과 맥락을 다루며, 하나님의 인도하심을 감사하며 구할 뿐 아니라 당면한 실제적인 관심사를 평가한다. "사람의 마음에는 많은 계획(생각과 의도)이 있어도 오직 여호와의 뜻(*etzah*)이 완전히 서리라."(잠언 19:21) 모든 계획의 이면에는 하나님께서 여전히 통치하고 있다는 인식이 있어야 하며 기독교인은 하나님의 뜻을 구하는 과제를 갖는다. 우리의 계획, 계산 그리고 의사 결정이 우리의 중심과 마음으로부터 나온다고 잠언서는 말하고 있다. 우리는 우리 의지에 따라 선택을 하지만 하나님께서는 우리의 미래에 실제로 일어날 일을 궁극적으로 결정하는 유일한 분이다(잠언 16:9; 19:21). 하나님의 계획을 성취하고 그의 지도를 따르는 사람이 하나님의 참된 상담자다(이사야서 46:11; 직역하면, '나의 *etsah*의 사람'). "너의 행사를 여호와께 맡기라. 그리하면 너의 경영하는 것을 이루리라."(잠언 16:3)

그리스도의 사명 선언 메시아에 대한 예정은 이사야서 58장 6절 그리고 이사야서 11장 3~4절을 인용한 누가복음 4장 18절에 상세히 설명되어 있다. "주의 성령이 내게 임하셨으니 이는 가난한 자에게 복음을 전하게 하시려고 내게 기름을 부으시고 나를 보내사 포로된 자에게 자유를, 눈먼 자에게 다시 보게 함을 전파하며, 눌린 자를 자유케 하고 주의 은혜의 해를 전파하게 하려 하심이라 하였더라."

가난한 자에게 선포된 복음은 모든 인류를 위한 구원의 메시지다(요한복음 3:16). 예수님 자신이 구원의 계획이다. 그는 길이고, 진리이고, 생명이다. 그리스도를 통하지 않고서는 아무도 하나님께 이를 수가 없다(요한복음 14:6).

예수님께서는 갇힌 자들에게 자유를 선포하셨다. 하나님의 아들은 죄와 사망의 법으로부터 자유를 가져올 것이었다(로마서 8:2). 그때에 너희는 진리를 알게 되고(내가 곧 진리다.), "진리가 너희를 자유케 하리라."(요한복음 8:32)고 예수님은 그들에게 말했다. 그는 우리를 영적인 노예 신분에서 해방시키는 사명을 가지고 있었다(갈라디아서 5:1). 만약 아들이 우리를 자유롭게 하면, 우리는 참으로 자유로워진다(요한복음 8:36). 이 자유는 우리에게 다른 사람을 향한 자비심을 주고, 우리로 하여금 사회적 불법을 교정하려 애씀으로써 주님에 대한 우리의 예배를 표현하도록 한다(이사야 58:6).

예수님께서는 눈먼 자조차도 볼 수 있게 하기 위해 빛으로 오셨다. 이러한 조망은 단지 육체적인 수준에서만이 아니라 관계적이고 영적인 수준에서도 가능하다. 그의 구원은 우리의 마음을 깨끗하게 할 것이었다. “마음이 청결한 자는 복이 있나니 저희가 하나님을 볼 것임이요.”(마태복음 5:8) 하나님을 향한 마음이 결여된 사람은 왜곡된 영적인 시각과 소리의 세상에 남아 있을 것이다. 그곳은 “너희가 듣기는 들어도 깨닫지 못할 것이요, 보기는 보아도 알지 못하리라.”(마태복음 13:14-17)는 말을 깨닫는 곳이다. 예수님의 메시지는 회개하는 눈먼 자에게는 시력을, 그리고 그리스도에 대한 갈급함 없이, 자신을 의롭다 여기고 있는 사람들에게는 영적인 실명을 가져다준다(요한복음 9:35-41). 오직 평화로운 관계를 추구하고 거룩함 안에 거하는 사람만이 하나님을 볼 것이다(히브리서 12:14).

메시아는 모든 고통받는 사람을 자유롭게 할 것이다. 그의 자유는 포괄적일 것이다. 삶의 어떤 영역도 그리스도의 사명에서 간과되지 않을 것이다. 기독교인들에게 있어서 이 자유가 이 땅에 남아 있는 그들의 순례 여정 동안 모든 고통과 어려움을 사라지게 해 줌을 의미하지는 않는다. 실제로, 세상에서 그리스도를 인정하면 박해를 불러올 수도 있다. 그러나 지상에서 남은 당신의 생애 동안 박해가 지속되더라도 이 고통은 하나님의 현존 가운데 사는 영원에 비하면 단지 순간적일 것이다(로마서 8:17-18; 베드로전서 4:12-19).

구세주는 희년, 즉 모든 빚이 탕감될 때인 구원의 해를 공포할 것이다. 세례자 요한은 예수님 안에 있는 이러한 사명을 깨달았다. 그는 “보라, 세상 죄를 지고 가는 하나님의 어린 양이로다.”(요한복음 1:29)라고 말했다. 예수님께서는 자신을 부활과 생명이라고 밝혔다(요한복음 11:25). 그는 인간의 모든 죄의 빚을 탕감할 분으로, 구원의 계획자 또는 창시자이시고(히브리서 5:9), 그는 우리에게 구원의 날을 가져오셨다(고린도후서 6:2). "내가 온 것은 양으로 생명을 얻게 하고 더 풍성히 얻게 하려는 것이라."(요한복음 10:10). 사도행전 10장 36절에서, 우리는 예수님께서 그의 사명을 완성하셨음을 볼 수 있다.

기독교인의 사명 선언 기독교인은 죽은 교리에 대한 노예 상태가 아니라, 그리스도와의 살아 있는 관계로 부르심을 받았다. 아버지는 그의 아들을 보는 자가 누구든지 그 안에서 믿음을 가지고 영생을 갖기를 원한다. 아들은 그의 제자들에게 지상명령을 주셨다(마태복음 28:18-20). 이 사명을 완성하고자 하는 우리의 동기는 단지 생활의 규범이 아니라 하나님과의 인격적인 관계로부터 나온다. 예수님은 제자들에게 말씀하셨다. "하늘과 땅의 모든 권세를 내게 주셨으니 그러므로 너희는 가서 모든 족속으로 제자를 삼아 아버지와 아들과 성령의 이름으로 세례를 주고 내가 너희에게 분부한 모든 것을 가르쳐 지키게 하라. 볼지어다. 내가 세상 끝날까지 너희와 항상 함께 있으리라." (즉, 그의 권위 있는 현존이 우리와 함께 있을 것이다.)

우리는 그리스도의 권능, 현존 그리고 권위의 약속을 가지고 있다. 우리가 그리스도의 명령에 순종할 때, 우리는 우리를 도울 중재자 또는 위로자이자 상담자인 성령에 의해 인도될 것이다. 진리의 영은 우리에게 사물의 참된 본질을 드러내 주어 우리를 가르치고, 생각나게 하고, 우리가 그리스도를 증거하도록 도울 것이다(요한복음 14:15-17, 26; 15:26-27). 모든 기독교 상담자는 다른 사람과 하나님의 영광을 위한 섬김에 사용되도록 하나님의 많은 훌륭한 은사들 중 섬김이라는 하나의 축복을 받았고(베드로전서 4:10-11), 하나님께서는 다른 사람들을 돌보도록 하기 위해 우리에게 권능과 사랑과 흠이 없는 마음의 영을 주셨다(디모데후서 1:7).

당신의 개인적인 상담 사명 상담은 다른 사람을 돌보는 사역과 섬김의 일부다. 그것은 성화의 과정으로 기독교인을 돕는다. 상담은 기독교인 형제들이 성장하고 하나님 그리고 다른 사람들과 더 깊고 더 성숙한 관계를 발전시키도록 돕는 수단이다.

비기독교인을 상담하는 일은 치료적인 만남에서 그리스도를 나타내는 기회를 우리에게 제공한다. 그리스도에 대한 증거는 명백하고 직접적이거나, 미묘하고 간접적일 수도 있다. 하지만 성령의 지도와 말씀으로의 인도에 반응하고 마음을 여는 것 외에 어떤 유일한 방법이나 규칙은 없다. 성경은 우리에게 사람들이 영적이고, 정신적이고, 정서적이고, 육체적인 삶에 위치한 지점에서 상담이나 성화의 작업을 시작해야 함을 보여 준다. 우리는 도움이 필요한 사람을 위한 더 큰 계획의 일부일 수 있다. 그 결과, 하나님께서는 우리를 통해 누군가로 하여금 그리스도 안에서 발견되는 궁극적인 치유의 가능성을 어렴풋이 알게 되도록 하실 것이다. 또는 우리가 구원의 메시지를 제시하는 데 직접 참여할 만큼 운이 좋을지도 모른다. 만약 한 사람이 그리스도를 받아들인다면, 그리스도 안에서 성화 또는 성장의 과정이 시작될 때, 제자도와 상담은 협력적으로 이루어질 수 있다. 그렇지 않으면, 기독교 상담자는 계속해서 내담자를 위해 기도하고 치유적인 만남을 통해 은혜의 씨앗을 심는 수단으로서 하나님께 사용되도록 애써야 한다.

상담 영역에서, 양극단에 서 있는 두 가지 관심사가 떠오르고 있다. 하나는 영적인 주제가 상담에서 무시되거나 경시되는 입장이다. 기독교 상담적인 관점에서 이러한 태도는 치료적인 태만으로 여겨질 수 있고 이것은 확실히 비성경적이다. 비록 최근의 상담 프로그램, 특히 뉴에이지(New Age)와 영성 운동의 영향 아래 있는 프로그램이 영적인 주제를 다루기 시작했지만 과거의 많은 세속적인 상담 접근들은 믿음에 대해 어떤 논의도 피하는 입장을 취해 왔다. 이러한 입장을 좀 더 온화하게 표현한다면, 내담자의 기분을 상하지 않게 하기 위해 상담자들이 예민한 주제를 회피하려고 하는 사려 깊은 시도라고 할 수 있다.

다른 하나는 상담자들이 내담자의 소망에 개의치 않고, 종교적인 문제를 다루기를 강력히 주장하는 입장이다. 상담자는 신학의 전문용어로 말하고, 내담자는 성경의 내용을 경청하기를 기대할지도 모른다. 미성숙한 기독교 상담자들에게서 이러한 접근의 변형을 관찰할 수 있는데, 그들은 상담 과정에서 무슨 말을 해야 할지 몰라 당황하는 자신을 발견한다. 무엇을 말해야 할지 무엇을 해야 할지 확신이 없기 때문에 그들은 단순히 기억하고 있는 성경 구절을 인용한다. 혹은 그들은 표준적이고 의례적인 구원의 계획을 소개한다. 도움이 필요한 사람에게 의미 있는 방법으로 하나님의 말씀을 전달하고자 하는 어떤 시도도 이루어지지는 않는다. 이러한 상황에 있는 내담자들은 상담자가 그들의 관심사를 이해하는 데는 관심이 없고, 무엇이 진정한 사랑이나 돌봄인지 이해하지 못한다고 믿을 수 있다. 결국, 그들은 더 이상 상담을 받으러 오지 않을 것이다.

이러한 양극단의 기법들이 가지고 있는 문제는 내담자의 필요가 아니라, 상담자의 필요를 충족시키는 데 더 이바지한다는 점이다. 상담자의 이런 행동은 상담 전문가로서의 부족함에 따른 죄책감을 완화하고, 상담자들로 하여금 자신이 '하나님의 말씀을 나누었다.'라고 주장하도록 허용한다. 이러한 상담자의 행동이 내담자들에게 주는 메시지는, 만약 그들이 도움을 원한다면 그들은 상담자의 언어를 배우고, 상담자가 결정한 주제를 다룰 준비가 되어 있어야 한다는 점이다. 상담자가 내담자의 상태(위치)와 필요를 조사하기보다 오히려 내담자가 상담자를 따라가기 위해 상담자의 위치(상태)를 찾아야만 한다. 하나님께서는 그의 이름에 영광을 가져오기 위해 우리의 연약함과 서투른 행동까지도 사용할 수 있지만 성경은 우리가 세상 속으로 들어가 사람들이 도움이 필요한 바로 그 지점에서 그들의 위치를 찾으라고 말하고 있다. 기독교 상담자들은 완고한 바리새인이 아니라 선한 사마리아인이 되어야만 한다.

상담자들은 하나님의 말씀을 상담 장면에서 어떻게 전달할지에 대해 신중하게 고민해야만 하고 성령이 상담의 맥락에서 그가 원하시는 때에 일하실 수 있도록 허용해야 한다. 예수님은 결코 그의 치유 사역의 전제조건으로 자신을 하나님의 아들로 영접하기를 강요하지 않았다. 그는 사람들이 그들의 문제와 고통을 말하도록 하셨고 그들의 필요가 느껴지는 지점(위치)에서 사람들을 만나시고 돌보셨다. 육체적 수준에서 그가 행하셨던 고침의 행동은 영원한 수준에서 신성하고 영적인 치유의 가능성을 드러냈다. 우리가 도움이 필요한 사람에게 줄 수 있는 어떠한 상담 행위도 그 사람의 구원 계획을 드러내기 위해 하나님에 의해서 사용될 수 있다. 기독교 상담자들의 애정 어린 관심, 성경의 진리를 향한 헌신, 그리고 성령에 대한 민감함은 내담자가 마음을 열고 결과적으로 믿음과 성경적인 소망의 주제들을 기꺼이 탐험하도록 이끌 것이다.

기독교 상담자들은 지식의 영을 구해야 한다. 그러나 현명한 계획만으로는 한 사람의 삶에 변화를 일으킬 수 있음을 보증하는 데 충분치 않다.

능 력

능력(power, 히브리어로 *geburah*; LXX *ischuos*)은 변화를 만들어 내는 힘, 계획을 실행에 옮기는 기량, 그리고 어떤 반대가 있더라도 어떤 상황 속에서라도 꾸준하고 확고하게 남아 있을 수 있는 힘이다.

이 단어는 육체적인 힘과 관련하여 사용된다. 기드온은 완력 또는 육체적인 힘이 강해져서 두 명의 남자를 살해했다고 기록되어 있다(사사기 8:21). 시편 기자는 인간의 연수가 칠십이요, 강건하면 팔십이라고 말하고 있다(시편 90:10). 능력은 다윗의 통치와 동일시된다(역대기상 29:30). 여기에서 능력은 육체적인 힘보다는 더 넓은 의미에서 사용되었다. 다윗의 능력은 하나님에게 맡기는 힘 뿐만 아니라, 정치적인 기민함과 군사적인 지도력을 합한 힘을 의미한다.

예수님과 하나님의 능력 성경은 특별히 능력을 하나님의 성품과 연관시킨다. 우리는 하나님의 힘과 능력을 인정하고 찬양해야 한다(시편 21:13). 그의 강력한 행위는 우리를 구원했다(시편 20:6). 하나님에 대항하여 성공할 수 있는 그 어떤 지혜와 통찰력 그리고 계획은 없다(잠언 21:30). 욥은 하나님을 지혜(*hokmah*)와 힘(*geburah*)을 소유하신 분, 그리고 선견 또는 계획(*etzah*), 분별력(*binah*)을 가지신 분이라고 묘사했다. 다시 말하면, 하나님께서는 욥을 완전하게 이해하신다. 그는 욥의 개인적인 본성, 그의 현재 상황과 딜레마, 그리고 문제를 다루는 능력을 들여다보는 통찰력을 갖고 계신다. 더 나아가 하나님은 무엇이 이루어져야 할지를 아시고 욥의 미래를 결정할 권능을 갖고 계신다(욥기 12:13).

예수님께서는 이러한 능력의 소유자이시다. 지상의 사역에서 예

수님은 성령의 권능 안에서 일하셨다(요한복음 4:14). 그리고 부활하신 후, 예수님은 그가 하늘과 땅의 모든 권능과 권세를 받았다고 공포하셨다(마태복음 28:18).

메시아의 권능에 대한 가장 인상적인 예는 요한복음 10장 17절과 18절에서 발견된다. 예수님은 그의 제자들에게 다른 사람들을 위해 자신의 생명을 희생할 계획이 자발적임을 알린다. 만약 예수님 자신이 허락하지 않는다면 그를 억지로 죽게 할 힘을 가진 자는 아무도 없다. 이러한 점에서 본다면 예수님은 인간과 다를 바 없어 보인다. 인간은 모두 다른 사람을 위해 우리의 생명을 희생할 힘의 능력을 가지고 있고 성경은 그러한 행위가 명예롭다고 인정한다. "사람이 친구를 위하여 자기 목숨을 버리면 이에서 더 큰 사랑이 없나니."(요한복음 15:13) 그러나 요한복음 10장 17절에서, 예수님은 놀랄 만한 말씀을 하신다. 그는 우리를 위해 기꺼이 자신의 목숨을 내어놓겠으나 그는 또한 생명을 다시 회복할 권능을 가지고 있다고 말씀하신다. 세상의 어떤 사람이 그와 같은 권능을 가지겠는가? 예수님께서 보이시는 권능은 죽음을 이길 수 있는 권능이다. 예수님께서는 구원을 위한 계획을 가지고 있을 뿐 아니라 그 계획을 실행할 권능도 가지고 계신다.

상담에서 능력에 대한 평가 계획을 실행할 능력 없이 목표와 목적을 전개시켜 나가는 행동은 무익하다. 우리는 내담자가 갖고 있는 능력의 수준을 조사하고 평가할 필요가 있다. 그들이 동기, 훈련, 경험, 자원이 부족할 때 그들에게 그것을 행동하도록 강요한다면 곧 좌절, 단념, 심지어 분노를 초래한다. 연구 조사는 사람들이 습관적이거나 학습된 무기력의 상태로 빠질 수 있다고 말한다. 이러한 사람들은 그들의 삶에서 지속적인 패배로 고통을 경험하면 쉽게 포기해 버린다.[4] 이들은 생활 속에서 일어나는 아주 사소한 문제조차 스스로 다룰 수 없다. 궁극적으로 우리 모두는 하나님 앞에서는 이와 같은 사람임을 발견할 것이다. 우리는 우리 자신을 구원할 능력이 없다. 우리는 단지 무기력의 상태뿐만이 아니라, 하나님이 없는 절망의 상태에 있다. 무기력은 희망의 상실과 밀접하게 연결된다. 희망이 없으면 사람은 죽어 간다. 과학적인 연구 또한 이러한 원리를 보여 주기도 한다. 희망을 잃은 사람은 포기하고 죽는다.

우리가 길을 잃었다고 생각될 때 우리의 유일한 희망은 하나님의 지혜와 힘을 발견하는 것이다. 오스발트 체임버스(Oswald Chambers)는 다음과 같이 말했다. "우리의 모든 맹세와 결단은 부인으로 끝나는데 그것은 우리가 그것들을 수행할 힘이 없기 때문이다. 우리가 상상 속에서가 아니라 실제로 우리의 힘이 미치지 못하는 그곳에까지 다다랐을 때 우리는 성령을 받을 수 있다."[5]

상담자는 내담자가 갖고 있는 문제 해결 능력의 정도를 가늠하고 그 힘이 그리스도 안에서 얼마나 활용 가능한지를 알아 볼 필요가 있다. 바울은 에베소 교인들이 그리스도 안에서 자신의 소망과 능력을 경험할 수 있는 지혜와 계시의 영을 갖게 해 달라고 기도했다.

> "우리 주 예수 그리스도의 하나님, 영광의 아버지께서 지혜와 계시의 정신을 너희에게 주사 하나님을 알게 하시고, 너희 마음 눈을 밝히사 그의 부르심의 소망이 무엇이며 성도 안에서 그 기업의 영광의 풍성이 무엇이며, 그의 힘의 강력으로 역사하심을 따라 믿는 우리에게 베푸신 능력의 지극히 크심이 어떤 것을 너희로 알게 하시기를 구하노라. 그 능력이 그리스도 안

에서 역사하사 죽은 자들 가운데서 다시 살리시고 하늘에서 자기의 오른편에 앉히사 모든 정사와 권세와 능력과 주관하는 자와 이 세상뿐 아니라 오는 세상에 일컫는 모든 이름 위에 뛰어나게 하시고 또 만물을 그 발 아래 복종하게 하시고 그를 만물 위에 교회의 머리로 주셨느니라. 교회는 그의 몸이니 만물 안에서 만물을 충만케 하시는 자의 충만이니라."(에베소서 1:17-23)

하나님에 대한 지식과 하나님을 경외하는 영

하나님에 대한 지식

하나님에 대한 지식(the Knowledge of God, 히브리어로 *da'ath*; LXX *gnoseos*)은 하나님의 뜻에 대한 완벽한 이해다. 부정사형으로 쓰일 때 이 단어는 '이해하기, 통찰을 가짐, 깨달음, 분간하기, 경험하기 그리고 정확하게 하기'를 의미한다. 이러한 이해력은 하나님의 관점으로 상황을 바라보고 하나님께서 당신이 나아가기 원하시는 길을 알아 가는 정확한 지식이다. 여호와는 지식의 하나님이시다. 그리고 그는 공의와 권능으로 우리의 행동을 측정하신다(사무엘상 2:3). 하나님께서는 무한한 이해력을 가지고 계신다. 그는 가장 완벽한 방법으로 모든 것을 알고 계신다.

잠언 2장에서, 우리는 우리의 귀를 지혜(*hokmah*)에게 복종시키고 우리의 마음을 명철(*binah*)에 닿도록 하라고 들었다. 만약 우리가 부르짖어 명철을 구하고, 명철을 얻기 위해 우리의 목소리를 높인다면, 우리는 여호와 경외(yir'ath)하기를 깨달으며 하나님에 대한 지식(da'ath)을 알게 된다고 했다. 모든 지혜와 진리의 원천이 되시는 하나님을 경배함으로써 우리는 하나님께 우리의 모든 필요를 요청하게 된다. 우리가 하나님에 대해 더 많이 알고 더 많이 배울수록, 그분의 현존과 무한한 지식으로 인해 우리는 놀라고 압도된다.

하나님에 대한 지식의 실례 열왕기상 7장 14절에서 우리는 장인(artisan)과 관련된 한 구절에서 세 개의 단어, '지혜(*hokmah*)' '분별력(*binah*)' 그리고 '지식(*da'ath*)'이 사용된 것을 볼 수 있다. 문맥은 성전 건축이다. 솔로몬 왕은 두로에서 히람을 데려온다. 히람은 청동에 관해서는 능숙한 장인이다. 그는 "모든 놋 일에 지혜와 분별력과 재능(*da'ath*)이 구비한 자더니 솔로몬 왕에게 와서 그 모든 공작을 하니라."라고 묘사되어 있다.

청동은 구리와 주석의 합금이다. 그 금속을 주조하기 위해서는 특별한 기술과 지식이 요구된다. 부식에 대한 저항력의 정도에 있어서 변화량과 다른 강도를 생산하기 위해 열을 조절하면서 다른 구성요소들의 일부를 합금에 첨가할 수 있다. 합금은 솔로몬 시대 때 진귀하고 값비싼 품목으로 여겨졌다.

우리의 일꾼은 모든 놋 일을 하기 위한 지식을 소유하고 있었다. 그의 지식은 포괄적이고 완전했다. 그는 금속을 가지고 일을 할 때, 밟아야 할 과정을 정확하게 평가할 수 있었다. 다시 말해서, 그는 청동을 주조하는 과정에 대해 포괄적인 통찰력을 가지고 있었다. 그는 또한 금속의 참된 성질에 대한 분별력을 가지고 있었다. 그는 그것의 가능성을 알았다. 그는 청동을 강하게 그리고 약하게 하는 방법을 알았고, 부식에 대한 민감성에 대해서도 인식하고 있었다. 더 나아가 그는 그것을 가지고 일할 전문적인 기술 또는 지혜를 가지고 있었다(열왕기상 7:14). 그는 야금학의 이론을 이해했다. 그는 청동을 가지고 형태를 만드는 방법을 알았고 그것이 견딜 수 있는 하중에 대해서도 인식하고 있었다.

포괄적인 지식을 갖추고 있는 그 놋 일꾼은 인간 점토를 가지고 일하는 토기장이로서의 하나님의 전지함을 우리에게 상기시킨다(욥기 10:9; 33:6; 이사야서 29:15-16; 45:9). "그러나 여호와여, 주는 우리 아버지시이다. 우리는 진흙이요, 주는 토기장이시니 우리는 다 주의 손으로 지으신 것이라."(이사야 64:8) 하나님의 지혜와 지식은 개인과 나라 전체를 형성하고 인도한다(예레미야 18:6). 그는 우리가 할 수 있는 것에 대해 아시고, 우리의 강함과 연약함을 아신다. 한 조각의 진흙이 창조의 계획, 실현 그리고 목적에 대해 토기장이에게 질문할 권리가 없듯이, 우리는 그의 지혜와 지식에 도전할 권리가 없다(로마서 9:20-21).

세 개의 히브리 단어는 장막과 그것의 장신구를 위한 복잡한 설계를 하고, 돌을 깎고, 그리고 나무를 조각하기 위해 하나님이 지명한 브사렐과 관련하여 나타난다. "하나님의 영을 그(브사렐)에게 충만하게 하여 지혜와 분별력과 지식과 여러 가지 재주로"(출애굽기 31:3) 하나님의 지식은 브사렐이 지상에 있는 하나님의 거처 또는 장막의 주요 특징을 계획하고 설계하고 건설할 수 있게 했다. 출애굽기 31장 3절의 말씀은 브사렐이 "여러 가지 공교한 일을 하게 하셨고"라는 33절의 추가적인 정보와 함께 출애굽기 35장 31절에서 반복된다. 우두머리 장인으로 성령의 권능과 하나님의 지식 안에서 일하며, 장막을 위한 모형과 장신구를 창작하고 만드는 브사렐에 대한 묘사는 또 다른 거장 목수(마가복음 6:3), 즉 영원한 장막 속에 모든 믿는 자를 위한 길을 창조하고 처소를 준비할 구세주(요한복음

14:2-3)를 생각나게 한다.

예수님과 하나님의 지식 예수님은 하나님의 마음을 알고 소유하고 있었다. "가라사대 그가 자기 영혼의 수고한 것을 보고 만족히 여길 것이라. 나의 의로운 종이 자기 지식으로 많은 사람을 의롭게 하며 또 그들의 죄악을 친히 담당하리라."(이사야 53:11) 고난을 받은 종, 그리스도는 구원의 능력에 대한 지식을 가지고 있었다. 그는 길, 진리 그리고 생명의 지식을 구현하였다(요한복음 14:6).

우리는 예수 그리스도와 우리의 관계를 통해 그리고 우리의 삶에 계신 성령의 일하심에 완전히 의존함으로써 하나님에 대한 지식에 이를 수 있다. 성령은 우리가 끊임없이 그와 대화할 때 우리에게 영적인 통찰을 가져다주시는, 우리 안에 계신 하나님의 현존이다(데살로니가전서 5:17). 우리는 또한 우리에게 하나님의 지식을 보여 주는 성경의 신성한 계시를 가지고 있다.

하나님에 대한 경외

하나님에 대한 경외(the fear of God, 히브리어로 *yir'ath*; LXX *eusebeias*)는 하나님에 대한 거룩한 공경과 존경 또는 명예라는 뜻이다. 경외함은 그 밖의 다른 모든 것 위에 하나님을 먼저 위치시킴으로써 우리가 하나님께 나타낼 의무와 충성이다. 하나님을 충분히 경외함은 창조주와의 완전한 관계를 의미한다.

"여호와를 경외함이 지식의 근본이거늘 미련한 자는 지혜와 훈계를 멸시하느니라."(잠언 1:7) 하나님을 우리의 삶에 최우선순위로 두고, 우리의 세계 전체가 그를 예배함을 중심으로 움직일 때, 지혜와 지식은 시작된다. 우리가 항상 과거, 현재 그리고 미래(요한계시록 1:8)의 지식과 능력에 있어서 알파벳의 알파와 오메가, 즉 시작과 끝으로서 하나님을 인식할 때, 우리는 그의 절대적인 거룩함과 우리의 완전한 부족함에 의해 압도된다(이사야 6:3-5).

전도서의 예 전도서의 저자는 하나님에 대한 경외의 중요성을 이해하게 되었다. 그는 창조에 대한 모든 지혜를 연구하고 조사하기 위해 착수했지만, 그의 탐색은 그를 실존적 절망에 이르게 하였다. 기쁨과 쾌락의 길(2:1-11), 지적 추구와 광기 또는 어리석음(2:12-16), 노력과 수고(2:17-26), 사회적 지위(4:13-16), 부와 번영(5:8-12), 그리고 철학과 과학 또는 어떤 것들의 이치(7:25-29)를 포함하는 모든 것이 헛되다고 입증되었다. 그는 지혜가 육체적인 힘보다 더 낫다고 여겨지지만(9:16), 적은 어리석음이 지혜와 명예를 압도할 수 있다(10:1)고 판단했다. 그는 인간의 지혜와 지식을 풍부하게 쌓음이 단순히 삶에서 슬픔과 고통, 혼란을 증가시킴을 배웠다(전도서 1:13-18). 그의 절망은 그 책의 마지막 두 절에서 나타나는 한 가지 진리에 의해 완화된다. 만약 이 두 절이 생략되어 있다면, 전도서의 저자는 최근 우리의 역사에 대한 불가지론적, 무신론적인 실존주의와 후기 근대주의적 철학에서 볼 수 있는 우울한 관점 속에서 몸부림치며 남아 있을 것이다. 우리의 비참함과 황폐함으로부터 탈출할 수 있는 유일한 길은 무엇인가? 오직 하나님을 경외함으로써, 그리고 그의 말씀과 명령에 순종함으로써, 우리는 황폐한 세상을 이해할 수 있다(전도서 12:13-14).

하나님에 대한 경외와 예수 "여호와를 경외하는 것은 악을 미워하는 것이라. 나는 교만과 거만(자기애)과 악한 행실과 패역한 입을 미워하느니라."(잠언 8:13) 경건한 사람은 사악한 태도와 행동에 연루됨을 거절함으로써 주님에 대한 그들의 경외를 표현한다. 예수님께서는 흠 없고 죄 없는 삶을 사셨다. 그렇게 함으로써 그는 하나님에 대한 경외를 구체화했다. 그는 아버지 안에 있고 아버지는 그 안에 있었다(요한복음 14:10). 그는 근본 하나님의 본체였다(빌립보서 2:6-11). "나와 아버지는 하나이니라."라고 그가 말씀하셨다(요한복음 10:30). 그의 삶 전체는 아버지에게서 결코 눈을 떼지 않았던 한 사람, 하나님의 절대적인 거룩함에 대한 인정, 하나님에 대한 경외와 거룩함의 완전한 표현의 본보기를 우리에게 보여 준다. 기독교인은 자신들의 모든 일과 활동에서 하나님을 향한 공경과 경외 가운데 행동해야만 한다(베드로전서 1:17-18).

참된 경외와 거짓된 경외 하나님에 대한 경외는 한밤중에 삐걱거리는 문에 대한 우리의 정서적 반응이나 어린 시절 침대 밑에 있을 법한 괴물에 대한 걱정과는 다르다. 그러한 반응은 경건한 경외심을 시시하게 만든다. 파스칼은 참된 경외심과 거짓된 경외심을 구별했다. 참된 경외심은 하나님을 잃어버리는 데 대한 두려움이라고 그는 말했다. 거짓된 경외심은 하나님을 찾을 것에 대한 두려움이다. "참된 경외심은 신앙으로부터 나온다. 거짓된 경외심은 의심으로부터 나온다. 참된 경외심은 그것이 신앙으로부터 태어났고, 사람들은 그들이 믿는 하나님 안에서 소망하기 때문에 소망과 결합되어 있다. 거짓된 경외심은 사람들이 믿지 않는 하나님을 두려워하기 때문에 절망과 결합된다. 전자는 하나님을 잃음에 대한 두려움이고 후자는 하나님을 발견함에 대한 두려움이다."[6)]

거짓된 경외심은 마치 하나님이 없는 것처럼 그들 삶 전체를 살고 있는 몇몇 사람의 태도 안에서 발견된다(시편 14:1; 53:1). 그들의 행동, 태도, 그리고 전체적인 삶의 방식은 하나님에 대한 철저한 무시를 반영한다. 그들은 마치 하나님이 계시지 않는 것처럼 살지만, 혹시 그가 존재할지도 모르며 결국에 그들이 하나님과 대면해야 한다는 사실을 두려워한다. 그들은 자신을 미래에 대한 절망으로 이끄는 하나님에 대한 거짓된 경외심을 갖고 있다. 그들은 하나님을 믿지 않지만, 어느 날 그를 발견하게 될 것이고 하나님의 심판대 앞에 서야만 한다는 사실을 두려워한다.

참된 경외심은 하나님을 추구한다. 영적으로 충만한 기독교인은 자신이 하나님의 현존 밖에 있다고 생각하면 참을 수 없다. 하나님을 찾고 그분께 순종하는 한, 하나님께서는 그들의 필요를 채워 주시기 위해 항상 그들과 함께 계실 것이라는 믿음을 가지고 있다. 나의 아들이 네 살쯤 되었을 때, 어느 날 백화점에서 그 아이가 우리에게서 멀리 떨어지게 되었다. 그는 제멋대로 돌아다녔으며, 내가 멀리서 아이를 지켜보고 있었는데, 한동안 그는 백화점의 복도에서 장난치면서 행복해하고 있었다. 오래지 않아 아이는 자기가 혼자이고 길을 잃었다는 사실을 깨닫게 되었다. 그의 절망적인 울음소리는 "나는 아빠를 잃어버렸어요."라는 말을 오히려 알아들을 수 없게 했다. 그의 안전과 미래는 위험에 처해 있었다. 참된 경외심은 아버지를 잃어버린 데 대한 두려움에 있다.

상담에서 우리는 사람들로 하여금 참되고 경건한 경외심과 잘못 인도하고 약하게 만드는 거짓된 경외심을 구별하도록 도울 필요가 있다. 경외심은 보통 기쁨보다는 고통을 연상하게 한다. 그러나 하나님께 초점을 유지하고 하나님의 뜻에 순종하고자 하는 신자들은 주님에 대한 참된 경외심이 기쁨, 행복 그리고 축복을 생산함을 발견할 것이다(시편 112:1; 128:1, 4). 하나님에 대한 경외심은 삶을 지탱한다(잠언 10:27). 그것은 믿는 사람들이 흠 없음, 자신감 그리고 소망을 가지고 걷게 하고(잠언 14:2, 26; 23:17-18), 겸손의 유익 중 하나다(잠언 22:4).

구세주를 묘사하는 데 사용되는 용어들은 하나님의 포괄적인 본성을 드러내며, 우리에게 돌봄의 사역을 위한 완전한 비전을 제공한다. 지혜와 분별력은 상담에서 이론적이고 지적인 면을 다루며, 그것은 우리가 다른 사람들과 세상을 어떻게 이해하고 그들과 어떻게 관계 맺을지에 대한 특별한 적용을 가지고 있다. 지식이나 상담 그리고 능력은 실제적인 문제를 다루며, 개인이나 자아의 내적이고 개인적인 문제를 다룬다. 하나님에 대한 지식과 경외심은 하나님에 대한 우리의 의존에 초점을 맞추고 모든 상황에서 그의 절대적인 권위와 궁극적인 중요성을 강조한다.

요 약

메시아는 상담자들에게 돌봄(caregiving)에 대한 포괄적이고 완벽한 모델을 제공한다. 예수님은 상담의 대가이자 기독교 상담의 핵심이다. 예수님의 지상 사역에서 보여 준 그리스도의 본보기와 메시아적 모델은 개인의 하나님에 대한 관계, 자기에 대한 관계 및 타인들에 대한 관계를 다루는 상담 사역에 대한 통찰력을 우리에게 준다. 성경적 기독교 상담에는 여섯 가지 요소가 있다.

1. 성경적 기독교 상담은 시간과 역사, 일시적인 것과 영원한 것, 영적인 것과 물질적인 것을 포함하는 인간 본성에 대한 완벽한 이론을 가지고 있다. 기독교 상담자들은 하나님의 지혜를 구하고 각 사람이 하나님의 판단에 의한 가치를 가지고 있으며 각각의 행위나 행동은 영원한 의미를 가질 수 있음을 인지한다.

2. 성경적 기독교 상담은 도움이 필요한 사람과 연관되는 독특한 요소, 개성, 그리고 서로 연결되는 영향에 대해 이해하려고 한다. 그것은 피상적이고 표면적인 관찰을 넘어설 것이며, 개인의 마음과 성격 그리고 어떤 상황이 주어졌을 때 기능하는 가시적이거나 비가시적인 힘의 역할을 다룬다.

3. 성경적 기독교 상담은 계획들을 이루어 나가고, 모든 상황에서 하나님의 설계와 상담을 찾는다. 그것은 조건과 사건을 정확하게 평가하고 내담자들이 치료적이고 구속적인 행동의 과정을 발전시키고 실행하도록 돕는다. 그것은 유일한 성공적인 계획과 치료의 과정이 하나님의 뜻을 따르는 과정임을 받아들인다.

4. 성경적 기독교 상담은 내담자 안에서 변화를 만들어 내는 힘의 수준 또는 능력을 평가하고, 그것을 하나님의 권능과 연결 지으려고 노력한다. 치료 계획은 도움이 필요한 사람의 영적이고, 지적이고, 인지적이고, 행동적이고, 감정적인 역량과 조화를 이룬다.

5. 성경적 기독교 상담은 하나님의 인도와 지식에 의존한다. 기독교 상담자들은 모든 상담 상황에서 하나님의 뜻을 구하고, 성령의 권능을 부여하는 인도와 통제를 신뢰한다.

6. 성경적 기독교 상담은 우리의 존재와 계속적인 생존을 위해 하나님께 완전하고 무조건적으로 의지해야 함을 인정한다. 기독교 상담자들은 하나님을 예배하고 성령과의 교제를 갈망한다. 그들은 하나님에 대한 공경과 하나님을 잃어버리는 것에 대한 거룩한 두려움 안에서 산다. 그들은 돌봄의 사역에서 예수님을 표현하고 드러내기를 원한다.

이제 우리는 여기에서 어디로 가는가

성경적 기독교 상담은 특정한 구조를 가진다. 그것은 그리스도의 모델에 기초하고, 예수님의 중대한 가르침을 표현하기를 추구한다. 상담 과정의 내용들도 의사소통 기술과 성경적 관점에 의해 다루어져야 한다. 성경적 관점 안에서 문제와 상황은 믿음의 눈을 통해 보인다. 다음 장에서는 이러한 주제들 중 몇 가지를 연구할 것이다.

연습문제

1. 현대의 상담은 성경에 있는 '상담자' 라는 용어의 사용과 어떤 면에서 다른가?

2. 예수님의 사역에서 보이는 여섯 가지의 상담 요소에 대한 추가적인 몇몇 예들을 확인하고 설명하라.

3. 성경에서 배울 수 있는 상담 모델을 위한 몇몇 다른 원리 또는 기초는 무엇인가? 그것들을 확인하고 설명하라.

4. 당신은 상담의 치료 계획에서 무엇이 본질적인 특징이라고 믿는가?

5. 당신은 비기독교인에게 상담의 여섯 가지 특징을 어떻게 설명할 것인가? 당신이 다른 사람에게 기독교 상담의 의미와 목적을 전달하려는 방식에 대해 간결히 묘사하라.

후 주

1) 이사야서 9장 6절에 대한 한 유대인의 번역서는 그 구절에 있는 이름을, "그리고 그의 이름은 Pele-joez-el-gibbor-Abi-ad-sar-shalom이라고 불린다."라고 번역한다. 영어 번역을 제시하고 있는 그 각주는 그 구절에 대한 상담적인 초점을 담고 있다. "즉, 상담에서의 기묘자는 전능하신 하나님이시고, 영원한 아버지이시며, 평강의 왕이시다." *The Holy Scriptures According to the Masoretic Text: A New Translation* (Philadelphia: The Jewish Publication Society of America, 1917)을 보시오.

2) 예를 들면, Joseph Addison Alexander, *The Earlier Prophecies of Isaiah* (New York: Wiley and Putnam, 1846), 220, 그리고 Edward J. Young, *The Book of Isaiah: The English Text, with Introduction, Exposition, and Notes,* in the New International Commentary on the Old Testament, ed. R. K. Harrison (Grand Rapids, Mich.: William B. Eerdmans, 1965), 380-81쪽을 보시오.

3) LXX는 구약의 그리스어 번역인, 70인역 그리스어 성서를 말한다.

4) Martin E. P. Seligman, *Helplessness: On Depression, Development, and Death* (San Francisco: W. H. Freeman and Company, 1975), 21-44.

5) Oswald Chambers, *My Utmost for His Highest* (New York: Dodd, Mead & Company, 1935), 5.

6) Blaise Pascal, *Pens es and the Provincial Letters* (New York: The Modern Library, 1941), 92 (Pens e #262).

참고문헌

Alexander, Joseph Addison. *The Earlier Prophecies of Isaiah*. New York: Wiley & Putnam, 1846.

Chambers, Oswald. *My Utmost for His Highest*. New York: Dodd, Mead & Company, 1935.

Pascal, Blaise. *Pens es and the Provincial Letters*. New York: The Modern Library, 1941.

Martin E. P. Seligman. *Helplessness: On Depression, Development, and Death*. San Francisco: W. H. Freeman & Company, 1975.

Young, Edward J. *The Book of Isaiah: The English Text, with Introduction, Exposition, and Notes*. In the New International Commentary on the Old Testament. Edited by R. K. Harrison. Grand Rapids, Mich.: William. B. Eerdmans, 1965.

CHAPTER

07

대화와 성경적 상담

상담에서의 신호와 언어 읽기

대화와 남녀의 차이

대화와 성경적 원리

상담에서 대화와 성경 사용

CHAPTER 07

대화와 성경적 상담

당신이 상담자로서 사용하는 언어와 상담적인 만남에서 관심을 기울이는 초점은 치유 과정을 강하게 할 수도 있고 약하게 할 수도 있다. 현명한 상담자들은 도움이 필요한 사람의 언어를 배울 때, 언어적 그리고 비언어적 메시지 모두를 주의 깊게 관찰한다. 그들은 또한 성경에 대해 유능한 학생이기도 하다. 그들은 내담자들이 확실히 이해할 수 있는 방법으로 하나님의 말씀을 전달한다.

성경은 문제가 생길 수 있는 상황을 피하기 위해, 말을 신중하게 선택하는 것이 얼마나 중요한지를 상기시켜 준다(잠언 21:23). "곧 입술의 바른 말이 사람을 만족시킨다. 혀는 살리기도, 죽이기도 하는 힘을 가졌으니, 혀를 놀리기 좋아하는 자는 그 대가를 받을 것이다."(잠언 18:20-21) 사람을 관찰하고 읽는 능력은 그 사람의 삶에서 선하거나 악한 중요한 변화를 이끌어 낼 수 있다. 잠언서는 한 남자에게서 보이는 필요와 연약함을 알아차리는 데 능숙했던 한 여자에 대해 묘사하고 있다.

> 내가 우리 집 창문에서 밖을 내다보다가, 미련한 젊은이들 가운데서 한 정신 나간 젊은이를 보았다.
> 날이 저무는 황혼 녘에 어둠이 찾아들 때쯤
> 그는 길모퉁이를 지나 창녀의 집 쪽으로 걷고 있었다.
> 한 여인이 창녀처럼 꾸미고 그 남자를 유혹하기 위해 그에게로 다가왔다.
> 그 여자는 집에 붙어 있지 않고 멋대로 돌아다니며 때로는 거리에서, 때로는 광장에서, 때로는 길모퉁이에서 유혹할 사람을 기다린다.
> 그 여인이 그를 붙잡고 입 맞추며 부끄러움도 없이 말한다.
> "화목제 고기가 집에 있어요. 난 서약한 제사를 드렸거든요.
> 그래서 당신을 찾으러 나왔다가 이렇게 만났답니다.
> 내 침대에는 이집트에서 만든 화려한 이불들이 깔려 있고
> 그 위에 몰약, 침향, 계피향을 뿌려 놓았어요.
> 들어가요. 아침까지 마음껏 사랑하며 즐겨요. 남편은 먼 여행을 떠나고 집에 없답니다.
> 지갑에 잔뜩 돈을 채워서 떠났으니 보름이나 되어야 돌아올 거예요."
> 그녀는 달콤한 말로 이 젊은이를 유혹하여 그를 넘어가게 했다.
> 그 젊은이가 그녀를 선뜻 따라가니 도살장으로 끌려가는 황소와 같고,
> 졸지에 올무에 걸려든 숫사슴 같구나. 결국 화살이 그 심장에 꽂힐 것이다.

그것은 그물을 향해 날아드는 새가 자기 생명의 위험을 알지 못하는 것과 같구나(잠언 7:6-23).

그 여자는 마음에 분명한 사명을 가지고 있었고 그녀가 원하는 남자를 유혹하는 데 집중했다. 그녀의 행동과 말의 선택이 그녀의 의도에 얼마나 힘을 실어 주고 있는지 보라. 그녀는 남자에게 도발적으로 입을 맞추었고, 부끄러움 없이 그에게 자신을 바치고 있었다. 그녀는 그 남자를 조종하기 위해 남자의 언어와 사고과정을 효과적으로 사용했다. 남자의 마음으로 들어가는 길은 그의 식욕을 통해서라는 말에 힘입어 그녀는 그에게 양질의 음식을 약속했다. 그녀의 말은 거침없고 숨김이 없으며 호색적이다. 이 말들은 남자의 성적 환상 속에 있는 여자의 언어다. 그녀는 그 남자의 자아를 건드리고 그가 얼마나 특별한지를 말하면서 아첨했다. 그녀의 마지막 유혹은 비밀과 안전에 대한 약속이었다. 이 여자는 남자와 대화하는 데 있어 전문가였다. 그녀는 그 남자가 유혹받기 쉬운 모든 영역에서 그와 만남으로써 자신을 따라오도록 남자를 설득했다. 음식, 육체적이고 도발적인 언어, 성적인 상상과 행동, 아첨, 그리고 완벽하게 숨겨져 탄로날 것으로부터 안전할 것에 대한 약속. 그녀의 언어는 형식적이고, 진지하며, 학문적인 담화가 아니었다. 그녀는 가능한 가장 거침없는 용어로 그 남자의 언어를 말했다. 불행하게도, 그녀는 도덕적인 목적보다는 사악한 목적을 위해 자신의 대화 기술을 사용했다.

상담에서의 신호와 언어 읽기

상담 교과서들은 심리치료의 과정을 설명하는 이론, 개념, 기법 그리고 전문적인 용어들로 가득 차 있다. 상담을 필요로 하는 사람은 내담자라고 불린다. 이론들은 정신역동, 행동적, 실존적 또는 현상학적, 인지적, 체계적, 구성주의적, 그리고 후기 근대주의로 구분된다. 상담 기법들은 지시적이고, 비지시적이고, 인간중심적이고, 문제중심적이고 해결지향적인 관점으로 분류된다. 기법적인 용어와 개념에 대한 어휘 전체는 돌봄(caregiving) 산업의 제도화와 전문화를 따라 발전해 왔다.

중요하게 기억해야 할 것은 심리치료에 대한 교과서가 상담자를 위해 쓰인다는 점과, 그들이 학문적인 세계에서 적절한 공식적 언어를 말하고 있다는 점이다. 이러한 단어와 표현들은 상담을 받으러 찾아오는 일반 사람들의 어휘와 다르다. 공식적 언어 뒤에 있는 개념은 도움이 필요한 사람들을 가장 잘 도울 수 있는 방법과 내담자들이 원하는 변화를 만들어 내기 위해, 효과적으로 그들의 상태(위치)를 알아내고 개입하는 방법에 대한 신념, 연구, 생각을 반영한다. 그러나 이러한 상담적 용어들이 내담자를 위한 언어는 아니다. 그리고 그것은 당신이 상담 상황에서 사용하는 단어와 표현을 결정하는, 당신의 도움을 찾고 있는 사람들의 언어다.

상담자들은 내담자들과 가장 효과적으로 대화하는 방법으로 내담자들이 내포하는 내면의 신호들을 읽어야만 한다. 이러한 내면의 신호들은 배경과 직업, 관심사와 취미, 학력 수준, 나이, 성, 경제적 위치, 결혼 상태와 가족, 감정적이고 이성적인 상태, 육체적인 건강,

영적인 상태와 믿음의 성장, 시간 개념, 의사 결정 능력, 긴장에 대한 지침과 반응, 변화를 다루는 능력들을 포함한다.

당신은 다음의 경우에서 내담자를 어떻게 상담할 것인가?

대화에 대한 사례 연구

당신은 지역에서 정치적으로 가장 높은 관직에 있는 한 남자를 상담하고 있다. 당신은 그 남자가 비도덕적인 행동에 연루되었음을 알고 있다. 하나님의 전형으로서 당신은 그의 죄를 마땅히 강조해야 한다고 믿지만, 한편으로 그 남자가 상당한 권력을 가지고 있기 때문에 당신을 파멸시키고, 심지어 당신의 목숨까지 빼앗아 갈지도 모른다는 것을 알고 있다. 당신은 어떻게 상담을 진행할 것인가? 당신은 그 남자의 심리 상태(위치)를 알아내고, 그와 치료적이면서 구속적인 언어로 대화를 나눌 수 있게 도와줄 어떤 신호와 단서들을 찾고 있는가? 나단(Nathan) 선지자는 이러한 딜레마에 빠졌다.

다윗 왕은 밧세바에게 반하였다. 그러한 상황은 다윗 왕이 밧세바의 남편을 전쟁에서 죽게 하고 그녀와 자유롭게 결혼할 수 있도록 음모를 꾸미는 결과를 낳았다. 다윗의 행동은 하나님을 화나게 했고 하나님께서는 그를 상담하고 훈계하기 위해 나단을 보내셨다(사무엘하 11-12). 나단은 다윗에게 이러한 까다롭고, 어쩌면 위험하기까지 한 주제를 어떻게 입 밖에 내어야 할지 결정해야만 했다.

나단은 잘 겨누어진 언어의 무기로 왕의 면전에서 그를 비난하고 다윗이 자신의 죄를 직면하도록 할 수도 있었다. 나단은 법전과 십계명을 인용하여 간통과 살인 음모를 폭로하면서 정의로운 분개의 자리를 차지할 수 있었다. 그러나 나단은 이러한 접근법을 선택하지 않았다.

나단은 솔직하고 직접적인 방법으로 그 문제를 다루지 않은 약하고 성경적이지 않으며 우유부단한 사람이었는가? 나단은 다윗의 역사와 인격에 대해 면밀히 연구해 왔다. 교만한데다가 간음한 왕은 자신의 행동의 원인을 이야기하는 데에 귀 기울이지 않을 것임을 선지자는 알 수 있었다. 이 때문에 직접적인 접근은 다윗으로 하여금 분노와 폭력적인 반응을 낳게 할 수도 있었다. 대신 선지자는 왕에게 한 이야기를 들려주는 대화의 기술과 지혜, 지식을 사용했다.

나단은 어느 마을에 양과 소를 많이 소유하고 있는 부유한 남자에 관한 이야기를 들려주었다. 같은 마을에는 단 한 마리의 어린 암양 새끼를 마치 자신의 아이인 양 기르고 돌보는 가난한 남자도 한 명 살고 있었다. 축제가 열렸고, 부자 남자는 자신이 소유한 가축 중에서가 아니라, 가난한 이웃 남자가 갖고 있는 새끼 양 한 마리를 취하여 방문객들에게 음식으로 제공했다.

나단이 예상했던 것처럼, 그 이야기와 불법적인 행동은 다윗을 격분하게 했다. 선지자는 다윗의 본성을 알았다. 그는 왕의 근본적인 정직성에 대해 알고 있었다. 다윗은 사울과 그의 가족을 공평하게 대하고 그의 백성에게 현명한 지도력을 보여 주려고 항상 노력했다. 나단은 또한 다윗이 어렸을 때 그의 아버지의 양을 돌보았다는 사실을 알았다(사무엘상 16:11). 다윗은 양치기의 삶에 대해 잘 알고 있었고 소중하게 기르던 어린 양을 가진 가족의 마음을 느낄 수 있었다. 나단은 효과를 최대화하기 위해 이러한 지식을 사용해 이야기를 들려주었다.

다윗은 부자 남자가 그의 불법 행동과 동정의 결여로 죽어야 마땅하며 가난한 남자는 네 배로 보상받아야 한다고 단언했다. 이 시점

에서, 나단은 다윗이 바로 그 남자임을 드러냈고 왕이 저지른 죄의 본질과 하나님에 의해 결정된 형벌에 대해 자세하게 설명했다. 다윗은 자신의 죄를 자백했고 참회했다. 그는 죽지 않았지만 그의 행동에 따른 결과에는 책임을 질 것이었다.

나단의 접근은 몇몇 중요한 상담 기술을 보여 준다. 그는 아주 많은 위치에서 왕과 연결될 수 있었다. 나단은 다윗 왕이 스스로 깨닫게 하기 위해 다윗의 감정을 폭발시키기 쉬운 메시지를 이야기 형식으로 들려주는 방법으로 접근했다. 나단의 이야기는 상상법을 사용했는데 이것은 다윗에게 친숙하면서도 편안했다. 어떤 용어나 개념에 대한 설명도 필요하지 않았다. 나단의 접근법은 다윗의 정의감과 공정함뿐만 아니라 그의 감정적인 상태와 민감성에 대한 인식까지 드러냈다. 이 방법은 비록 한 선지자가 아합 왕으로 하여금 자기 자신에게 판결을 선고하도록 하는 위장의 이야기로 사용했을지라도, 아합과 같은 또 다른 왕이나 이세벨과 같은 여왕에게는 효과가 없었을지도 모른다(열왕기상 20:37–43).

상담 대화에 대한 바울의 조언

대화에서 표현과 양식의 중요성에 대한 또 다른 예가 디모데에게 보낸 바울의 편지에서 발견된다(디모데전서 5:1–2). 디모데에게 보낸 바울의 교훈에는 목회 사역에서 나이, 성 그리고 설교법에 관한 현명한 상담의 비결을 포함하고 있다. 디모데는 어린 사역자이고 그의 나이는 다른 사람들과의 효과적인 대화에서 하나의 요소로 작용한다. 바울은 디모데가 자신의 나이로 인해서 다른 사람들이 하찮게 여기도록 해서는 안 됨을 말하고, 자신의 언어, 삶의 방식, 사랑, 믿음 그리고 순결에 있어서 다른 사람에게 경건한 모델이 되어야 한다고 디모데에게 말하고 있다. 또한 디모데에게 연설하거나 말을 하는 데 있어서 나이와 성이 매우 중요한 요소가 된다고 말한다.

바울은 디모데보다 연장자였고 종종 교회의 성도에게 직선적이고 도전적인 방식으로 편지를 썼지만, 어린 디모데에게는 그의 사역에서 이러한 형태의 대화를 택하라고 충고하지 않았다. 실제로, 바울은 고린도인에게 보내는 편지에서 넌지시 암시하기를, 그가 편지를 쓸 때 사용하는 직면의 대화 방식은 주위 사람들과 이야기를 나눌 때는 사용하지 않았다. 바울의 옹호자들은 그가 교회 지체들과 함께 대화할 때, 너무 여린 모습을 보인 데 대해 오히려 그를 비판해 왔다. 바울은 필요에 의해서, 고린도인들에게 도전적이고 직선적일 수 있지만, 그들과 함께 마주할 때에는 그리스도의 온화함과 부드러움을 닮기를 더 좋아함을 상기시켰다(고린도후서 10:1-2, 10; 11:6).

바울은 디모데에게 연장자에게는 직면의 언어를 사용하지 말라고 당부했다. 그들에게는 오히려 격려와 지지의 언어를 사용하고 그들이 마치 자신의 아버지인 것처럼 말하라고 권면했다. 바울은 연장자들과 사용하는 언어를 설명하기 위해 *parakaleo*라는 단어를 사용했다. 그 용어는 연장자 옆에서 나란히 움직이면서 변화를 요구하기보다 제안하는 해석을 만들어 내는 상담자의 이미지를 전달한다. 대조적으로, 나이가 어린 사람에게는 마치 자신의 형제에게 말하듯 형식을 갖추지 않고 친숙하고 편안한 언어를 사용할 것을 디모데에게 말하고 있다. 어린 여자에게는 마치 자매를 대하는 것과 같은 관심과 친숙한 사랑을 보이되 어느 정도 예의와 존중을 갖추어 대화해야 하며, 동시에 중년의 여자에게는 어머니를 대하듯 공경과 존경의 말을 사용해야 함을 내포한다.

대화와 남녀의 차이

대화의 방법에서 상담자들이 인식해야 할 예 중 하나는 성이다. 남자와 여자는 다른 언어를 사용하고, 그 언어는 대부분 서로 다른 것을 의미하며, 대화 속에서는 다른 동기가 있다. 대부분의 남자들이 길을 묻기 싫어하는 점은 사실이고 대부분의 여자들은 왜 남자들이 길을 묻기 싫어하는지에 대해 이해하지 못하는 것도 사실이다. 실제로, 대부분의 남자들은 아마 반감에 대해 설명할 수 없을 것이다.

연구 조사에 따르면 남자들이 매일마다 우연히 부딪히는 사람들을 경쟁적인 상황으로 바라보는 경향이 있음을 보여 준다. 남자는 도움을 요청하는 일이 자신을 상대방보다 아래의 위치에 놓이게 한다고 생각한다. 다른 사람이 자신보다 한 단계 위에 있게 되는 것이다. 결과적으로 남자는 한 단계 아래의 위치, 역사적으로 우리 문화에서 여자를 반영하는 종속적인 지위이기도 한 풍속을 피하기 위해 훨씬 먼 길로 돌아간다. 이러한 관찰은 왜 여자가 남자보다 더 쉽게 상담의 도움을 요청하는지를 설명한다. 여자는 종속적인 위치 안에서 사회화되었기 때문에 도움을 요청하기를 당연하게 생각한다. 여자는 심지어 그들이 필요하지 않을 때에도 도움을 요청한다.

여자와 남자는 대화 방식에 서로 다른 차이점을 가지고 있다.

남자는 대화에 잘 끼어들고, 다른 사람을 설득하려 하며 또 다른 사람의 말을 무시하려는 경향이 있다. 그들은 주제와 상관없이 권위적으로 말한다. 반면, 여자는 대화에 끼어들기보다는 오히려 주로 방해를 받는 편이다. 여자는 대화에서 예의를 매우 중요하게 여긴다 (“오늘 일을 마치고 집에 오실 때 몇 가지 사올 게 있는데 부탁드려도 될까

요?"). 그들은 애매한 말을 사용하거나 불확실한 용어로 말을 한다(예를 들면, '아마도' '다소' '내 생각에는' '내 추측으로는' 등). 그리고 그들은 명령하기보다 요청하는 경향이 있다("옷 좀 빨아요."라고 말하지 않고, "죄송하지만, 내가 빨래하는 것을 좀 도와주시겠어요?").

남자는 힘, 통제 그리고 지배의 언어를 배운다. 남자는 그들이 원하는 것을 얻기 위해 명령을 사용한다. 그들은 설득하고, 논쟁하고, 통제하거나 각인시키기 위해 대화한다. 여자는 협상의 언어를 통해 결속과 조화의 추구의 중요성을 배운다. 여자는 그들이 원하는 것을 얻기 위해 요청을 한다. 그들은 나누고, 알리고, 지지하거나 비위를 맞추기 위해서 대화한다.

남자는 좀 더 적극적인 문장 구조를 사용한다. 그들은 강조를 위해, 문장에서 일시적인 중지를 사용한다. 그러나 여자는 좀 더 수동적인 문장 구조를 사용한다. 그들은 강조를 위해 강조어(예를 들면, '너무' '매우' '정말' 등)를 사용한다.

남자는 대화에서 듣기보다는 말하기를 강조한다. 그들은 완성된 문장을 좀 더 쉽게 사용한다. 여자는 대화에서 들어 주고 함께 나누기를 강조한다. 그들은 문장을 미완성으로 줄이는 경향이 있다. 이러한 전술은 그들의 견해나 의견이 대중적이지 않다는 구실을 남긴다. 그리고 그것은 또 다른 사람들에게 지배적인 대화가 아니라 똑같이 말할 권리를 부여하는 효과를 가진다.

남자는 거의 단조로운 어조로 말한다. 여자는 감정과 의미를 전달하기 위해 다양한 목소리의 어조를 사용한다.

남자는 감정을 간접적으로 드러낸다. 여자는 감정을 직접적인 말로 나타낸다.

상담학 부문의 전문 용어와 전공 어휘들은 남성중심적이다. 사업

에 사용하는 언어는 경쟁적인 본성과 누군가의 안녕에 대한 염려를 반영한다. 몇몇 전문 용어와 전공 어휘들은 여성중심적이다. 간호 용어는 대부분 동정적인 돌봄과 다른 사람의 안녕에 대한 염려를 반영하므로 여성적이다. 의사는 병과 싸우고 간호사는 환자들을 돌본다.

남자는 다른 남자들과 외부적인 문제(예를 들면, 사업, 음악, 정치, 스포츠, 사실 등)에 대해 얘기한다. 남자는 그들의 대화에서 방법을 가르치는 원리들을 강조한다. 여자는 다른 여자들과 내적인 문제(예를 들면, 정서, 감정, 관계, 연애 등)에 대해 얘기한다.

남자는 행동중심적이다. 그들은 대화할 때 행동을 사용하고, 행동에 반응하며, 사실적인 언어를 사용한다. 여자는 언어중심적이다. 그들은 대화할 때 감정과 평가적인 말에 민감하게 반응하고 말에 의존하는 경향이 있다.

남자는 그들이 특별히 말하거나 토론할 것이 있을 때에만 누군가에게 전화한다. 여자는 특별한 이유 없이 단지 수다를 떨기 위해 친구들에게 전화한다.[1)]

성 역할의 사회화와 언어에 있어서 남자와 여자의 차이는 뚜렷하다. 그리고 상담자들은 내담자의 대화 방식과 언어 사용의 발달적인 측면뿐만 아니라, 여자와 남자의 다른 대화적 특성을 인식하여 이해할 필요가 있다.

대화와 성경적 원리

성경은 우리에게 우리의 혀를 다스리는 데 가지는 어려움과 언어의 폭발성에 대해 경고한다. 성경은 혀의 사용에 대해 다음과 같이 말한다. "이와 같이 혀도 작은 지체로되 큰 것을 자랑하도다. 보라, 어떻게 작은 불이 이렇게 많은 나무를 태우는가. 혀는 곧 불이요, 불의의 세계라. 혀는 우리 지체 중에서 온 몸을 더럽히고 생의 바퀴를 불사르나니 그 사르는 것이 지옥 불에서 나느니라. 여러 종류의 짐승과 새며 벌레와 해물은 다 길듦으로 사람에게 길들었거니와 혀는 능히 길들일 사람이 없나니 쉬지 아니하는 악이요, 죽이는 독이 가득한 것이라."(야고보서 3:5b–8) 우리의 혀는 다른 사람을 축복할 수도, 저주할 수도, 하나님을 찬양할 수도, 또 그의 형상으로 창조된 다른 사람들을 저주할 수도 있다(야고보서 3:9–10). 자제와 신중한 말은 그릇된 말보다 훨씬 더 쉽게 행복한 삶으로 이끌 수 있다. 행복한 나날을 보내며, 인생을 즐겁게 살기 원하는 사람은 악한 말과 거짓말을 해서는 안 된다고 성경은 말한다(베드로전서 3:10).

성경은 우리에게 대화의 기술을 향상시키는 추가적인 지침을 제공한다. 추가적 지침은 다음과 같다.

1. 주의 깊게 듣는 사람이 되고, 다른 사람이 말하는 것을 마칠 때까지, 방해하거나 대답하지 마라. 우리가 아이였을 때, 우리는 말하는 것을 배웠지만, 우리 중 다른 사람들에게 귀 기울이는 것을 훈련받은 사람들이 거의 없고, 하나님의 영에 귀를 기울이는 것을 훈련받은 사람들은 여전히 더 없다. 그러나 듣는 것에 대한 이 두 가지 차원은 효과적인 상담에서 필수적이다. "듣기 전에 대답하는 자는 미련하여 수치를 당한다."(잠언 18:13) "내 사랑하는 형제들아, 너희가 알거니와 사람마다 듣기는 속히 하고 말하기는 더디 하며 성내기도 더디 하라."(야고보서 1:19)
2. 하나님을 찾고 있는 사람들에게 특별한 관심을 기울여라. 그

사람이 하나님과 대화하고 하나님에게 의지하기를 원하고 있다는 징조를 들으려고 귀를 기울이라. "여호와께서 내 음성과 내 간구를 들으시므로 내가 저를 사랑하는도다. 그 귀를 내게 기울이셨으므로 내가 평생에 기도하리로다."(시편 116:1-2)

3. 말하는 것을 더디 하라. 먼저 생각하라. 당신의 말을 서두르지 마라. 당신이 말한 것을 다른 사람이 이해하고 받아들일 수 있는 그러한 방법으로 말하라. 조급하게 말하는 사람을 보았는가? "네가 언어에 조급한 사람을 보느냐, 그보다 미련한 자에게 오히려 바랄 것이 있느니라."(잠언 29:20) "의인의 마음은 대답할 말을 깊이 생각하여도 악인의 입은 악을 쏟느니라."(잠언 15:28) "의논이 없으면 경영이 파하고 모사가 많으면 경영이 성립하느니라. 사람은 그 입의 대답으로 말미암아 기쁨을 얻나니 때에 맞는 말이 얼마나 아름다운고."(잠언 15:22-23) "입과 혀를 지키는 자는 그 영혼을 환난에서 보존하느니라."(잠언 21:23)
4. 마음의 결정을 하기 전에 상황에 대한 모든 측면을 파악하고 귀를 기울이라. "송사에 원고의 말이 옳은 것 같으나 그 피고가 와서 밝히느니라."(잠언 18:17)
5. 지혜의 증거를 들으려고 귀를 기울이라. 내담자는 처벌에 대한 두려움 때문에 배우려고 하는가, 아니면 창조적인 생각과 분별 있는 판단을 연습하는 영리한 제자인가? "거만한 자가 벌을 받으면 어리석은 자는 경성하겠고, 지혜로운 자가 교훈을 받으면 지식이 더하리라."(잠언 21:11)
6. 당신이 대화할 때 상대방을 잘못된 방향으로 이끌거나 거짓말하지 말라. 항상 성실한 방법으로 진리를 말하라. "대신에 사랑으로 진리만을 말하라."(에베소서 4:15) "그런 즉 거짓을 버리

고 각각 이웃으로 더불어 참된 것을 말하라. 이는 우리가 서로 지체가 됨이라."(에베소서 4:25) "너희가 서로 거짓말을 말라, 옛사람과 그 행위를 벗어 버리고."(골로새서 3:9) "오직 너희 말은 옳다 옳다 아니라 아니라 하라. 이에서 지나는 것은 악으로 좇아 나느니라."(마태복음 5:37)

7. 논박과 다툼을 피하라. 꼭 언쟁을 하지 않고도 동의하지 않는 것은 가능하다. "다툼의 시작은 댐의 작은 구멍과 같으니, 싸움이 일어나기 전에 따지기를 그만두어라."(잠언 17:14) "다툼을 피하는 것은 영예로운 일이나, 미련한 자는 조급히 싸우려 든다."(잠언 20:3) "낮에와 같이 단정히 행하고 방탕과 술에 취하지 말며 음란과 호색하지 말며 쟁투와 시기하지 말라."(로마서 13:13)
8. 감정적인 폭발을 유발하는 분노의 반응을 피하라. 친절하고 지지적인 말을 사용하라. "화를 참는 자는 지혜로우나, 성미가 조급한 사람은 미련을 드러낸다."(잠언 14:29) "어리석은 자는 자기 분노를 드러내지만, 지혜로운 자는 절제한다."(잠언 29:11) "화가 나더라도 죄를 짓지 마라."(에베소서 4:26) "너희는 모든 악독과 노함과 분과 떠드는 것과 훼방하는 것을 모든 악의와 함께 버리라."(에베소서 4:31) "유순한 대답은 분노를 쉬게 하여도 과격한 말은 분노를 격동하느니라."(잠언 15:1) "오래 참으면 관원이 그 말을 용납하나니 부드러운 혀는 뼈를 꺾느니라."(잠언 25:15)
9. 당신이 틀렸을 때, 그것을 받아들이고 용서를 구하라. 이것은 마땅히 해야 할 일일 뿐 아니라, 다른 사람들에게 긍정적인 모델을 제공하기도 한다. 하나님의 사랑과 용서의 언어를 사용하

라. "이러므로 너희 죄를 서로 고하며 병 낫기를 위하여 서로 기도하라. 의인의 간구는 역사하는 힘이 많으니라."(야고보서 5:16) "서로 인자하게 하며 불쌍히 여기며 서로 용서하기를 하나님이 그리스도 안에서 너희를 용서하심과 같이 하라."(에베소서 4:32) "누가 뉘게 혐의가 있거든 서로 용납하여 피차 용서하되 주께서 너희를 용서하신 것과 같이 너희도 그리하고."(골로새서 3:13) "무엇보다도 열심히 서로 사랑할지니 사랑은 허다한 죄를 덮느니라."(베드로전서 4:8)

10. 흠 잡기, 비난 그리고 비판을 피하라. 대신에, 당신의 언어에서 회복, 격려 그리고 함양에 초점을 맞추어라. "그런 즉 너희가 다시는 판단하지 말고 도리어 부딪힐 것이나 거칠 것으로 형제 앞에 두지 아니할 것을 주의하라."(로마서 14:13) "형제들아, 사람이 무슨 범죄한 일이 드러나거든 신령한 너희는 온유한 심령으로 그러한 자를 바로잡고 네 자신을 돌아보아 너도 시험을 받을까 두려워하라."(갈라디아서 6:1)

상담에서 대화와 성경 사용

기독교 상담자는 돌봄의 사역 안에서 하나님을 드러내는 대사다. 성공적인 대사는 그들이 집중하고 있는 사람들의 상황과 본질 그리고 사람들이 가지고 오는 이야기의 내용을 이해할 수 있어야만 한다. 다시 말하면, 그리스도를 위한 상담의 대사는 하나님 그리고 개입에 대한 하나님의 뜻을 알기(고린도후서 5:20), 하나님과의 대화 가운데에 있기(데살로니가전서 5:17), 사람들의 필요를 구별하기, 명확하고 적절하게 대화하기, 그리고 치료적인 도움을 주기(누가복음 10:25-37)를 할 수 있어야 한다. 하나님의 말씀을 알기는 상담의 치료 과정을 계획할 때 결정적이다.

살아 있는 하나님의 편지가 되라 기독교 상담자들은 하나님의 살아 있는 편지가 되어야 한다. 당신은 사람이 받아 읽을 기회를 가지는, 하나님으로부터 온 유일한 편지일 수 있다(고린도후서 3:3). 기독교 상담자들은 하나님의 말씀 안에서 걸어야 하고, 하나님의 방법 안에서 말하고 행동해야 한다. 그들은 건강한 그리스도인의 삶의 모델이 되어야 한다.

하나님의 말씀을 기억하라 더 중요하게는, 당신의 마음속에 하나님의 말씀을 새겨 두라. 차이점을 살펴보자. 때때로 학생들은 단어나 구절을 기억하려고 노력하면서 시험을 위해 공부한다. 그러나 그들은 단어나 구절 아래에 있는 의미, 개념, 맥락 또는 목적에 대해 이해하지 못한다. 그러한 학생들은 "눈이 있어도 보지 못하고 귀가 있어도 듣지 못하는"(에스겔 12:2; 마가복음 8:18) 사람들과 같다. 하나님의 관점에서 성공적인 상담은, 상담의 과정에서 얼마나 자주 성경의 번역(심지어, 그것을 히브리어, 아랍어, 또는 그리스어로 언급하는 것)으로부터 일련의 말을 인용할 수 있는지에 의해 평가되지 않는다(비록 하나님께서는 우리의 잘못과 실수를 선하게 사용하시기까지 할 수 있지만[창세기 50:20과 비교하시오.]). 하나님의 말씀을 우리 마음에 새기기는 당신 자신 그리고 당신의 개인적인 경건에 대한 관심을 끌어서 겉으로 보여 주기 위함이 아니라, 성령의 인도 아래 동기를 부여하는 힘으로서 존재하게 한다. "내가 주의 말씀을 내 마음속에 두었습니다. 마음에 새겼습니다. 내가 주께 죄를 짓지 않기 위해서입니다."(시편 119:11) "내가 그 명령을 떠나지 않았습니다."라고 욥은 말했다. "내가 그의 입술의 명령을 어기지 아니하고 일정한 음식보다 그 입의 말씀을 귀히 여겼다."(욥기 23:12) 당신이 내담자들에게 전달하는 하나님의 말씀은 마치 그것이 당신 자신의 마음에 자리 잡듯이, 사람들의 마음 안에도 다다를 것이다(고린도후서 3:2). 하나님과 소통하는 일 그리고 하나님을 사람들에게 나타내는 일은 말보다 다른 그 어떤 것이 필요하다는 것을 항상 인식하면서 우리는 성령의 인도와 중재에 민감해야 한다(로마서 8:26-28).

대안적인 관점과 성경의 번역들을 연구하라 당신이 성경적이고 신학적인 자원들 그리고 다양한 성경의 번역과 해석에 대해 연구할 때 당신의 이해를 높이고 영적인 독선과 자랑 속으로 타락하는 일을 피할 수 있다. 단지 상담에서 당신의 의견을 지지하는 다른 사람들의 말을 듣거나 반응하지 말고 그들의 기준에 잘 맞춰 준 당신의 행동에 대해 스스로 칭찬하지 말라(고린도후서 10:12-13). 유능한 성경 해석학의 기술을 갖추고 말씀에 있어서 철저한 학생이 되라. 성경 연구를 할 때 색인, 성경 사전, 고전어 사전을 참고하여 사용하고, 가능하다면 다른 주석으로부터 관찰을 비교하라.

개인적인 해석, 선호 그리고 자신의 의제들을 하나님의 말씀과 혼동하지 말라 성경과 기독교 상담에 관한 책들은 돌봄 사역에 대한 풍부한 통찰과 유용한 자료를 가지고 있다. 이러한 자원들은 어떤 한 사람의 이론이나 특정한 저자의 기법과 신학적인 관점 또는 개인의 견해에 빠지는 유혹을 견제하는 역할을 함으로써 가치가 있고, 또한 그것이 진리의 중재자이자 협력자가 되도록 해야 한다. 이러한 경향의 효과는 성경이 한 개인의 법과 수용적 상담기준, 그리고 그리스도 안에서 자유를 잃은 사람을 지지하는 데 사용된다는 점이다.

오스발트 체임버스(Oswald Chambers)는 자신의 목적을 위한 보조 수단으로 성경을 이용하는 사람들을 조심하라고 경고한다. 그는 "그리스도께서 우리를 해방시키셔서 우리는 자유롭게 되었고 그러므로 굳게 서서 다시는 율법의 종이 되지 마라."(갈라디아서 5:1)고 충고한다.

> 영적인 사람은 당신에게 결코 "이것을 믿거나 저것을 믿으시오."와 같은 요구를 하지 않고 당신의 삶을 예수님의 기준에 맞추라는 요구할 것이다. 우리는 성경을 믿는 것이 아니라 성경이 나타내고 있는 바를 믿으라고 요청받는다(요한복음 5:39-40을 비교하라.). 우리는 보는 것의 자유가 아니라 양심의 자유를 지키도록 부름받는다. 만약 우리가 그리스도의 자유와 함께 자유롭게 된다면, 다른 사람들도 그와 같은 자유, 즉 예수 그리스도의 권위를 깨닫는 자유 속으로 들어올 것이다.
>
> 항상 예수님의 기준에 의해 평가되는 삶을 유지하라. 당신 자신을 결코 다른 사람이 아닌 오직 예수 그리스도의 멍에에만 굴복하게 하라. 우리가 잘못된 시각에 서 있을 때 그것으로부터 우리의 생각을 바꾸게 하는 데는 오랜 시간이 걸린다. 잘못된 관점을 가지는 것은 결코 하나님의 뜻이 아니다. 오직 하나의 자유, 우리가 옳은 것을 할 수 있게 하는 우리의 양심이 작동하는 그곳에 예수님의 자유가 있다. 성급해하지 말고, 하나님께서 인내와 평온을 가지고 당신을 어떻게 다루시는지를

> 기억하라. 그러나 하나님의 진리를 약화시키지 마라. 진리의 방법대로 흐르도록 하고 진리를 위한 변호를 결코 하지 마라. 예수님께서는 가서 당신의 생각에 따르게끔 사람들을 인도하고 변화시키라고 하지 않으시고, 가서 제자 삼으라고 말씀하셨다.[2)]

기독교 상담에서 상담자의 유능함과 적절함은 궁극적으로 하나님으로부터 나온다 상담과 관련된 법의 문자와 규칙이 아니라, 하나님과의 관계와 그의 존재에 초점을 맞추라. 우리는 상담에 있어서 하나님의 영광을 드러내고 사람들을 속박이 아니라 자유로 이끌기 위해 존재한다. 이러한 일에 있어서 유능한 인도자가 되라(고린도후서 3:5-6).

대화의 기술과 성경적인 유능함에 더불어서 기독교 상담자들은 사람들의 삶 속에서 하나님의 일하심을 찾아서 배워야 한다. 하나님의 영에 대한 통찰과 민감함은 내담자들이 절망적으로 보는 상황을 상담자가 다른 시각으로 볼 수 있도록 하는 시도, 즉 쓸모없는 것으로부터 진귀한 것을 끌어낼 수 있도록 돕기가 가능하다.

요 약

1. 기독교 상담자들은 치료적인 대화 기술을 개발해야 한다. 상담자들은 단지 그들의 상담 분야에 있는 전문적인 언어가 아니라, 특별히 도움이 필요한 사람의 어휘에 대해 지식을 가지고 이해해야 한다.

2. 성경은 무절제한 언어에 대해 경고한다. 그리고 성경은 상담에서 사용할 수 있는 몇몇 기본적인 원리와 좋은 대화 기술에 대한 예를 제공한다.

3. 유능한 기독교 상담자들은 경건한 삶을 산다. 그들은 성경을 기억하고, 하나님의 말씀을 철저하게 연구한다. 그들의 언어는 명백하고 이해하기 쉬우며, 그것을 신중하고 정확하게 전달한다.

4. 기독교 상담자들은 그들의 개인적인 관심사와 선호를 발전시키기 위해 성경을 사용하는 것을 피해야 한다. 율법주의를 거부하면서 그들은 살아 있는 하나님과의 관계로 사람들을 인도한다.

이제 우리는 여기에서 어디로 가는가

기독교 상담자들은 사람들이 하나님, 자기 자신, 그리고 타인과의 관계에서 그들의 위치(상태)를 발견하도록 돕는다. 그들은 자신이 돌봄 사역의 실제와 이론에 몰두할 때 정통한 상담자가 되시는 그리스도의 본보기를 모방하려고 노력한다. 상담자들은 도움이 필요한 사람들의 유일하고 특별한 대화의 형태 그리고 개인의 특유한 방식에 대해 배워야 하는데, 그들을 도울 때 예수님의 새 계명은 상담자에게 상담의 지침을 준다. 상담자들은 하나님의 말씀을 신중히 연구하고 나눈다. 다음 장에서는 상담자들이 내담자와의 대화에서 무엇을 끌어내야 하는지 그리고 그렇게 하기 위해서는 어떻게 해야 하는지를 배움으로써, 상담에서의 성경적인 관점 또는 초점을 개발하도록 도울 것이다.

연습문제

1. 기독교 상담에서 가장 중요한 대화 기술은 무엇인가? 효과적인 상담을 위해 필요한 다섯 가지의 기술을 구별하고 설명하라. 적절한 성경적 참고도서를 제시하라.

2. 이 장에서 설명된 것 외에 대화 기술에 대한 다른 성경적인 예들을 찾아보라. 그 기술에 대해 토의하고 그것들이 기독교 상담에 어떻게 적용될 수 있는지를 설명하라.

3. 당신은 상담에 온 내담자와 어떤 상황에서 함께 기도하거나 성경을 읽는가? 당신 자신은 어떻게 성경을 읽거나 기도하는가? 몇몇 예들을 제시하라. 당신은 성경의 어떤 지침들을 사용하고 또 어떤 지침들을 피하는가?

4. 어리석은 상담으로 이끌 수 있는 부적절하고 잘못된 성경의 해석에 대한 몇몇 예들을 구별하라.

5. 당신이 상담에서 율법주의를 피하는 대신, 사람들을 그리스도의 자유 안으로 인도하기 위해 계획한 방법들을 나열하라.

후 주

1) Deborah Tannen, *You Just Don't Understand: Women and Men in Conversation* (New York: Ballantine Books, 1990).

2) Osward Chambers, *My Utmost for His Highest* (New York: Dodd, Mead & Company, 1935), 127.

참고문헌

Chambers, Oswald. *My Utmost for His Highest*. New York: Dodd, Mead & Company, 1935.

Tannen, Deborah. *You Just Don't Understand: Women and Men in Conversation*. New York: Ballantine Books, 1990.

CHAPTER

08

다른 관점 취하기

성경적 관점 발달시키기

그리스도 안에 있는 자유와 정체성

하나님의 손길을 구하는 법 배우기

영적 시각을 배우는 사람들에 대한 사례

CHAPTER 08

다른 관점 취하기

대화의 기술과 성경적인 유능함에 더불어서 기독교 상담자들은 사람들의 삶 속에서 하나님이 언제 어떻게 일하는가를 배워야 한다. 하나님의 영에 대한 통찰과 민감함은 상담자들에게 절망적으로 보이는 상황을 직시하고, 내담자들로 하여금 희망이 없어 보이는 그들의 문제 가운데에서 희망을 찾을 수 있도록 도움을 주는 일을 가능하게 한다.

성경적 관점 발달시키기

예레미야는 마음이 심란했다. 이러한 태도는 선지자들에게 놀라운 일이 아니다. 성경 전체는 그의 비탄으로 가득 차 있고, 그의 인격은 jeremiad라는 용어를 사용한 영문학 안에서 알 수 있듯이, 그것은 자신의 슬픔과 우울에 대해 불평하는 묘사로 만들어졌다. 예레미야는 하나님의 말씀을 선포해 왔었지만, 지금 그는 풀이 죽었다. 예레미야 15장에서 자신의 상황에 대해 하나님께 항의한다. 예레미야는 자신이 명예롭게 행동해 왔지만 모두가 그를 반대하고 있다고 진술한다. 그는 하나님께 순종해 왔지만 칭찬과 평화 대신, 노력의 대가로 받은 모든 것은 저주와 한탄뿐이라고 생각했다. 그의 아름다운 출생은 의심스러운 사건이 된다(예레미야 15:10).

예레미야는 하나님을 위한 계획과 해결책을 갖고 있었다. 먼저, 그는 하나님께서 그가 하나님으로 인해 얼마나 많은 고통을 받았는지를 기억하셔야만 한다고 생각했다. 그는 다른 사람들이 파티에 가고 흥청대는 술잔치에 있을 동안, 홀로 하나님의 말씀을 탐독하는데 그의 시간을 보냈다. 그래서 그는 의로운 분개로 가득 차 있다. 예레미야는 명백히 고칠 수 없는 상처에 고통을 느끼고 있고, 정말 하나님께서 자신을 돌보실지 아닐지 궁금해하고 있었다. 예레미야는 만약 하나님께서 정말 자신을 기억하고 돌보신다면 자신은 그 상황에서 무슨 일이든 할 것이라고 강하게 믿었다. 예레미야가 생각하는 문제의 해결, 그리고 하나님이 자신을 돌보고 계신다는 표징으로서 그가 원했던 것은 아마도 자신이 보는 앞에서 그를 학대하던 자들의 멸망을 보는 것이다(예레미야 15:15-18).

하지만 예레미야가 하나님으로부터 받은 응답은 이런 것과는 달랐다. 하나님은 상황에 대한 예레미야의 평가에 동의하시지 않고 오히려 참회하라고 말씀하셨다. 예레미야는 더 이상 하나님의 선지자로서 행동하고 있지 않았기 때문이다. 새 미국표준성경(NASB, 1995)에 따르면, 예레미야 15장 19절에서 보이는 흥미로운 말투가 하나님께서 예레미아에게 가졌던 선지자에 대한 기대를 보여 준다. 하나님께서는 불평하고 있었던 예레미야에게 "희망 없이 절망 가운데 다른 관점에서 상황 보기, 즉, 쓸모없는 것으로부터 가치를 이끌어 내는 일"을 말씀하신다. 그리하여야만, 하나님이 예레미야로 하여금 다시 당신의 대변인이 되도록 하실 것이었다. 이 구절은 무엇을 의미하며 우리는 삶에서 "절망스러워 보이는 상황에서 어떻게 희망을 찾을" 수 있겠는가?

본문에서 사용된 형상(image)은 순수한 금속이 그것을 더럽힌 다른 성분들로부터 분리되는, 정제된 금속에 대한 말씀이다. 그러나 이 순수하고 진귀한 금속은 무엇인가? 그 구절은 예레미야가 사람들에게 하나님의 메시지를 잘 전달하지 못했음을 의미하지는 않는다. 그 본문의 상황은 예레미야 선지자가 하나님의 말씀 찬양에 있어서 신실했음을 보여 준다. 또한 하나님께서는 예레미야에게 그가 자신의 말에 반응하는 사람들에게만 하나님의 메시지를 제한해야 하며, 하나님의 사람들은 죄인들로부터 구별되어야 한다고 말씀하시지 않았다. 또 다른 가능성 있는 해석은 예레미야가 하나님의 말씀을 사람의 말과 혼합하여 사용해 왔다는 점인데, 이러한 결론을 지지할 만한 증거는 없다. 예레미야가 사람들의 말을 사용하여 표현했다거나, 하나님의 말씀이 거짓된 인간의 첨가물과 뒤섞였다는 견해는 그 상황과 완전히 맞지 않다. 아니, 오히려 예레미야가 가혹하게 따돌려졌던 이유는 그가 오직 하나님께서 그에게 말씀하신 내용만을 선포했기 때문이었다.[1] 실제로, 하나님께서 선지자로서의 그의 감투를 철회하시도록 했던 예레미야의 문제는 사람들에게 하나님의 메시지를 전하는 데 대해 실패했기 때문은 전혀 아니었다.

예레미야의 문제는 그의 중심을 잃어버렸다는 점이다. 그는 다른 사람들과 수평적인 관계에서 자신의 현재 상황을 정의하기 시작했고, 하나님과 자신의 관계는 별로 중요하지 않은 것 중 하나로 여겼다. 결과적으로, 그가 자신의 문제에 대해 하나님께 제안한 말과 해결책은 경솔했으며 하나님 안에서 자신의 믿음의 결여를 보여 주었다. 예레미아가 자신의 문제와 이기적인 욕구의 관점에서 자신이 처한 상황을 보고 말했을 때, 그의 마음에는 경건한 인내와 사랑의 자리 대신에 분노와 조바심이 가득 차게 되었다. 그는 자신의 주변에 있는 죄 많은 세상에서 일하고 계시는 하나님의 진귀한 뜻을 보는데 실패하고 있었다.

하나님께서는 예레미야에게 그의 삶에 있는 고통과 불안으로부터 자유를 얻기 위한 처방을 주고 계신다. 케일(Kayle)은 이 구절의 의미를 다음과 같이 해석한다. "만약 네가 네 안에 있는 진귀한 것들로부터 그것들과 섞여 있는 쓰레기를 제거한다면, 만약 네가 가지고 있는 선한 가치들로부터 성급함과 격노의 흠을 제거한다면,"[2] 쓸모없는 찌꺼기들로부터 값비싼 금을 분리해 내는 시굴자와 보석의 질을 결정하는 시금술자처럼, 예레미야는 하나님의 권리와 침범당할 수 없는 진리를 쓸모없는 찌꺼기들로부터 끌어내고, 하찮고 마음을 흩어지게 하는 성분들로부터 보석을 구별해 내야만 한다. 그는 문제 한가운데에서 하나님을 주의 깊게 찾아내고 그분께 집중하기를 배워야만 한다. 우리가 하나님께 집중할 때, 우리는 하나님에 대한 진귀한 것들을 발견할 것이다. 그리고 우리는 거기에서 신성한 속성, 아름다운 가치, 그리고 어려움을 이겨 내기 위해 필요한 태도를 발견한다. 우리가 옛 아담의 정체성을 새 아담인 그리스도의 정체성과 바꿀 때에만 이러한 관점을 완전히 이해할 수 있고, 그리스도께서는 우리에게 이전에는 불가능했던 상황을 다룰 수 있는 새로운 생명과 힘 그리고 자유를 가져다주신다.

그리스도 안에 있는 자유와 정체성

“그런 즉 누구든지 그리스도 안에 있으면 새로운 피조물이라. 이전 것은 지나갔으니 보라 새것이 되었도다.”(고린도후서 5:17) 그리스도 안에서 우리의 정체성은 우리로 하여금 새로워진 관점으로 상황 바라보기를 가능하게 한다. 우리는 우리의 모든 필요가 하나님 안에서 충족됨을 발견한다. “그리고 우리의 하나님께서는 그리스도 예수 안에 있는 영광으로 그의 풍족함을 따라 우리의 모든 필요를 공급하실 것이다.”(빌립보서 4:19) 우리는 우리의 영혼을 만족시키고 하나님 그리고 또 다른 사람들과의 교제 안에서 우리를 하나 되게 하는 평화를 발견한다. 예수님께서는 성령 안에 있는 화평과 화목을 우리에게 주시러 이 땅에 오셨는데, 이 화평은 삶의 어려움과 시련을 우리가 능히 이길 수 있도록 한다(에베소서 2:14–18).

그리스도 안에서 새 사람을 입은 사람은 예수님의 형상을 닮아 가고 또한 거룩한 삶을 추구하는 친절의 태도로 다른 사람들과 진리를 나누도록 우리를 이끈다. 우리는 예수님의 말씀을 통해 배운다. 성경은 우리에게 하나님의 의와 진리의 거룩함으로 지으심을 받은 새 사람을 입으라고 말씀하신다. 새 사람이라 함은 거짓을 버리고 그 이웃으로 더불어 참된 것을 말하고 분을 내어도 죄를 짓지 말며 해가 지도록 분을 품지 말아서 마귀로 틈을 타지 못하게 하는 사람이라고 설명한다(에베소서 4:24–25). 아담의 시대 이후로 습관이 되어버린 거짓을 벗고, 우리의 새로운 정체성과 하나님의 지혜가 우리로 하여금 모든 상황 속에서 하나님의 귀한 진리를 찾도록 인도하고, 우리가 우리의 이웃을 섬기도록 유도한다. 우리는 문제와 절망의 한 가운데에서 희망과 진리를 찾아내는 눈을 가지고 있다.

하나님의 손길을 구하는 법 배우기

우리는 모든 상황에서 하나님의 손길을 찾음으로써 절망 가운데 하나님의 도우심과 지혜를 얻을 수 있다. 리처드 니부어(Richard Neibuhr)는 『책임지는 자기(*The Responsible Self*)』에서 하나님의 응답에 대해서 다음과 같이 언급했다. "하나님께서는 당신의 모든 행동 안에서 행하고 계신다. 그러므로 그의 행동에 응답하듯이 당신의 모든 행동에 응답하라."[3)] 다시 말해서, 어려운 상황에 직면해 있는 자기를 발견할 때, 하나님의 현존하심과 당신이 의도했든지 그렇지 않았든지, 당신이 보일 어떤 반응이 하나님께 바로 가게 됨을 기억하라. 이러한 진리는 결혼 상담과 갈등을 다루는 상담에 있어서 심오한 효과를 가진다.

결혼 상담 사례

부부는 끊임없이 말다툼하며 논쟁하고 있었다.

"당신은 내가 식료품비를 위해 준 돈으로 몽땅 무엇을 한 거지?" 남편은 아내를 심문했다. "돌아서서 거울 속에 있는 당신 자신을 한번 보라고요." 아내는 이렇게 되받아치고는, "그러면 당신은 모든 식료품비가 어디로 사라졌는지 알 수 있을 거예요."라고 말했다. 싸움은 사사건건 계속되었다. 때때로 이 부부는 그들의 문제에 대해 서로 이야기를 나누려고 시도하지만 대화는 불가피하게 더 큰 논쟁으로 진행되고 만다. 이 부부가 상담자를 만나러 올 때까지 그들은 이미 이혼에 대해 이야기하고 있었다. 두 사람 모두 기독교인이라고 말했지만, 그들의 믿음은 그들의 태도와 행동에 나타나지 않았다. 부부가 자신들의 문제에 대해 이야기하고 두 사람 모두 하나님이 원하시는 결혼생활을 세워 가는 데 기꺼이 헌신하고 있었다고 말하자, 상담자가 몇 가지 관찰을 했다.

"당신들은 첫사랑을 잃어버린 것처럼 보입니다." 상담자가 말했다. 그들은 각자 성경을 읽어 왔고 상담자가 서로를 향한 그들의 첫사랑뿐만 아니라, 요한계시록에서 언급된 하나님을 향한 그들의 첫사랑을 언급하고 있음을 이해했다. 에베소 교회를 향한 메시지는 거침없이 단호했다. 사람들은 열심히 일하고 노력해 왔지만 그들의 모든 활동 과정의 어디에선가, 하나님의 관점을 잃어버렸다. 그들은 더 이상 하나님을 그들의 삶에 우선순위로 두지 않았다. 그들은 그들의 첫사랑을 저버렸다(요한계시록 2:1–5). "네가 어디에 있느냐?" 하나님께서 부부를 향해 묻고 계신다. "나와의 관계에서 너는 어디에 있느냐? 그리고 다른 사람들과의 관계에서 너는 어디에 있느냐?"

부부는 그들이 당면한 문제에 집중해서 다른 것을 보지 못하고 있었는데 그러면 어떻게 그들의 관점을 돌릴 수 있을 것인가? 그리고 어떻게 그들이 하나님 그리고 다른 사람들과의 관계를 세우기를 배울 것인가? 상담자가 부부에게 하도록 권했던 연습 중 하나는 모든 대화에서 하나님을 인정하기 시작하라는 점이었다.

상담자가 말했다. "당신이 대화 중 긴장이 고조되기 시작할 때, 하나님께서 그곳에 당신들과 함께 계심을 기억하기 바랍니다. 누군가 당신의 얼굴에 대고 소리를 지르더라도 이 진리를 기억하고 다음의 연습을 하세요. 만약 도움이 된다면, 아내의 어깨 위를 살짝 쳐다

보고, 아내의 어깨 너머로 그리스도의 현존하심을 기억하세요. 예수님은 현 상황에서 당신을 바라보고 계시고 당신의 응답에 귀를 기울이고 계십니다. 예수님은 당신이 문제 자체만을 바라보지 않고 문제 너머로 바라보기를 요청하고 계십니다. 그러므로 당신이 아내에게 대답할 때 하나님께 하듯 말하십시오. 그리고 하나님께서 당신으로부터 듣기 원하신다고 믿는 점을 당신의 배우자에게 말하십시오."

바울의 사례

기독교 상담자들이 하나님의 뜻 가운데 있고자 할 때, 그들은 상담 장면에서 하나님의 일하심을 끊임없이 찾을 것이다. 바울은 이러한 원리를 이해했다. 그가 개종한 이후, 마음의 중심은 바뀌었다. 바울이 과거에 가치 있게 여겼던 것들이 그리스도를 알고 나서는 쓸모없는 것으로 여겨졌다(빌립보서 3:7). 바울은 말했다. "우리가 알거니와 하나님을 사랑하는 자 곧 그 뜻대로 부르심을 입은 자들에게는 모든 것이 합력하여 선을 이루느니라." 하나님은 우리가 어떤 상황에서든 주님의 인격을 닮아 가도록 도우신다(로마서 8:28-29). 이러한 사실은 바울이 그를 화나게 하고 문제를 부추기는 수단으로서 그리스도를 설교하고 있었던 사람들에게 어떻게 대처할지를 알도록 했다. 바울은 어려운 상황에서 하나님만을 바라봄으로써, 기뻐할 수 있었다고 고백할 수 있었다. 왜냐하면, 다른 사람들의 동기에 대한 진실성과 상관없이 그리스도는 여전히 찬양받고 계시기 때문이었다(빌립보서 1:15-18). 바울은 어려운 상황 안에서 좌절에 빠지지 않고, 하나님을 바라보고 하나님의 관점으로 보는 법을 배웠다.

바울은 빌립보인들에게 그들의 관심을 참되고, 고상하고, 옳고,

순결하며, 아름답고, 존경할 만한 것에 집중하라고 격려했다(빌립보서 4:8). 이러한 경건한 가치들에 집중하는 것은 심오한 일이며 삶을 변화시키고, 심지어 생명을 구하는 의미까지 가질 수 있다.

갈등과 위기의 순간에 하나님께서 하시는 부분은 그 상황 속에 새로운 어떤 것을 창조하시는 일이다. 기독교 상담자들은 문제의 원인에만 초점을 맞추어서는 안 되고, 하나님께서 구속의 가능성을 통해 자신의 은혜를 드러내시고 그분을 사랑하는 사람들을 위한 새로운 소망의 꿈을 만들고 계심을 간과해서는 안 된다(로마서 8:28). 이사야를 향한 하나님의 메시지에서 이것을 발견할 수 있다. "너희는 이전 일을 기억하지 말며 옛적 일을 생각하지 마라. 보라, 내가 새 일을 행하리니 이제 나타낼 것이라. 너희가 그것을 알지 못하겠느냐, 정녕히 내가 광야에 길과 사막에 강을 내라니." (이사야 43:18-19)

문제를 바라보는 데 있어서 영적 시각을 배우는 사람들에 대한 수많은 예가 있다. 다음 절에서는 당신에게 성경, 교회 역사, 또 최근에 있었던 일로부터 몇몇 사례를 제시할 것이다.

영적 시각을 배우는 사람들에 대한 사례

엘리야와 엘리사의 이야기

우리 삶 가운데 일어나는 사건에 대한 인식은 우리의 감정과 반응을 형성한다. 우리의 믿음은 우리의 길을 인도한다. 성경 속 엘리야와 엘리사가 경험했던 생명을 위협하는 사건을 보며, 사람이 생각하는 관점이 변할 때 그들이 세상을 보는 시각이 어떻게 달라지는지 그리고 어떻게 하나님의 음성 듣기에 실패하게 되는지의 예를 볼 수 있다.

열왕기상 19장에서, 우리는 자신을 죽이려고 위협하는 이세벨로부터 두려움에 떨며 도망가는 엘리야를 발견한다. 이전 장에서 우리는, 갈멜 산에서 엘리야가 제단 위에 물에 흠뻑 젖은 제물을 올려놓고 불태워 달라고 하나님께 간구함으로써 바알 선지자들을 의기양양하게 무찔렀던 이야기를 읽었을 것이다. 지금 우리는 사막으로 달려가 죽기를 간청하고 있는 엘리야를 발견한다. 엘리야는 자신의 문제에 스스로 압도당하여 주체할 수 없는 자신의 격한 감정을 나타낸다. 도대체 무엇이 엘리야의 태도에 갑작스러운 변화를 가져온 것인가?

성경의 상황은 하나님께서 엘리야를 저버리지 않으셨음을 명백히 한다. 하나님께서는 그의 필요에 대한 응답으로 엘리야를 위한 음식과 물을 제공하신다. 그러나 엘리야는 여전히 안전하게 느끼지 않았기 때문에 동굴로 숨는다. 그가 동굴에 있는 동안, 하나님께서 그에게 오서서 왜 그곳에 숨어 있는지 물으셨다(열왕기상 19:9). 엘리야의 응답은 우리에게 다음과 같은 교훈을 준다. 엘리야는 하나님의 귀한 공급을 바라보는 데에 머무르지 못하고, 대신에 그는 세상의 악하고 무가치한 것들을 바라보며 부정적 감정에 휩싸인다. 결국, 엘리야는 그의 삶에 일어난 일들이 모두 잘못되어 가고 있다고 강조하고 있다(10절).

- "나는 최선을 다했습니다." (그러나 결과는 좋지 않았습니다.)
- "사람들은 여전히 순종하지 않고 있습니다." (그들은 내 말에 귀를 기울이지 않을 것입니다.)

- "저들은 나 같은 예언자를 모두 죽였습니다."(나는 혼자입니다.)
- "그들은 나를 죽일 것입니다."(상황은 절망적입니다.)

그는 자신이 처한 상황을 비극화하고 있다. 하나님께서는 당신의 존재를 드러내시고 엘리야에게 왜 그곳에 있는지를 다시 물으신다(19:11-12). 엘리야는 그의 두려움과 논리를 반복한다. "나는 최선을 다했습니다. 아무도 내 말을 듣지 않아요. 그들은 나 같은 선지자들을 죽이고 있습니다. 그들은 나도 죽일 거예요."

이에 대한 응답으로 하나님께서는 엘리야의 상황에 대한 그분의 견해를 보여 주시고(19:15-18), 그 과정에서 위기 개입에 대한 모델을 제시하신다.

- 사실을 분별하라. 하나님께서는 엘리야에게 사실을 제시하셨다. 너는 혼자가 아니다. 7천 명의 사람들이 바알 숭배를 거부해 왔다.
- 현실적인 목표를 세워라. 하나님께서는 엘리야에게 그가 온 길을 다시 되돌아가, 그의 적들을 파멸시키라는 목표를 주셨다.
- 실제적인 계획을 전개하고 능력의 자원을 확인하라. 계획은 목표에 포함된다. 엘리야는 아람의 하사엘 왕에게, 이스라엘의 예후 왕에게 기름을 부을 것이다. 그리고 엘리사는 엘리야의 선지자 자리를 계승할 것이다. 이 사람들과 함께 그는 우상 숭배자들의 나라를 제거할 것이다.
- 계획을 실행하라. 이 과정은 행동의 중요성을 강조한다. 엘리야는 동굴을 떠나 그의 사명에 착수한다.
- 지지 체계를 가져라. 하나님께서는 실제적인 방법으로 엘리야를

향한 그의 지지를 보여 주시고, 더 나아가 그를 보좌할 엘리사를 주셨다(21절).

엘리야는 하나님 바라보기를 중단하고 현재 자신의 생명에 위협을 느끼게 하는 위험을 바라보았기 때문에 두려움에 떨었다. 두려움이 커지면서 하나님 안에서의 믿음은 약해졌다. 육체의 생존에 필수적인 음식과 물이 부족했고, 이것은 그의 약해진 육체와 감정의 상태를 더욱 악화시켰다. 고립감으로 인해 자신의 현재 상태를 지나치게 과장해서 느끼다가 결국엔 자신이 정말 혼자라고 믿게 되었다. 엘리야는 자신의 상황이 절망적이라는 사실에 두려웠다.

개입은 엘리야의 시선을 다시 하나님께로 돌리고 엘리야가 진정한 보호와 안전감을 경험하도록 하기 위해 설계되었다. 엘리야는 세상의 악하고 무가치한 것들을 바라보고 추구하고자 하는 자신의 욕망에서 벗어나 하나님 안에서 발견할 수 있는 영적인 것, 즉 하나님의 축복, 현존, 보호, 계획, 약속 그리고 공급으로 다시 한 번 그의 시선을 돌려 볼 수 있었다. 이러한 관점의 변화는 엘리야의 마음에 평안을 가져왔고 삶의 목적을 새롭게 하였으며, 나아가 영적이고 사회적인 지지를 더 받을 수 있게 했다.

엘리사는 그의 예언적 사명 안에서 엘리야와 합류하였다. 엘리야를 향한 엘리사의 지지적 힘은 하나님께서 엘리야를 하늘로 들어 올리려 준비하실 때 드러난다. 엘리사는 적어도 세 번, 그가 엘리야와 함께 있을 것이고 결코 그를 저버리지 않을 것이라고 맹세한다(열왕기하 2:1-6). 엘리야가 하늘로 들어 올려졌을 때, 엘리사는 엘리야가 가졌던 영적 능력의 두 배를 구하고 받는다(열왕기하 2:9-15). 이 두 배의 권세는 엘리사로 하여금, 그의 전임자가 처해 있었던 것과 유사하게 생명을 위협하는 상황에 붙들려 있었을 때, 중요하게 사용될 것이었다(열왕기하 6:8–23). 그러나 엘리사의 관점과 결과는 엘리야와 다를 것이었다.

어느 날 아침, 도단(Dothan) 사람들이 깨어나 보니 그들의 도시가 시리아 군대에 포위당해 있었다(열왕기하 6:8–23). 아람 또는 시리아의 왕은 엘리사가 이스라엘의 왕에게 그의 군대 진영 위치와 군사 계획에 대해 경고할 책임이 있었음을 알게 되었다. 격노한 왕은 밤에 그 도시를 포위하고 엘리사를 붙잡기 위해 그의 최고의 부대를 보냈다. 그전에 엘리야처럼 엘리사는 무서운 적에게 쫓기고 있는 자신을 발견했다. 엘리사와 같은 상황에 놓인 대부분의 사람들은 두려움에 떨었을 것이다. 그는 왕이 자신 때문에 오고 있고, 적들이 자신을 에워쌌음을 알았지만, 엘리야와 같은 방법으로 반응하지는 않았다.

한 사람이 그 상황에서 공포에 사로잡혔다. 엘리사의 종이 시리아 왕의 부대를 보고 그의 주인에게 알리려고 달려갔다. 종은 그들의 삶에 닥친 위협에 대해 자신들이 무엇을 할 수 있을지 알기를 원했다. 엘리사의 종은 현실에 닥친 위험에 초점을 맞추고 있었기 때문에 상황 안에서 일하시는 하나님의 도우심을 볼 수 없었다. 엘리사는 위기 속에서 하나님에 대한 자신의 믿음으로 상황에 대응했으며, 하나님께서 그 종의 눈을 열어 주시도록 기도했다. 종이 선지자 엘리사의 믿음의 관점으로 현실 상황을 보기 시작했을 때, 그는 크게 놀랐음에 틀림없다. 포위된 언덕은 하늘의 말과 불마차로 가득 찼다. 하나님의 군대는 엘리사를 보호하면서 그와 그의 적들 사이에서 있었고, 하늘의 명령에 응답할 준비를 하고 있었다. 사람의 눈으로, 엘리사는 분명 문제를 가지고 있었다. 그러나 하나님의 관점에서는 곤경에 빠진 이들은 엘리사가 아닌 바로 시리아인들이었다.

시리아 군대가 공격했을 때, 엘리사는 기도했고 하나님께서는 시리아 군사들을 눈멀게 하심으로써 응답하셨다. 엘리사는 눈먼 부대를 사마리아로 이끌었고, 그곳에서 그들은 다시 눈을 떴으나 이스라엘의 왕에게 이미 체포되어 있었다. 엘리사는 왕이 군사들에게 음식과 물을 제공하고 그들을 집으로 돌려보내는 긍휼을 베풀도록 요청했다. 그러고 나서 이스라엘에 대한 침입은 중단되었다.

엘리야와 엘리사의 비교를 통해 엘리야가 적의 위협에 대해 엘리야와는 아주 다르게 반응했음을 알 수 있다. 엘리야와 엘리사 두 사람 모두 적의 표적이었다. 난폭하고 위험한 적은 두 사람을 뒤쫓았지만, 한 사람은 두려움을 가진 인간의 눈으로 문제를 바라본 반면, 다른 사람은 믿음의 눈으로 문제를 위한 하나님의 도우심을 경험했다. 엘리야는 동굴에 숨었지만, 엘리사는 달아나지 않았고 집에 남아 있었다. 엘리야는 쇠약함과 우울의 감정을 경험했지만, 엘리사는 떨지 않으면서 굳은 믿음을 보였다. 엘리야는 적의 힘과 승리의 표시를 보았지만, 엘리사는 하나님의 현존과 보호의 표시를 보았다. 엘리야는 하나님께서 패배를 승리로 바꾸시고 회복하시기 위해 직접 개입하시기를 요구했고, 엘리사는 적이 공격하기 전에 영적인 승리의 비전을 마음속에 그렸다. 엘리사는 문제의 상황 가운데 있었음에도 영적 시각을 잃어버리지 않고, 오히려 문제의 한가운데에서 하나님의 일하심과 인도하심을 직접 보고 경험할 수 있었다.

사도 요한의 이야기

역사학자인 에우세비우스(Eusebius)에 의해 수 세기 전에 기록된 사도 요한에 대한 이야기는 문제의 상황에서 영적 시각을 잃어버리지 않고 귀한 교훈을 얻어 낸 사람의 특징을 보여 준다. 요한은 밧모 섬에서 학대와 망명 생활을 견뎌 냈다. 수년 동안 하나님으로 인해 고통을 겪은 그였기에 실망할 만한 이유들은 충분했고, 확실히 말년에는 조용히 은퇴의 시간을 보낼 수 있도록 보상받을 만했다. 그러나 에우세비우스의 기록에 따르면, 요한이 밧모 섬에서의 망명 생활을 마치고 돌아와서 했던 첫 번째 일은 교회를 화목하게 하고 주교들을 임명하여 세우면서 에베소 지역을 여행하는 것이었다.

한 도시에서 요한은 강하고 열정적인 소년 한 명을 그 지역 주교의 돌봄 아래 두었다. 주교는 집에서 소년을 양육했고 마침내 소년에게 세례를 주었다. 그러나 세례를 베푼 직후부터 주교는 소년을 돌보는 데에 소홀히 했다. 주교는 어찌됐든 세례가 악한 행실로부터 소년을 보호해 줄 것이라고 생각했다. 이는 얼마나 잘못된 생각이었는가.

목자로부터의 엄격한 돌봄과 지도 없이 소년은 나쁜 무리와 어울리게 되었다. 그는 범죄의 삶으로 빠져 버렸다. 소년은 자신이 구원을 잃었다고 믿기 시작했고, 강도의 패거리를 만들었다. 무모한 악당의 지도자로서, 그는 '폭력과 피로 물든 잔인함' 가운데 있던 모든 이를 능가했다.[4]

요한이 도시로 돌아왔을 때, 이런 상황에 대해 알게 되었다. 요한은 자신이 수고한 사역이 실패했다고 지각할 수도 있었고, 자신의 수고가 수포로 돌아가서 당연히 우울을 겪을 수도 있었다. 요한은 왜 그 소년을 보호하지 않았는지에 대해 하나님께 화를 낼 수도 있었다. 그는 소년이 했던 끔찍한 모든 일에 대해 다른 교회 성도들과 함께 토론할 수도 있었다. 아마도 어떤 성도는 이 소년에 대해 애초부터 가졌던 의심을 이야기하고, 자신은 소년이 나쁜 행실을 할 것을 이미 예상하고 있었다고, 또 자신의 믿음을 저버릴 것을 추측하고 있었다고 말했을 것이다. "그는 좋은 점이 전혀 없었어. 나는 그를 처음 봤을 때 알 수 있었지. 중심이 타락한 사람이었어."

분석과 비난으로 맞서는 대신, 요한은 그 교회의 어떤 성도도 시도하지 않았던 특별한 일을 했다. 요한은 소년을 찾아내기 위해 출발했다. 이야기를 상상해 보라. 요한, 지금은 노인인 그 교회의 거장이 지역 교회가 쓸모없다고 생각했고 포기했던 반역한 소년을 찾으려고 강도가 들끓었던 곳의 흔적을 따라 말을 타고 가고 있다. 당신은 그다음 무슨 일이 일어났을지 예측할 수 있을 것이다. 요한은 강도들에게 습격당하고 체포되어 소년 앞에 붙들려 왔고, 소년은 요한을 알아본 후 수치심에 달아나려고 돌아섰다. 그러나 요한은 자신의 나이와 육체의 허약함을 무시한 채 그를 쫓아가며 소리쳤다. "아이야, 너는 왜 무기도 없고 늙어 빠진 너의 아비인 내게서 도망치고 있느냐? 아이야, 나를 불쌍히 여겨라. 나를 두려워하지 마라! 하나님 앞에서 너의 죄에 대해 함께 용서를 구할 것이다. 그리고 필요하다면, 하나님께서 우리를 위해 죽음을 견디셨던 것처럼, 너를 위해 나의 생명을 주고 죽음을 견딜 것이다. 멈추어 서라! 그리고 믿어라! 그리스도께서 너를 위해 나를 보내셨다."[5)]

소년은 요한에게 돌아와 자신의 무기를 집어 던지고 눈물을 흘리기 시작했다. 요한은 소년이 자신의 죄를 자백할 때 그를 끌어안았다. 요한은 그에게 용서받을 것이라고 안심시켰고, 그와 함께 기도했으며, 너무나 많이 살해 도구로 사용해서 용서할 가치조차 없다고 여겨졌던, 등 뒤로 숨겨진 소년의 오른손에 입을 맞추었다. "그 후 요한은 그를 돌려보내고, 소년이 교회에서 다시 회복될 때까지 기도와 단식과 가르침을 통해 함께하면서 그를 떠나지 않았다. 이것이 바로 진실한 참회와 소생, 눈에 보이는 부활의 승리에 대한 위대한 본보기다."[6)]

이 사람이 예수님께서 특별히 사랑하셨던 제자였음에 어떤 의문이 있는가? 선더(Thunder)의 아들 중 하나였고, 이기적 욕망에서 권력과 지위, 그리고 하나님의 나라에서 특권을 갖고 싶어 했던(마태복음 10:35-37) 요한은, 무가치한 것으로부터 진귀한 것을 찾아내시는 예수 그리스도의 삶을 배우면서 믿음과 영적 성장을 이루어 냈다. 요한의 가치는 바뀌었다. 포기를 선택하지 않았고, 불가능한 것을 기꺼이 시도했으며, 필요하다면 하나님 나라의 유익을 위해 자신의 생명을 희생하려고 했던 그리스도의 제자, 그가 행한 돌봄의 적극적인 가치가 여기에 있다. 요한은 소년에게서 하나님의 가치를 보고, 그의 삶을 망가뜨리고 있는 세상의 무가치한 것들로부터 그것을 분리해 낼 수 있었다. 요한은 우리에게 돌봄 사역에서의 위험과 희생에 대한 그림을 제시하며 더불어 믿음의 눈을 통해 도움이 필요한 사람들을 바라보고 구속과 치료의 가능성을 보이는 도전을 제시하고 있다.

마틴 루터의 이야기

마틴 루터(Martin Luther, 1483~1546)는 건전한 마음과 건강한 몸 사이의 중요한 관계를 깨달았다. 그는 그리스도인에게는 기쁨이 있어야 한다고 믿었고, 마음에 불평과 부정적인 생각을 부채질하고 그로 인해 신체화 증상을 갖게 유도하는 마귀의 유혹을 받아들이는 사람들에 대해 염려했다. 루터는 이러한 사람들의 문제를 해결할 수 있는 방법을 알고 있었다. 그의 대답은 회복을 돕는 수단으로 하나님의 일하심과 공급하심에 집중하기였다.

어느 날, 루터는 병들어 어찌할 바를 모르고 낙담한 한 남자에 대해 알게 되었다. 루터는 그 남자의 생각과 상상이 문제의 원인이 되었을 거라고 제안했다. 루터는 그 남자에게 생각을 바꾸고 그리스도께 집중하며, 그리스도의 생명을 부여받은 자로서 그리스도인의 삶에 대한 긍정적이고 기쁜 고백을 하도록 가르쳤다. "무릇 그리스도 예수와 합하여 세례를 받은 우리는 그의 죽으심과 합하여 세례받은 줄을 알지 못하느뇨. 그러므로 우리가 그의 죽으심과 합하여 세례를 받음으로 그와 함께 장사되었나니, 이는 아버지의 영광으로 말미암아 그리스도를 죽은 자 가운데서 살리심과 같이, 우리로 또한 새 생명 가운데서 살리심과 같이 우리로 또한 새 생명 가운데 행하게 하심이라."(로마서 6:3-4) "마귀는 패배했다." 루터는 하나님 말씀의 조언에 근거를 두었고, 하나님께서는 그의 자녀들을 신실하게 돌보시는 긍휼이 많으신 분이라는 사실을 그 남자에게 상기시켰다.[7]

루터는 스스로가 이러한 긍정적인 접근을 자신의 삶에 적용하려 노력했다. 루터는 하나님께서 그의 백성이 평안을 경험하고 기쁜 마음을 갖기 원하시기 때문에, 부정적인 생각은 마귀의 유혹의 징조라고 믿었다. 루터가 이러한 유혹을 경험했을 때, 그는 자신의 우울을 다루는 데 두 단계의 접근법을 사용했다. 루터의 접근법은 우리가 문제에 직면했을 때 도움이 되도록 간단히 할 수 있는 연습을 제시해 준다.

- **당신의 생각에 도전하라.** 루터의 첫 단계는 자신의 부정적이고, 영적이지 않은 생각에 도전하기였다. 각각의 파괴적인 생각에 대해, 그는 "Das ist nit Christus(저것은 그리스도가 아니다.)."라고 말했다.
- **유익하지 않은 당신의 생각을 경건한 생각으로 바꾸어라.** 각각의 부정적인 생각을 바꾼 후, 루터는 믿음에 대한 긍정적인 확언을 했다. 이러한 확언은 성경의 기억나는 구절을 외우기, 기도, 시, 그리고 믿음의 고백을 포함하여 다양한 형태를 취할 수 있다. 루터의 경우, 항상 찬송가를 불렀다. 나는 루터가 자신이 지은 찬송가 '내 주는 강한 성이요.'를 큰 소리로 부르는 그의 모습을 상상하기를 좋아한다.[8)]

앨런의 이야기

당신은 상담자의 비윤리적이고 범죄적인 행동에 의해 희생되고 배반당했을 때 어떻게 희망을 찾을 것인가? 앨런(Alan)은 대학교 사무실에서 일했고, 그리스도의 증거를 보여 주는 일부로서, 그의 사무실 문에 생명의 존엄성에 대한 전단지를 붙였다. 어느 날, 앨런은 자신에게 다음과 같은 사실을 알리기 위한 한 학생의 메모를 받았다. 메모는 앨런이 어떤 아이의 출산에 부분적으로 책임이 있다는 내용이었다. 첫 줄에서 받은 충격은 뒤따르는 편지의 내용에 의해 완화되었다.

> 친애하는 앨런,
>
> 예쁜 남자 아기의 사진을 이 편지와 함께 동봉합니다. 왜냐하

> 면 당신은 이 아기의 출산에 대해 어느 정도 책임이 있기 때문입니다.
>
> 나의 결혼 생활이 곤경에 빠졌을 때, 나는 상담소를 찾아갔고, 유혹 당하기 쉬운 상황에서, 비윤리적인 한 심리치료사의 포로가 되었습니다. 그는 내가 그를 신뢰하도록 나를 유혹했고, 그다음 내가 그의 아이를 임신했을 때, 나를 배반했던 사람입니다.
>
> 그 일이 있기 몇 달 전, 나는 당신의 사무실 문 앞에 있었던 몇몇 자료를 들고 왔고, 나는 처음으로 초기 배아의 생리와 그들의 발달 단계에 대해 알게 되었습니다.
>
> 나의 상담사는 내가 아이를 낙태하도록 하기 위해 모든 설득의 방법을 동원했습니다. 그는 불가능한 약속을 했고, 자살하겠다고 위협했고, 나를 죽이겠다고 협박했고, 총을 들고 와서 나를 공포에 떨게 했습니다. 그는 심지어 경찰에게 내가 그의 사무실을 부수고 들어갔다고 거짓말을 했고, 나는 구치되기까지 했습니다.
>
> 그러나 내 안에 있는 작은 생명이 심장박동을 하고 있고 고통을 느낄 수도 있다는 등의 지식과 함께, 나는 감옥에서 음울한 몇 달을 버텨 낼 용기를 가졌습니다.
>
> 나의 어린 아기는 당신에게 감사하며, 나 또한 그렇습니다.
>
> 그 좋은 일을 계속해서 지켜 나가기 바랍니다.

모든 고통과 배신, 깨어진 결혼 생활, 심리치료사로부터의 희생과 위협, 원하지 않았던 임신, 공포, 거짓말, 그리고 거짓된 기소 가운데서, 이 여자는 하나님의 눈을 통해 생명의 가치를 넌지시 알아차렸다. 결과적으로, 악의 영향 아래 힘겨웠던 나쁜 경험을 통해서 그녀는 좌절과 증오에 사로잡히지 않고, 가치 있는 영적 교훈을 배움으로써 포악한 악의 힘을 극복할 수 있었다. 임신의 문제는 하나님으로부터 온 선물로 바뀌었다.

스탠의 이야기

나는 학교 기숙사의 복도에서 스탠 존스(Stan Jones)를 처음 만났다. 존스는 그의 아내 스테파니(Stephanie)와 함께 그가 일하고 있었던 지구의 맞은편에 위치한 나라에서 미국의 텍사스로 이사 온 지 얼마 되지 않았다. 그는 단지 몇 시간 전에, 텔레비전을 통해 웨지우드 침례교회의 총격 사건에 대한 소식을 들었고, 얼마 후 그의 사랑스러운 딸인 킴이 그 총격 사건으로 인해 교회 성전에서 총에 맞아 죽었다는 사실을 알게 되었다. 스탠과 그의 아내 스테파니는 이제 막 딸의 방으로 올라갈 준비를 하고 있었고, 그 방은 지난 수요일 저녁, 킴이 죽었기 때문에 문이 닫힌 채로 있었다. 만약 사람이 하나님께 화가 나는 순간이 있다면, 바로 그때일 것이다. 그리스도에 대한 기쁨으로 가득 찼고, 그들이 들어갈 때마다 방을 환하게 비췄던 딸, 그들이 나중에 발견한 딸의 일기장은 하나님을 향한 기도와 찬양으로 가득 차 있었다. 그런데 그 딸이 이제는 사라졌다. 킴이 죽기 이틀 전, 그녀는 일기장의 서두에 다음과 같은 글을 적었다. "주님, 저는 당신 한 분과의 사랑에 완전히 머물러 있는 열정을 절대 잃고 싶지 않습니다. 제발 계속해서 나의 심장을 흔들어 주시고, 제가 지금 그리고 항상 열정적이게 해 주십시오."[9] 이제 그녀는 예배 장소에서 살해되었다. 스탠은 세상에 대해 격노하고 하나님에 대해 의문을 제기할 권리를 가지고 있었다.

나는 그가 킴의 방으로 올라가려고 준비했을 때 나에게 했던 말을 결코 잊을 수 없을 것이다. 킴의 아버지는 말했다. "만약 누군가가 일주일 전에 내가 하나님과의 관계 속에서 어디쯤 있냐고 물었다면, 나는 그리스도인으로서 내 삶의 약 80%가 헌신되어 있다고 말했을 것입니다. 그러나 오늘 나는 하나님에게 내 삶의 전부인 100% 헌신했음을 당신이 알기를 원합니다."

여기에 인생의 중요한 교차로에 서 있는 한 남자가 있다. 괴로움과 분노의 감정을 가지고 살아갈 것인지 아니면 믿음과 소망을 가지고 살 것인지 그는 선택해야 했다. 스탠 존스는 딸의 억울한 죽음의 경험 안에서 영적인 시각을 취함으로써 가치를 얻을 수 있었고, 나아가 하나님의 자비와 은혜에 의지하기를 선택했다. 엄청난 상실감의 한가운데에서, 그는 자신으로 하여금 어두운 시간을 뚫고 나가도록 위로해 주시는 하나님의 손길에 자신을 맡기고 도움을 구했다.

스탠의 선택은, 그녀의 딸이 죽기 단 한 달 전에 녹화된 딸의 영상물이 전하는 희망의 메시지를 통해 수백 명의 사람들이 복음을 소개받는 사역을 낳게 되었다. 킴 존스(Kim Jones)의 목소리와 믿음은 잊혀지거나 작아지지 않았다. 그것들은 스탠, 스테파니 그리고 팀 존스(킴의 남동생)의 사역과 믿음을 통해 여전히 살아 있고, 그들은 세상에 퍼져 있는 파괴적인 악의 힘과 영향력 안에서 하나님의 귀한 위로를 발견하기로 선택했다.

어떤 경험을 했든지 그 경험에서 가치 있는 것을 찾는 것이 기독교 상담자들이 내담자에게 깊이 없고 성의 없는 진부한 이야기를 제공함을 의미하지는 않는다. 우리는 사람이 어떤 상황에서든 생기 없는 낙관주의처럼 그냥 바보같이 웃어넘기기에 대해 말하고 있는 것이 아니다. "어찌되었건 하나님을 찬양하라."라는 피상적인 태도는 죄의 현실성과 세상의 타락, 그리고 사람들이 삶의 비극에 직면했을 때 느끼는 위협, 번민 그리고 두려움의 감정을 부인한다. 고통에 대한 건강한 태도는 먼저 고통의 깊이를 인정하고, 그것을 극복하는 데 필요한 하나님의 치유 능력을 의지하고 바라보기다. 당신은 웨지우드 총격 사건으로부터의 또 다른 이야기에서 이러한 예를 발견할 것이다.

캐시 조의 이야기

만약 당신이 웨지우드 침례교회 성전에 새롭게 깔려 있는 카펫을 들어 본다면, 메시지들로 덮여 있는 콘크리트 바닥을 볼 수 있을 것이다. 산문, 시, 성경, 의견 그리고 편지들은 1999년 9월 암흑의 시간 동안에 있었던 사람들의 마음을 표현하고 있다. 성전의 문 중 하나의 바깥쪽에, 당신은 23살의 신학생 숀 브라운(Shawn Brown)이 총에 맞아 죽은 후 떨어졌던 장소에서, 빨간색과 파란색의 매직펜으로 쓰인 다음의 말씀들을 볼 수 있을 것이다. "나는 나의 사랑하는 자에게 속하였고 나의 사랑하는 자는 내게 속하였구나." (아가서 6:3) "평안을 너희에게 끼치노니 곧 나의 평안을 너희에게 주노라. 내가 너희에게 주는 것은 세상이 주는 것 같지 아니하니라. 너희는 마음에 근심도 하지도 말고 두려워하지도 마라." (요한복음 14:27)

이 말씀들은 결혼한 지 아직 2년도 채 안 된 숀의 아내, 캐시 조(Cathy Joe)가 쓴 내용이었고, 그 내용은 남편에게 보내는 그녀의 추도의 메시지와 하나님께서 캐시에게 보내는 위로의 말씀을 전달하고 있었다. 캐시는 괴로움과 분노로 그 상황에 응답할 수도 있었다. 실제로, 그녀는 몇 달 동안 비탄, 우울을 포함한 격한 감정을 경험했다. 하지만 캐시는 비탄의 감정에 머물러 있지 않고 나오기를 선택했다. 영적으로 자신의 상황을 바라보며 그 가운데 하나님의 귀한 메시지를 얻기를 택했던 것이다. 그녀의 믿음과 희망은 그녀가 위기에서 하나님을 의지할 수 있도록 해 주었다.

캐시는 "나는 내 감정의 전 영역이 정상적이었고 하나님께서 내 안에 일어났던 모든 종류의 감정을 이해하셨음을 알았던 것이 내가 느꼈던 슬픔의 가장 유익한 면이었다고 믿습니다. 하나님은 심지어 내가 기도하기를 잊고 있었을 때도, 나를 지키고 계셨습니다. 그분은 내가 듣기를 잊고 있을 때조차도 말씀하고 계셨습니다. 내가 의문과 절망 가운데 지쳐 있을 때, '주님, 나는 당신을 신뢰합니다.'라고 반복해서 외치기를 배웠습니다."[10)]라고 말했다.

"여호와는 마음이 상한 자에게 가까이 하시고 중심에 통회하는 자를 구원하시는도다."(시편 34:18)

남편을 잃은 비극적인 상실의 경험은 이 젊은 미망인으로 하여금 믿음의 시험을 통과하도록 했다. 그녀는 슬픔의 한가운데에서 하나님께 중심을 두었고, 그녀의 이웃을 향해 염려를 표현했다. 대학원 친구들에게 공개한 그녀의 편지에서 캐시는 하나님께서 어떻게 그녀로 하여금 어려운 시련 가운데에서 참된 가치를 찾도록 인도하셨는지를 나타내었다. 그 내용은 다음과 같다.

> 나는 숀의 아내가 되는 축복을 받았음을 매우 감사히 여기며, 내가 천국에서 다시 그와 함께하리라는 사실 안에서 기뻐하고 있습니다. 하나님의 놀라운 신실하심과 로마서 8장 28절에서의 약속처럼 이 비극을 통해 그리스도를 알게 된 사람들 또한 천국에서 우리와 함께 있을 것이라는 사실에 대해 감사드

립니다. 우리는 숀의 죽음이 헛되지 않게 하기 위해 계속적으로 하나님을 찾고 그리스도께 다른 사람들을 인도합시다. 숀이 청소년 집회에서 일하고 젊은이들을 섬기기 원했던 것처럼, 우리가 "인내를 가지고 우리를 위해 예정된 경주를 향해 달려 나가기"(히브리서 12:1-3)를 기도합니다.[11)]

요 약

1. 상담에서의 성경적인 관점은 문제 상황에서 참된 가치를 찾는 법을 배우기를 의미한다. 예레미야에게 하셨던 하나님의 말씀(15:19)은 문제 상황에 당면했을 때 하나님의 공급하심과 기회로 문제를 재구성하도록 돕는 기초의 역할을 한다.

2. 그리스도 안에 있는 정체성은 그리스도인들이 모든 상황에서 하나님의 진리와 뜻을 찾을 수 있게 한다.

3. 우리가 경험하는 모든 사건에서 일하시는 하나님의 손길을 찾는 법을 배워야 한다. 결과적으로, 우리는 우리의 행동이 다른 사람들에게 영향을 미칠 뿐만 아니라, 하나님을 향한 우리의 개인적인 반응을 드러내기임을 기억해야 한다.

4. 우리는 성경, 교회의 역사, 그리고 현대의 상황 속에서 고통을 극복하고 그 가운데에서 보석을 발견하는 법을 배웠던 사람들의 예를 발견한다.

이제 우리는 여기에서 어디로 가는가

성경적 기독교 상담자들은 모든 상황에서 하나님의 공급하심과 선하심을 발견하려고 노력한다. 고통과 시련 가운데 영적인 교훈을 찾아내는 시도는 영적인 분별 그리고 하나님과의 개인적 관계의 훈련을 요구한다. 성경적 기독교 상담에서 독특한 한 영역은 영적인 권위와 활용 가능한 자원들이다. 다음 장에서는 현재 우리와 함께 이 땅에 계신 하늘의 상담자, 성령님의 역할과 은사들을 살펴볼 것이다.

연습문제

1. 고통과 시련 가운데 영적인 교훈을 찾아내는 생각을 포함하는 몇몇 다른 용어, 구절 또는 암시는 무엇인가?
2. 성경, 역사, 또는 현대의 상황으로부터 고통과 문제 가운데 영적인 교훈을 찾아내는 것을 묘사하고 있는 예들을 찾아보라.
3. 어려운 상황에서 일하고 계시는 하나님의 손길을 발견했던 당신 자신의 경험을 예를 설명하라.
4. 당면한 고통과 문제에 빠져 있는 사람들을 볼 때, 그들이 문제 상황에서 영적인 시각을 가질 수 있도록 돕기 위한 건설적인 혹은 치료적인 방법과 생각을 나열해 보라.

후 주

1) C. F. Keil, *Jeremiah, Lamentations*, trans. James Martin, in Commentary on the Old Testament in Ten Volumes by C. F. Keil and F. Delitzsch (Grand Rapids, Mich.: William B. Eerdmans Publishing Company, 1978), 266.

2) 같은 책, 266. 킬(Keil)의 원어는 라틴어다.

3) H. Richard Niebuhr, *The Responsible Self: An Essay in Christian Moral Philosophy* (San Francisco: Harper & Row, 1963), 126.

4) Paul L. Maier, *Eusebius-the Church History: A New Translation and Commentary*, (3.23) (Grand Rapids, Mich.: Kregel Publications, 1999), 111.

5) 같은 책, 112.

6) 같은 책.

7) Martin Luther, D. *Martin Luthers Werke: Tischreden*, vol. 1 (Weimar: Hermann B hlaus Nachfolger, 1912), 243.

8) 같은 책, 243.

9) Robyn Little, "Kim Jones: From a Good Life to Life Transformed," *Southwestern News, Special Edition.* 58:2 (1999), 7.

10) Ian F. Jones, "Ministry to the Grieving: Care Giving after the Wedgwood Tragedy," *Southwestern News: Special Edition*, 58:2 (1999), 16.

11) Cory J. Hailey, "Shawn Brown: Braveheart, Big Heart," *Southwestern News, Special Edition*, 58:2 (1999), 5.

참고문헌

Hailey, Cory J. "Shawn Brown: Braveheart, Big Heart." *Southwestern News, Special Edition.* Vol. 58, no.2, 1999: 4-5.

Jones, Ian F. "Ministry to the Grieving: Care Giving after the Wedgwood Tragedy." *Southwestern News: Special Edition.* Vol. 58, no.2, 1999: 16-17.

Keil, C. F. *Jeremiah, Lamentations.* Trans. James Martin. In Commentary on the Old Testament in Ten Volumes by C. F. Keil and F. Delitzsch. Grand Rapids, Mich.: William B. Eerdmans Publishing Company, 1978.

Little, Robyn. "Kim Jones: From a Good Life to Life Transformed." *Southwestern News, Special Edition.* Vol. 58, no. 2, 1999: 6-7.

Luther, Martin. D. *Martin Luthers Werke: Tischreden.* Vol. 1. Weimar: Hermann B hlaus Nachfolger, 1912.

Maier, Paul L. *Eusebius-the Church History: A New Translation and Commentary.* Grand Rapids, Mich.: Kregel Publications, 1999.

Niebuhr, H. Richard. *The Responsible Self: An Essay in Christian Moral Philosophy.* San Francisco: Harper & Row, 1963.

CHAPTER

09

성령의 역할과 영적인 은사

상담에서 성령의 역할

성령의 선물

성령의 열매

성령의 은사

성령의 사역

CHAPTER 09

성령의 역할과 영적인 은사

"보혜사, 곧 아버지께서 내 이름으로 보내실 성령, 그가 너희에게 모든 것을 가르치시고 내가 너희에게 말한 모든 것을 생각나게 하시리라."(요한복음 14:26) 성령은 우리 안에 거하는 하늘의 상담자이시다.

상담에서 성령의 역할

우리의 대변자이신 성령

이 땅에 계신 하늘의 상담자, 예수 그리스도께서는 우리 안에 있는 성령의 일하심을 통해 그분의 사역을 계속해 나가신다. 예수님께서는 하나님께서 우리와 영원히 함께하실 '또 다른 보혜사' '진리의 성령'을 주심을 나타내셨다(요한복음 14:16). "내가 아버지께 구하겠다. 그러면 아버지께서 다른 보혜사를 너희에게 보내셔서 영원히 너희와 함께 있게 하실 것이다. 그분은 진리의 영이시다. 세상은 그분을 보지도 못하고 알지도 못하므로 그분을 맞아들일 수가 없다. 그러나 너희는 그분을 안다. 그것은 그분이 너희와 함께 계시고 또 너희 안에 계시기 때문이다. 나는 너희를 고아처럼 버려 두지 않고 너희에게 다시 오겠다."(요한복음 14:16-18)

예수님께서는 부활 이후 그리고 하늘로 승천하신 후에 우리를 위해 성령을 주실 것을 약속하셨다. 그분의 현존은 우리 안에 '또 다른 도우는 자(helper)', 성령으로 남아 있을 것이었다. '도우는 자'의 그리스어는 *parakletos*이고 그것은 '부름을 받은 자' '위안자' '대변자(또는 중재자)'라는 의미를 가진다. 비록 원어를 번역한 중재자(Paraclete)가 현재 공통적으로 사용되고 있지만 가장 정확한 묘사는 아마도 대변자(advocate)일 것이다. 성경의 초기 영어 번역은 위안자(comforter)를 사용했지만 이 단어는 약간 잘못 사용되었다. 위안자는 진정시키거나 달래려고 하는 사람 그리고 슬픔과 곤경에 빠진 사람에게 기운을 북돋워 주려고 시도하는 사람이라는 표현을 나타낸다. 위안은 현대적인 의미에서 수동적인 뜻을 내포하고 있고 도움이 필요한 사람을 향한 위로는 현재 상황을 변화시키는 어떤 힘이나 약속을 포함하지는 않는다.

존 위클리프(John Wycliffe)가 14세기 말에 영어 번역에서 위안자를 사용했을 때 J. 오즈월드 샌더스(J. Oswald Sanders)는 그 단어가 뚜렷하게 다른 뜻을 가졌다고 지적했다. 위클리프는 '꿋꿋하게 또는 힘을 강화시키다.'를 의미하는, 최초의 라틴 파생어 *confortare*를 이용하여 단어를 이해했다. 성령은 우리의 연약함 안에서 우리를 강하게 하고 어떤 일을 할 수 있게 한다. 그러나 하나님께서 우리를 고아로 버려 두지 않을 것이라고 약속하셨기 때문에, 위안이 되는 요소는 여전히 그 용어 안에 남아 있다.

성령은 고발자나 심판자에 맞서 도움을 주실 대변자 또는 하나님의 변호자다. 샌더스는 변호인의 전통적인 역할이 의뢰인을 대표하고 그의 이름을 옹호하며 의뢰인의 재산을 지키고 관리한다는 점을 관찰해 왔다. 성령은 우리가 그분을 부르기로 결정했을 때, 우리를 섬기기 위한 우리의 대변인이 아니다. 그분은 그리스도의 대변인이다(요한복음 15:26). 그분의 사역은 지상에서 그리스도를 대표하고 그의 소송에 항변하며 그분의 이름을 옹호하고 그분의 나라를 위한 일과 이익을 지키고 관리한다.[1)]

예수님께서는 그가 '또 다른 중재자(*Parakletos*)'를 보낼 것이라고 말씀하셨다. 그리스도가 떠나기 전까지는, 그가 땅에 계신 우리의 대변자이자 우리를 돕는 분이셨다. 그리고 그분은 지금 하늘에 계신 아버지 이전에 우리의 대변인이시다(요한1서 2:1). 그분을 알고 있던 사람들은 고아처럼 버려지지 않을 것이다. "지금 그들은, 아버지께서 내게 주신 모든 것이 아버지께로부터 온 것임을 알고 있습니다." (요한복음 16:7) 제자들은 예수님께서 그들을 떠나실 때, 어떠한 유익도 볼 수 없었지만 성령이 왔을 때 그들은 육체적인 장벽을 초월하는 하나님과의 관계 속으로 들어갔다. 성령은 육체에 의해 제한받지 않으신다. 그분은 그리스도를 드러내는 내부의 존재이고 믿는 이를 통해 그의 사역을 계속 이어 가신다. 성령은 현재 지상에 있는 그리스도의 중재자다. 그는 우리 안에 있는 그리스도의 영과 하나님의 현존이고(로마서 8:9), 이 진리는 바로 그리스도 자신이며, 우리 안에 있다. 그분만이 우리의 영광스러운 소망이 되신다(골로새서 1:27).

우리의 상담자와 대변자

성령은 우리의 상담자이시다. **상담자**(counselor)라는 말은 자문 또는 충고를 뜻하는 라틴어 *consilium*으로부터 나왔으며, 히브리어에서 그것과 동일한 용어는 이사야 9장 6절(6장을 보라.)에서 메시아의 언급에서 사용된 *yaats*이다. 성령은 현재 우리의 훌륭한 상담자이자 고문이고, 우리에게 영혼 돌봄과 상담의 사역을 권하고 맡긴다.

성령은 그리스도인의 삶과 기독교 상담 사역 안에서 그의 현존, 힘, 상담, 지도와 지시 그리고 중재를 제공해 준다. 이사야 11장 2절(지혜, 분별력, 지식, 능력, 하나님에 대한 지식, 하나님에 대한 경외)에 있는 메시아의 특징은 이제 성령을 통해서 표현된다. 성령으로 충만한 모든 그리스도인은 모든 믿는 이를 한 몸이 되게 하는(고린도전서 12:13, 27) 마음, 사랑, 뜻, 은사 그리고 성령의 활동으로 접근을 하게 된다(로마서 8:27; 15:30; 고린도전서 12:1-11). 확장성경(The Amplified Bible: TAB)은 요한복음 14장 26절의 번역에서 성령의 다양한 사역에 대해 알아내려는 시도를 했다. "그러나 내 아버지께서 나의 이름(나의 위치에서 나를 대표하고 나를 대신하여 행하기 위해)으로 보내실 진리의 성령이신 위안자(상담자, 보혜사, 중재자, 대변자, 격려자, 지지자)께서 너희에게 모든 것을 가르치시며, 내가 너희에게 말한 모든 것을 생각나게 하실 것이다(너의 기억을 가져와 너를 일깨울 것이다.)." (요한복음 14:26)

비록 바울이 그의 편지에서 **중재자**라는 단어를 사용하지 않지만, 그는 그리스도와 성령의 중재 사역을 강조한다. 하나님의 뜻과 일치하여, 성령은 우리의 연약함 안에서 우리를 도우며 마음 구석구석을 살핀다. 그리스도는 우리를 위해 중재하고 우리의 기도를 거룩하고 하나님께서 받아들일 수 있는 용어로 번역하여 전달해 주신다(로마서 8:26–27). 바울은 그리스도 역시 하나님 앞에서 우리를 중재하신다고 말하고 있다(로마서 8:34). 우리는 그리스도의 사랑으로 함께 묶여 있고, 하늘과 땅에 있는 어떤 것도 우리를 갈라놓을 수 없다(로마서 8:35–39).

깨닫게 하시는 유일한 분

성령의 사역은 사람들에게 죄, 공의, 판단을 깨닫게 한다(요한복음 14:8–11). 상담자들은 내담자의 삶에서 성령의 사역을 일깨우는 데 민감해야 한다. 그들은 상담에서 판단하고 문책해야만 한다. 성령은 사람의 삶에 있는 죄를 조명하시는 유일한 분이다. 성령은 하나님 앞에서 인간의 개인적인 불충분함의 정도를 보여 준다. 선한 것, 삶을 위한 우리의 도덕적인 신조, 그리고 고결한 삶을 살려고 시도하는 모든 인간의 노력은 하나님의 눈에 불충분하다. 실제로, 우리의 모든 정의는 하나님의 의로우심에 비하면 불결한 넝마 조각과도 같다(이사야서 64:6). 성령 또한 우리로 하여금 판단을 깨닫게 한다. 그리스도인은 마귀가 가진 죽음의 권세에 패배했고(히브리서 2:14) 성령은 우리에게 이러한 사실을 보여 준다.

성령의 선물

기독교 상담자들은 성령으로 충만하고(에베소서 5:18) 성령의 열매를 맺는다(요한복음 15:16; 갈라디아서 5:22). 그들은 돌봄의 사역을 행할 때 성령의 자극에 민감해야 한다. 성령의 일하심에 동기를 부여받고 성령의 영감에 의존하는 법을 배우는 상담자들은 다음의 사례에서 보듯이 그들의 사역이 풍요로움과 때로는 예기치 않은 축복으로 가득 참을 발견한다.

사 례

나는 처음에 한 젊은 남자에게 질문을 받고 놀랐다. 왜냐하면 그 질문에 대한 답이 준비되어 있지 않았기 때문이다. 내가 준비되지 않았다는 의미는 당신이 추측하는 것과 다를 수 있다. 그 젊은이는 삶에서 일어났던 모든 문제에 대한 이유를 발견할 필요성과 믿음에 대해 물어보았다. 그는 내가 욥의 딜레마에 대해 깊이 생각해 본 적이 있는지에 관하여 캐묻는 듯한 어조로 욥을 언급했다. 비록 표면상으로 그가 알아볼 정도는 아니었지만, 나의 놀라는 반응은 거짓이 아니었다. 그것은 질문 자체 때문이 아니라 시기의 정확성 때문이었다. 단지 몇 시간 전, 나는 아침 경건의 시간에 욥기 24장 전체를 읽고 싶은 마음이 들었다. 그것은 나의 원래 계획과는 달랐고 예정 밖의 일이었다. 나는 성령께서 그렇게 빨리 그리고 그러한 실제적인 방법으로 나의 연구에 관여하심을 예상치 못하고 있었다. 그것은 나의 믿음의 부족이었다.

나는 욥이 그의 압박과 역경, 그리고 그의 마지막 회복 이후에 왜 그 모든 일이 일어났는지에 대해 결코 알지 못한 채, 남은 생애를 보냈음을 그 젊은 청년에게 주목하도록 했다. 청년은 결코 나의 설명을 받아들이지 않았다. 그는 우리처럼, 욥의 시험의 원인과 본질이 설명되어 있는 욥기의 첫 두 장을 읽을 수 있는 특권을 가지지 못했다. 성경은 우리에게 욥이 그의 삶을 만들었던 영적인 갈등에 대해 언젠가 자초지종을 발견했다는 어떤 증거도 주고 있지 않다. 욥이 할 수 있었던 전부는 그가 곤경에 처했음에도 불구하고 하나님을 신뢰하는 것이었다. 욥기의 가장 중요한 메시지 중 하나는 욥에게 닥친 문제와 비극들은 어떤 면에서는 설명될 수 없다는 사실이고, 우리는 이러한 상황에서 단순히 하나님께 우리의 믿음과 소망을 두어야만 한다는 점이다.

이 청년과의 만남은 성령이 실제의 상담 상황뿐 아니라 그 준비 단계에서까지 적절한 순간에 우리를 일깨워 주심을 내가 기억하게 하는 신호가 되었다. 모든 성숙한 기독교 상담자는 그들의 사역에서 성령의 일하심에 대한 비슷한 이야기들이 있을 것이다. 성경적인 메시지는 우리가 항상 성령의 지도와 인도하심에 대해 열려 있어야 함을 분명하게 한다.

성경은 성령의 선물과 성령의 열매, 그리고 성령의 은사들을 각각 구별한다. 성숙한 기독교 상담자는 이 세 가지 영역 사이의 차이점들을 이해하고, 각각의 본질적인 기능이 성경적 기독교 상담 사역에서 효과적으로 드러난다는 사실을 알아야 한다.

예수님께서는 제자들에게 그들이 성령 안에서 세례를 받고 증언을 하는 권세를 받을 것이라고 약속하셨다(사도행전 1:5, 8). 이 선물은 그들이 성령으로 충만하여 성령에 의해 다른 방언으로 말하기 시작했던 오순절에 하나님으로부터 왔다(사도행전 2:4). 선물은 교육과 웅변, 그리고 자신감이 부족했던 그리스도인들이 대담함과 용기를 가지고 하나님의 메시지 찬양하기를 가능하게 했다.

성령으로 충만함은 여러 가지 특징을 가진다.

믿음의 증거

우리는 믿음을 가지고 들음으로써 성령을 받았다(갈라디아서 3:2, 14). 예수 그리스도를 믿거나 그 안에서 믿음을 가지는 사람들은 성령을 받고 일할 준비를 한다.

다른 사람을 향한 용기와 권위

오순절을 거치면서 성령으로 충만해진 베드로는 하나님의 권위를 가지고 다른 사람들에게 말할 힘과 할 말들을 받았다(사도행전 4:8). 성령은 믿는 사람들이 대담함을 가지고 하나님의 말씀을 말하고 그 사람들의 치유를 가능하게 했다. 성령은 믿는 자들에게 새로운 자신감을 가져다주었고, 그들은 성령의 구속 사역들을 행할 권리를 위임받았다(사도행전 4:29–31). 바울이 대중 앞에서 연설을 한 용기와 개인의 치유 또한 성령의 충만함과 관련된다(사도행전 13:9–11; 9:17).

하나님께 드리는 중재의 기도

성령은 믿는 자에게 다른 사람과 세상을 다루는 능력을 줄 뿐 아니라 우리가 하나님과 대화하기를 가능하게 한다. "이처럼 성령께서는 우리의 연약함을 도우신다. 우리가 무엇을 기도해야 할지 모를 때도 성령께서는 말로 다 표현할 수 없는 간절함으로 우리를 위해 중보 기도를 하신다. 사람의 마음을 꿰뚫어 보시는 하나님께서는 성령의 생각이 무엇인지를 아시는데 그것은 성령께서 하나님의 뜻에 따라 성도들을 위해 중보 기도를 하시기 때문이다." (로마서 8:26–27)

다른 사람을 섬김

지상의 교회에 필요가 생길 때, 성령으로 충만한 사람은 다른 사람을 섬기기를 선택한다(사도행전 6:3). 성령의 존재는 우리가 이웃에게 하나님의 사랑과 도움을 표현하는 능력 안에서 나타난다.

하나님의 중심 또는 통찰

성령은 우리가 하나님의 관점으로 상황을 바라보도록 인도한다. 순교할 때 성령으로 충만했던 스데반은 오직 하나님의 영광 그리고 하나님의 오른편에 서 있는 예수님께로 모든 시선을 고정할 수 있었다. 성령은 심지어 그가 죽음의 순간에도, 핍박 가운데에 괴로움과 원망에 머물지 않고 사람들을 용서하고 하늘의 소망을 가질 수 있도록 했다. 그는 비록 죽었지만, 그의 마음 안에는 괴로움과 분노가 아니라 영원한 소망이 가득했다.

기쁨에 찬 태도

기쁨은 성령의 충만함과 연관이 있다. 제자들은 계속해서 기쁨과 성령으로 충만했다(사도행전 13:52). 그리스도인들은 하나님의 평안을 가졌기 때문에 기쁨의 태도를 유지할 수 있다. 성령이 우리에게 약속, 하나님의 도우심, 그리고 하나님의 현존을 기억나게 할 때, 하나님의 평안은 극심한 염려로부터 우리의 생각과 감정을 보호한다(요한복음 14:27; 빌립보서 4:7; 골로새서 3:15). 내적인 평안과 기쁨의 외적인 표현은 다른 사람들을 하나님께로 이끈다.

말씀의 공급자와 격려자

성령은 힘들고 심지어 생명을 위협하는 상황 속에서도 우리를 자극하여 우리가 담대히 말할 수 있는 능력을 제공한다(마태복음 10:18-20; 누가복음 12:11-12). 성령은 우리가 보통의 상황에서 깜짝 놀라 할 말을 잃을 만한 상황에 직면했을 때, 그곳에서 우리를 자극하여 우리에게 말할 것을 가르친다. 그런 순간에 우리는 긴장을 풀고 성령으로 하여금 우리 안에서 말씀하시도록 할 필요가 있다. 성령의 도우심을 위해 중요한 필수사항은 우리가 하나님의 뜻 안에 있음과 우리가 처한 곤경이 우리를 향한 그분의 부르심과 섬김의 부분으로 생겨나는 것임을 아는 것이다.

대부분의 기독교 상담자들은 상담 과정 안에서 어떻게 진행해 가야 할지에 관하여 당황했던 순간을 기억할 것이다. 내담자의 문제가 너무 심각하게 느껴져 압도되는 느낌을 경험하고, 그들의 상황이 절망적으로 보이고, 마치 상담자의 어떠한 대답도 해결을 가져다줄 수 없는 듯한 경험을 하였을지도 모른다. 내담자의 절망은 상담자에게 개인적인 의심을 불러일으킬지도 모른다. 현명한 상담자는 하나님의 확신과 예비하심에 의지하면서 그분의 성령 안에서 기도할 것이다. 그러한 순간에 성령은 치유 과정에서 새로운 방향을 열어 갈 수 있는 생각, 의견, 기억, 말, 이야기 또는 성경 구절을 일깨워 줄 것이다.

성령의 열매

성령의 열매는 사랑, 희락, 화평, 오래 참음, 자비, 양선, 충성, 온유 그리고 절제다(갈라디아서 5:22-23). 이러한 아홉 가지 인격의 특성은 모든 참된 그리스도인에게서 공통적으로 나타나는데, 이것은 신앙을 가진 자들이 성령 안에서 살고 있다는 표현이기 때문이다. 성령의 열매는 믿는 자들의 삶에 성령이 계속적으로 현존하시며 적극적으로 일하고 계시다는 증거다. 성령의 열매는 하나님의 뜻에 따라 주어지는 은사들과 달리 모든 믿는 자에게 있다. 다른 성령의 은사들이 많이 있지만 다양한 성령의 열매가 있지는 않다. 은사의 다양성은 같은 성령으로부터 오지만(고린도전서 12:6), 하나의 성령을 소유하고 있는 모든 사람에게는 공통적인 성령의 특징, 단 하나의 열매만 있을 뿐이다.

성령의 열매는 시간이 지나면서 믿는 자 안에서 자라고 성장한다. 성화의 과정에서, 믿는 자들은 그들의 마음이 순수해지고 깨끗해지며, 하나님의 형상으로 새롭게 된다. 그들은 열매가 성숙되고 강해지는 것처럼, 다른 사람을 섬기는 사역과 동료 그리스도인과의 교제를 통해 은혜 안에서 자란다. 믿는 사람들은 사랑, 희락 그리고 화평에 대한 개인적인 경험을 통해 위로받고 강건해진다. 그들 스스로 인내, 자비 그리고 착한 마음을 성장시킬 때, 다른 사람들과의 관계에서 성장하게 된다. 그들의 외부적인 행실은 성실, 온유, 절제 안에서 그리스도를 더욱 닮아 간다. 이러한 모든 열매의 표시는 성숙한 기독교 상담자들의 중요하고도 필수적인 특징이다.

성령의 은사

내재하시는 성령은 그의 은사들에 대한 명시 또는 훌륭한 열매(그리스어로 *phanerosis*)를 통해 보이고, 기독교 상담 사역은 이러한 영적인 장비에 의지한다. 영적인 은사를 활용하기는 개인과 교회, 믿는 자와 믿지 않는 자 모두에게 축복이다. 예를 들면, 찬송, 교훈, 계시 또는 해석의 말을 가진 교인들은 교회를 강건하게 하기 위해 그들의 은사를 활용해야 한다(고린도전서 14:26). 성령과 은사들이 가지는 하나의 목적은, 어떤 자연적인 인간의 능력을 훨씬 넘어서는 초자연적인 영적 능력을 제공하기다. 예를 들어, 성령은 바울에게 그의 개인적인 재능과 능력을 넘어선 어떤 것을 할 수 있는 권능을 부여했다(로마서 15:18-19).

은사들은 하나님과 성령의 영원한 현존을 드러내고 믿는 자들과 다른 사람들을 돌보고 교훈을 준다. 바울은 고린도전서 12장 8~10절에서 아홉 가지 은사—지혜의 말씀, 지식의 말씀, 특별한 믿음, 치유의 은사, 기적을 행하는 능력, 예언, 영을 구별할 수 있는 은사, 다양한 언어의 은사, 언어들을 통역하는 은사—를 구별했다. 바울은 그 은사들이 믿는 자들에게 동등하게 분배되는 것이 아니고 하나님의 뜻에 따라 성령의 특별한 은사에 대한 축복을 받는다고 명확히 진술했다.

> 은혜의 선물은 여러 가지이지만, 그것을 주시는 성령은 같은 성령이십니다. 섬기는 일은 여러 가지이지만, 같은 주님을 섬깁니다. 일의 성과는 여러 가지이지만, 모든 사람 안에서 모든 일을 이루시는 분은 같은 하나님이십니다. 각 사람에게 성령을 나타내시는 것은 공동의 이익을 얻게 하려고 하시는 것입니다. 어떤 사람에게는 성령으로 지혜의 말씀을 주시고, 어떤 사람에게는 같은 성령으로 지식의 말씀을 주십니다. 어떤 사람에게는 같

은 성령으로 믿음을 주시고, 어떤 사람에게는 같은 성령으로 병 고치는 은사를 주십니다. 어떤 사람에게는 기적을 행하는 능력을 주시고, 어떤 사람에게는 예언하는 은사를 주시고, 어떤 사람에게는 영을 분별하는 은사를 주십니다. 어떤 사람에게는 여러 가지 방언을 말하는 은사를 주시고, 어떤 사람에게는 그 방언을 통역하는 은사를 주십니다. 이 모든 일은 한 분이신 같은 성령이 하시며 그분은 자기가 원하는 대로 각 사람에게 은사를 나누어 주십니다(고린도전서 12:4-11).

추가적인 은사들은 다른 사람들에 대한 섬김, 도움, 가르침, 격려, 대접, 지도, 자비, 사도직, 복음 전도 그리고 목회를 포함한다(로마서 12:8-8; 고린도전서 12:28; 에베소서 4:11). 각각의 믿는 이들은 적어도 하나의 영적 은사에 대한 축복을 받고 우리가 다른 사람들을 섬기고 하나님을 영화롭게 하기 위해 은사들을 사용해야 한다고 성경은 말하고 있다. 우리가 성령의 은사들을 가지고 다른 사람들을 돌볼 때, 마땅히 하나님의 말씀을 정확하게 말하고 성령의 능력 안에서 일해야 한다(베드로전서 4:10-11). 우리의 자유의지 사용은 은사들이 남용될 수 있음을 의미한다. 바울은 고린도인들에게 은사를 구할 때 하나님의 사랑의 방법을 따르고, 자신만을 위한 방언의 은사보다, 다른 사람들을 강건하게 하고 격려하며 지지하는 더 높은 은사들을 구하라고 권했다(고린도전서 14:1-15).

은사와 하나님의 부르심은 취소할 수 없다(로마서 11:29). 하나님께서는 한 번 은사를 주시면 그것을 거두시지 않으신다. 우리는 공적이 아니라 개인의 삶 가운데에서 하나님의 말씀을 경시하는 사람에게서 보이는 은사들에 당황할지도 모른다. 우리는 이렇게 훌륭한 은사를 가진 사람이 어떻게 이러한 행동을 할 수 있을까라고 생각할 수 있다. 우리의 착오는 성령의 은사를 의의 표징이라고 보며, 성령의 은사들을 하나님의 뜻 가운데에서만 해석하려는 경향이 있다. 은사들은 진짜일 수도 있고, 또는 진짜를 흉내 냈거나 마귀의 속임수일지도 모른다. 예수님께서는 은사가 아니라 그들의 열매에 의해 믿는 이들을 구별해야 함을 명확히 하셨다. 예언을 하고 귀신을 쫓으며 기적을 행하는 사람들도 하늘나라에 들어가지 못할 수 있다(마태복음 7:15–23). 하나님의 인격은 단지 특별한 은사가 아니라, 성령의 선한 열매들을 표현하는 마음을 통해 보인다(누가복음 6:44–45).

바르게 사용된 영적 은사들은 하나님의 능력과 존재를 드러낸다. 은사들은 하나님으로부터 오는 축복이다. 이러한 영적 은사들은 상담에서 유용하다. 은사들은 여호와의 영, 즉 지혜와 총명의 영, 분별력과 능력의 영, 하나님을 아는 지식과 하나님을 경외하는 영(이사야 11:2)에 의해 모두 주어진다. 영적인 은사들은 성령에 대한 이 세 가지 차원의 표현이다.

지혜와 총명의 영

지혜의 말씀 그리고 지식의 말씀에 대한 은사는 고린도전서 12장 8절에서 명확히 구별하고 있고 그것들은 구세주의 인격과 분명한 연관성을 가진다(이사야 11:2). 성경은 우리에게 지혜와 총명을 구하라고 가르치고(잠언 4:7) 기독교 상담자들은 이러한 은사들을 갈망해야만 한다. 지혜와 총명을 통해, 성령은 우리에게 어려운 상황에서 할 수 있는 옳은 말을 해 주신다(마태복음 10:19–20).

바울은 우리에게 그리스도의 마음과 영적인 축복을 이해하는 데 있어서 성령의 역할에 대해 덧붙여 설명하고 있다(고린도전서 2:6–16).

> 하나님께서는 성령을 통하여 이런 일들을 우리에게 계시하셨습니다. 성령은 모든 것을 살피시니, 곧 하나님의 깊은 경륜까지도 살피십니다. 사람 속에 있는 사람의 영이 아니고서야, 누가 그 사람의 생각을 알 수 있겠습니까? 이와 같이 하나님의 영이 아니고서는, 아무도 하나님의 생각을 깨닫지 못합니다. 우리는 세상의 영을 받은 것이 아니라, 하나님께로부터 온 영을 받았습니다. 그것은 우리로 하여금, 하나님께서 우리에게 주신 은혜의 선물들을 깨달아 알게 하시려는 것입니다.
>
> 우리가 이 선물들을 말하되, 사람의 지혜에서 배운 말로 하지 않고, 성령이 가르쳐 주시는 말로 합니다. 곧 신령한 것으로 신령한 것을 설명합니다. 자연에 속한 사람은 하나님의 영에 속한 일들을 받아들이지 않습니다. 그런 사람에게는 이런 일들이 어리석은 일이요, 그런 사람은 이런 일들을 이해할 수 없습니다. 그것은 이런 일들이 영적으로만 분별되기 때문입니다. 신령한 사람은 모든 것을 판단하나, 자기는 아무에게서도 판단을 받지 않습니다. "누가 주의 마음을 알았습니까? 누가 그분을 가르치겠습니까?" 그러나 우리는 그리스도의 마음을 가지고 있습니다(고린도전서 2:10–16).

상담에서 지혜의 말씀이 나타날 때, 올바른 어떤 것이 발견되었다는 느낌이 든다. 그곳에서 사람들은 하나님의 영에 대한 존재를 깨닫고, 생각과 말을 일깨우며 온전함과 치유를 향한 만남을 인도하는 초월적인 마음을 인식한다. 영적인 지혜는 영적으로 준비된 사람이 받게 되고, 치유가 이루어지게 되는 적절한 순간에 올바른 말과 지식을 적용함과 연관된다. 성경은 만약 우리가 주님께 순종하면 우리는 항상 옳은 말을 할 수 있게 된다고 말한다(잠언 10:32a).

초대 교회의 믿는 자들이 성령으로 충만했을 때, 성령이 일깨워주신 언어를 말하고 예언적인 발언들을 했다(사도행전 2:4; 19:6). 이러한 은사들은 믿는 자들이 다른 사람들에게 복음을 전달하며 현재의 순간과 상황을 이해하고 설명함을 가능하게 했다. 기독교 상담자들은 하나님께서 그들의 돌봄 사역에서 이러한 은사들을 사용하실 수 있음과 또 어떠한 방법으로 나타내실지에 대해 항상 열려 있어야 할 필요가 있다. 가능한 결과를 예측하기 위해 상황을 읽는 능력과 하나님의 일하심을 인식하고 해석하는 은사는 상담에서 확실히 중요하게 적용된다.

우리는 이러한 영적 은사들이 변화하지 않는 인격의 특징이 아님을 기억해야만 한다. 성령은 적절한 순간에 지혜의 말씀을 주신다. 영적인 지혜가 상담자의 일시적인 기분과 의지에 의해 모이고 시행되는 경우는 없다.

지혜와 분별은 악한 것으로부터 선한 것을 구별하는 능력을 배우고, 연습하고, 성장시켜 온 성숙한 그리스도인의 특징이지만(히브리서 5:14), 이러한 능력들은 성령의 지혜의 말씀과는 구별된다. 비록 영적인 은사들, 도덕적인 이성과 지적인 성숙함이 같지는 않더라도, 그것들은 서로 배타적이지도 않고 갈등적인 요소들도 아니다. 성령이 적절한 순간에 그들에게 할 말을 주실 것이기 때문에 굳이 상담을 공부하고 준비할 필요가 없다는 태도를 갖는 기독교 상담자들은 현명하지 못하고 성숙하지 못하다. 이러한 거짓된 경건의 입장은 지혜서와 특별히 잠언에서 언급하는 것과 같은, 지혜에서 성장하는 성격적 가르침을 반영하지 않는다. 이러한 태도는 게으름에 대한 위장과 엄격한 학자적 면모를 피하기 위한 변명일지도 모른다.

분별력 또는 지식의 영과 능력의 영

하나님께서는 우리에게 두려움의 영이 아니라 힘과 사랑, 근신하는 마음의 영을 주셨다(디모데후서 1:7). 분별력 또는 지식은 기독교인이 하나님의 뜻과 계획을 이해하도록 하는 분별의 은사와 예언의 통찰 안에서 나타난다. 능력은 특별한 믿음, 치유와 기적을 행하는 은사 안에서 명백히 드러난다.

하나님께서는 사람과 상황을 판단하고 평가할 완벽한 통찰력을 갖고 계신다. 그분은 사람의 중심을 탐색하시고 사람의 생각 뒤에 있는 동기를 모두 이해하신다(역대기상 28:9; 시편 139; 예레미야 17:10). 어떤 것도 그분의 눈을 속일 수 없고(히브리서 4:13) 우리는 그분의 말씀(히브리서 4:12)과 분별의 은사를 통해 이 지식에 접근할 수 있다.

예수님께서는 나다니엘(요한복음 1:47-50)과 우물가의 여인(요한복음 4:16-19)과의 대화에서 사람들의 본성과 중심을 분별하는 초자연적인 능력을 보이신다. 우리는 아나니아와 삽비라의 속임수(사도행전 5:1-11) 그리고 마법사 시몬의 탐욕적인 마음(사도행전 18:18-24)을 읽어 냈던 베드로에게서 이 은사의 증거를 볼 수 있다. 이 은사의 한 가지 중요한 특징은 상황 속에서 일하고 계시는 하나님의 능력과 마귀의 힘을 분별하는 능력이다. 바울이 그와 실라에게 좇아와서 "이 사람들은 지극히 높은 하나님의 종으로 구원의 길을 너희에게 전하는 자라."라고 사람들에게 소리쳤던 점치는 귀신들린 여종에게 말하는 내용을 볼 때 바울의 영의 분별력을 볼 수 있다. 그 여종의 말은 정확했지만, 바울은 여종의 말이 악한 영으로부터 나왔음을 인식했고, 예수 그리스도의 이름으로 떠나가라고 명령했다(사도행전 16:16-18).

기독교 상담자들은 성령을 분별하는 은사와 비판의 영을 가지기 또는 인간의 본성에 대한 정확한 인식이나 통찰을 소유하기를 혼돈해서는 안 된다. 다른 사람의 결점과 연약함을 지적하기는 좋은 상담이나 영적인 은사의 증거에 대한 표시가 아니다. 영적인 은사는 상담자들이 상황 속에서 영적인 활동을 깨닫고 사람의 중심을 인지하기를 돕는다.

예언적 발언은 영감을 받고 오류가 없는 '성경의 예언'에서 가장 완벽하게 나타난다(베드로후서 1:20). 예언의 은사는 우리의 이웃을 '권면하고 덕을 세우며 용기를 북돋우고 위로를 주기' 위함이다(고린도전서 14:3-4). 그 은사는 믿는 자들이 순간적인 영감 아래에서 말하고 사건에서 하나님의 마음을 드러냄을 가능하게 한다. 그러한 순간에 사람들은 하나님의 방법으로 가르침과 격려를 받는다. 바울은 교회에 어떤 예언이라도 '신중하게 고려하라'고 경고했다(고린도전서 14:29-33).

믿는 사람들이 어떤 위기의 상황에 직면했을 때, 그것을 이겨 낼 수 있는 특별한 믿음이 고취되는 순간이 있다. 엘리야가 갈멜 산에서 바알의 450명의 선지자들 앞에 서 있었을 때가 바로 그러한 경우였다. 엘리야는 네 개의 큰 항아리에 담긴 물을 도랑으로 흘려보낼 때까지 제단 위에 있는 제물과 장작 위에 세 번 흠뻑 부었고, 그다음 그 위에 올라가 제물을 불태워 달라고 하나님께 기도했다(열왕기상 18:30-39). 특별한 믿음의 은사는 하나님의 노를 쉬게 하고 산을 옮기는 능력을 가진다(마태복음 17:20). 이 믿음의 은사는 또한 놀라운 치유와 연결되어 보인다. 베드로는 그가 사원의 문 앞에서 다리가 마비된 거지를 치유했던 능력이 예수님의 이름에 대한 믿음에 의해서였다고 말했다. "그 이름을 믿음으로 그 이름이 너희 보고 아는 이 사람을 성하게 하였나니 예수로 말미암아 난 믿음이 너희 모든 사람 앞에서 이같이 완전히 낫게 하였느니라."(사도행전 3:16) 베드로는 치유와 예수님에 대한 믿음 사이의 분명한 관계를 보았고, 그러한 믿음은 이 땅에서 그리스도를 분명히 나타내는 성령의 은사다.

육체적인 치유는 영적 전쟁과 마귀의 속박으로부터의 치유뿐만 아니라(마태복음 8:16; 마가복음 1:34; 누가복음 6:18b; 9:1), 예수님의 사역의 일부였다(예를 들면, 마태복음 4:23-25; 8:7, 16; 9:35; 마가복음 3:10; 누가복음 5:15; 9:1, 6). 예수님께서는 제자들에게 병든 자를 고치고, 죽은 자를 일으키며, 문둥병자를 깨끗하게 하고, 마귀를 쫓아내라고 가르치셨다(마태복음 10:8). 사람들은 예수님으로부터 나오는 치유의 능력 때문에 예수님을 만지려고 애썼다(누가복음 6:19).

고린도전서 12장 9절에서, 바울은 치유의 '은사들'에 대해 말한다. 그 말은 치유가 다양한 종류의 형태를 취할지도 모른다고 하면서, 복수형으로 쓰인다. 치유의 기원은 하나님이시다. 치유는 자연적인 힘 그리고 의료 과학의 범위와 능력을 넘어선다.

성경은 죄로부터의 치유와 같이, 영적인 의미에서 치유를 설명한다(시편 41:4). 즉, 하나님께서는 그리스도의 희생적인 죽음을 통해 우리의 죄를 치유하신다(이사야 53:5; 베드로전서 2:24). 관계와 감정에 대한 초자연적인 치유가 있다. 즉, 하나님께서는 깨어진 마음을 치유하시고 그들의 상처를 감싸 주신다(시편 147:3). 하나님의 치유, 마음의 평안, 위안 그리고 인도하심은 우리를 경건한 예배와 찬양으로 이끈다(이사야 57:18-19). 우리를 향한 하나님의 부르심, 훈련과 교정에 대해 영적으로 반항하는 사람을 치유하는 은사 또한 있다(예레미야 3:22; 히브리서 12:7–13).

기독교 상담자들은 성령이 치유와 변화를 만들어 내는 기적적인 능력을 준다는 기대를 가지고 사역을 한다. 예수님께서는 제자들에게 심지어 당신이 행했던 기적보다 더 큰 기적을 행하리라고 말씀하셨다(요한복음 14:12). 기적은 능력에 힘을 북돋워 주는 초자연적인 작용이다. 실제로, 고린도전서 12장 10절에서 기적(miracles)으로 번역된 그리스어는 '불가사의하고 기적적인 능력의 외적인 표현'을 의미하는 *dunamis*다. 성령을 통해 일하시는 하나님의 능력은 베드로가 죽은 도르가를 일으키고(사도행전 9:40), 바울이 유두고를 살리는 일을 가능하게 했다(사도행전 20:7–12). 모든 기적이 극적인 사건은 아니다. 중요한 특징은 기적의 현상이 자연적인 결과와 설명 너머에 있는 어떤 변화를 만들어 낸다는 점이다. 기적은 성령의 능력을 요구한다.

하나님에 대한 지식의 영 그리고 하나님을 경외하는 영

앞에서 언급한 지혜와 지식의 영 드리고 상담과 능력의 영이 영적 은사들의 다양한 표현을 언급한다면, 여기서 설명하려는 내용은 그것과는 다른 초점을 가진다. '하나님에 대한 지식 그리고 하나님을 경외하는 영'은 성령의 다양한 은사의 일부가 아니다. 그것은 성령 그 자신의 은사다.

하나님에 대한 지식과 경외의 영은 인간으로 하여금 자신들의 완고한 상태를 깨닫고 우리의 죄를 자백하도록 돕는다. 성령은 놀라운 하나님의 거룩하심에 대한 경외 그리고 그분의 자비와 은혜에 대한 절대적인 의존으로 우리를 이끈다(전도서 12:13–14). 성령은 사람들이 그리스도를 믿는 믿음을 통해 구원의 선물을 나타내시고(에베소서 2:8; 히브리서 6:4), 아이가 아버지에게 연결되듯이 우리가 하나님과 연결될 수 있게 한다(갈라디아서 4:6–7).

여기서 설명하는 차원은 우리의 삶에 계시는 성령, 하나님의 역할을 표현한다. 우리는 상담 활동 전반에서 성령의 현존을 인정해야 하고, 죄를 지어서는 안 된다. 예수님께서는 성령에 반대하여 말하는 결과에 대해 우리에게 경고했다(마태복음 12:31–32). 성령에 반하는 모독에 대한 정확한 의미는 수 세기 동안 논쟁의 주제였고, 이것에 대해 충분히 논쟁하는 것이 이 책의 목적은 아니다. 그리스도의 훈계의 강조점은 우리가 위험을 무릅쓰고 성령을 물리친다는 사실이다. 하나님의 질문, "네가 어디에 있느냐?" 에 대한 답을 고의적으로 거절하면 그로 인해 올 결과를 본인이 영원히 책임지게 된다(데살로니가전서 5:16). 우리는 하나님의 영을 슬프게 해서는 안 된다(에베소서 4:30). 이사야는 메시아가 회복의 구원자로서 오시지만, 그의 영을 슬프게 하는 자들은 그의 분노를 경험하게 될 것이라고 우리에게 말하고 있다(이사야서 63:9–10).

성령에 저항하고(사도행전 7:51) 완고하게 되기보다 우리는 그의 인도와 말씀에 굴복하고, 하나님의 존재를 드러내는 하나님의 대사가 되어야 한다.

하나님에 대한 지식 그리고 하나님을 경외하는 영은 우리 또한 다윗과 같이 말하도록 이끈다.

> 아, 하나님, 내 속에 깨끗한 마음을 새로 지어 주시고
> 내 안에 정직한 새 영을 넣어 주십시오.

주님 앞에서 나를 쫓아내지 마시며,
주의 거룩한 영을 나에게서 거두어 가지 말아 주십시오.
주께서 베푸시는 구원의 기쁨을 내게 돌려주시고,
너그러운 영을 보내셔서 나를 붙들어 주십시오.
반역하는 죄인들에게 내가 주의 길을 가르칠 것이니,
죄인들이 주께로 돌아올 것입니다(시편 51:10-13).

다윗은 하나님의 강한 영으로 기름 부어졌지만(사무엘상 16:13), 시편 51장은 하나님의 구원에 대한 기쁨을 잃어버린 한 사람으로서의 다윗을 묘사하고 있다. 다윗은 하나님으로부터 그의 눈을 돌렸다. 이후에 다윗은 두려움과 경외심을 가지고 하나님께 자신 안에 새로운 것, 새로운 마음, 기꺼이 순종하는 마음을 만들어 달라고 간구했다. 다윗은 다른 사람들을 섬김으로써, 심지어 그의 적들에게 하나님의 길을 가르치고 적들을 하나님께 인도함으로써 그의 새로운 마음을 표현했다.

성실한 기독교 상담자들은 피상적이며 헌신을 포장하고, 성령의 신성한 은사들을 충분히 경험하지 못하여 그리스도의 이름을 더럽히는 사람들의 자업자득을 교훈으로 삼아야 한다(히브리서 6:4-6). 성령으로 충만한 기독교 상담자들은 결코 하나님을 이용하려 들지 않고 또한 소홀히 여기지 않는다. 그들은 하나님의 뜻 밖에서 사는 것에 대해 거룩한 두려움을 가지고 산다. 그들은 성령에 대한 전적인 순종 안에서 하나님을 나타내고 그들의 은사, 기술 그리고 능력들을 하나님을 영화롭게 하는 데 사용하려고 한다.

성령의 사역

나의 친구 짐 헤드릭(Jim Headrick) 박사는 몇 년 전 대학원에서 한 단기 집중 과정을 가르쳤다. 정상적인 학기에서라면 16주에 걸쳐 다루는 이 과정을 그는 1주 또는 2주의 수업으로 빡빡하게 밀어 넣었다. 이러한 상황 아래에서는 가르치고 배우는 사람 모두에게 압박이 컸다. 학생들은 집중하는 데 어려움을 가졌다. 그들은 매일 아침 일찍부터 오후 늦게까지 앉아 있었고, 육체적인 인내심이 공부와 수업의 내용에 집중하는 일보다 우선이었다. 어느 날 수업의 주제가 믿음과 기도에 초점이 맞춰졌다. 이론과 원리에 대해 이야기하고 있던 중에, 짐은 하나님께서 학생들에게 그 과목의 실제적인 본질을 직면시키고 그들의 믿음을 시험하기를 원하심을 느꼈다.

짐은 선택의 기로에 직면했다. 그는 수업과 토론을 계속할 수도 있었다. 또는 믿음에서 잠깐 벗어나 성령의 일깨움을 따를 수도 있었다. 그는 하나님께서 수업의 상황 속에서 계셨고, 그가 엉뚱한 생각 또는 개인적인 감정에 충동적으로 반응하지 않고 있었다고 믿었다.

짐은 학생들에게 "정말 하나님께서 기도에 응답하신다고 믿는 사람들이 자네들 중 얼마나 되는가?"라는 질문으로 시작했다. 모든 학생이 그렇다고 동의했다. "자네들은 정말 믿는가?" 그는 또 다시 질문했다. 학생들 중 한 명은 강의를 잘 알아들을 수 없을 정도로 청각에 심각한 문제를 가지고 있었다. 그 학생은 보청기를 수리할 돈조차도 없었기에 짐은 그 학생에게 믿음의 도전을 주기 시작했다.

"나는 하나님께 이번 주에 데이비드(David)를 위한 보청기를 달라고 요청할 것이다." 짐이 말했다. "그러나 나는 자네들이 정말로 믿을 때만 기도하고 싶다."

학생들은 수업이 새로운 방향으로 가고 있음을 느꼈다. 성령의 일깨움과 인도하심 아래 짐은 믿음과 기도가 더 이상 신학적인 토론을 위한 난해한 주제가 아니라, 성령의 사역을 위한 적극적이고 살아 있는 매체가 되는 믿음의 현장으로 그들을 이끌었다. 성경은 다음과 같이 전한다. "하나님을 믿으라. 내가 진실로 너희에게 이르노니 누구든지 이 산더러 들리어 바다에 던지우라 하며 그 말하는 것이 이룰 줄 믿고 마음에 의심치 아니하면 그대로 되리라. 그러므로 내가 너희에게 말하노니 무엇이든지 기도하고 구하는 것은 받은줄로 믿으라 그리하면 너희에게 그대로 되리라."(마가복음 11:22-24)

오전 휴식 시간 동안 한 학생이 짐에게로 와서 그와 개인적으로 이야기를 나눌 수 있는지 물어보았다. 그는 "하나님께서 내게 말씀하셨고, 나는 데이비드를 위해 천 달러의 익명 기부를 하기를 원합니다."라고 말했다. 점심시간에 그 학생은 교회로 가서 천 달러의 수표를 썼고 함께 있던 교회의 직원들은 익명을 보장하기 위해 교회의 이름으로 데이비드를 위한 수표를 끊어 주었다. 그날 오후 수업이 다시 시작되었을 때, 몇몇 학생이 데이비드의 의자 주위로 모여들었다. 의자 위에는 기부금이 있었다. 데이비드가 그의 자리로 돌아왔을 때, 짐은 그에게 무슨 일인지 설명하도록 했다. 책상에는 200달러의 돈이 놓여 있었다.

"보청기가 얼마지?" 짐이 물었다. 데이비드는 수리된 보청기의 가격이 1,200달러라고 그에게 말했다. 짐은 그에게 1,000달러를 건네주었다. 학급의 반응은 충격적이었다. 그들의 감정과 느낌은 현재 하나님께 맞추어졌고, 그들은 하나님께 감사와 찬양을 드리지 않을 수 없었다.

다음 날 익명의 수표를 주었던 학생이 다시 짐과 개인적으로 이야기하기를 요청했다. 학생은 전날 저녁 집에 도착했을 때, 아내에게 그가 했던 일에 대해 말했다. 비록 그들의 생활비는 빠듯했지만 그녀는 남편의 행동이 하나님의 뜻이었다고 확신을 주면서 남편의 결정을 지지했다. 며칠 후 그들은 오후에 도착한 우편물들을 확인하다가 수년 전에 그들이 투자했던 작은 회사로부터 온 봉투를 발견했다. 그 회사는 잘 운영되지 못했기 때문에 부부는 그들의 투자액에 손해를 볼 수밖에 없었다. 봉투에는 부부의 투자에 대한 수익인 4,000달러짜리 수표가 들어 있었다. 결국 데이비드에게 주었던 1,000달러가 다시 생겼고 나머지 3,000달러는 수업 시간에 자신의 재정적 필요를 위해 특별 기도를 요청했던 또 다른 학생에게 익명으로 기부했다.

몇 주 후 나는 짐 박사와 함께 교내식당에서 점심 식사를 하고 있었는데 데이비드가 식당으로 들어왔다. 데이비드는 우리를 발견한 즉시 우리에게로 왔고, 그의 보청기에 관련하여 있었던 이야기를 하기 시작했다. 데이비드는 이전에 한 보청기 전문점에서 자신이 보청기를 살 돈이 부족하고, 심지어 중고 보청기조차도 사기 어려운 형편이라고 말했었다. 시간이 흘러 데이비드가 지난주에 다시 그 전문점에 들어서자 그 주인은 돈이 없다면서 다시금 찾아온 데이비드를 보고 조금은 의아해했다. 데이비드가 자신이 기부를 받게 된 경위를 주인에게 설명하자 그는 매우 감명을 받아 정품 가격이 4,400달러인 두 개의 신제품 보청기를 1,200달러의 금액으로 데이비드에게 주었다.

짐 교수에게 보내는 감사의 편지에서, 데이비드는 한 주 동안 자신의 삶에 일어났던 일에 대한 감명을 표현하려고 애썼다. 다음은 데이비드가 지난 한 주간의 삶에서 무엇이 가장 중요한 사건으로 자신에게 남았는지를 쓴 글인데, 서두를 주목해 보기 바란다.

> 헤드릭 박사님께
>
> 신학대학원에서 보냈던 지난 2년 반 동안, 이번 주가 제 생애에서 가장 역동적이고 놀라운 시간이었습니다. 제 딸이 예수님을 만나고 영접했고, 저는 절실히 필요했던 새로운 보청기를 구입할 돈을 선물로 받았습니다. 또 제 아내는 취직이 되었는데 다운 증후군 환자들을 돌보는 일입니다. 제 아들은 주의력 결핍 장애가 있는데 그런 그를 돌보아 줄 수 있는 새로운 학교로 갑자기 옮길 수 있게 되었습니다.
>
> 헤드릭 박사님,
>
> 당신은 이번 주 우리 모두의 역할 모델이 되었고, 그것은 제가 제 가족들에 대해 생각하는 방식을 바꾸도록 했습니다. 하나님께서는 당신을 통해 위대한 일을 하고 계시고, 이제 저의 기도는 하나님께서 박사님이 이 신학대학원에 오래 계셔서 다른 많은 학생에게도 좋은 영향을 미칠 수 있도록 하는 것입니다.
>
> 제가 박사님을 통해 하나님을 경험할 기회를 더 많이 가졌음에 대해 하나님께 감사합니다.
>
> 멋진 한 주에 대해 감사드립니다.
>
> 그리스도의 사랑 안에서,
>
> 데이비드 드림

믿음과 기도에 대한 정상적이고 평범한 수업으로 시작했던 학생들은 하나님의 능력을 체험하고 초자연적인 경험을 누리게 되었다.

모든 것은 하나님의 종이 기꺼이 하나님의 말씀을 진지하게 받아들이고, 성령의 일깨우심에 반응하며, 믿음에서 한 걸음 더 나아가 주변의 기도하는 사람들에게 도전했던 순간에 시작되었다. 신학교 교수의 성실한 지도력 때문에 많은 학생은 단지 물질적으로만이 아니라, 그들의 영혼까지도 축복받았다. 학생들이 경험했던 일과, 심지어 오늘날까지 계속되어 이어지는 그 사건의 감동을 결코 잊을 수 없을 것이다.

성령이 우리의 삶의 일상적인 행동 중에서 어떤 중요한 교훈을 가르치고 싶어 하는 순간이 있다. 특히, 상담 과정은 기독교인이 사람들의 삶 가운데 역사하시는 하나님의 인도하심에 대해 특별하게 주의를 기울여야 하는 상황이다. 우리는 우리의 일을 계획하고 준비해왔을지 모른다. 그러나 그때 성령께서는 우리가 새로운 길을 취하도록 일깨우신다. 예를 들면, 바울은 복음을 들고 아시아와 비두니아로 가기를 계획하고 있었다. 그의 동기는 경건했지만, 성령은 그의 사명 앞에서 바울을 가로막으셨고, 바울은 도움을 받으러 마세도니아로부터 온 한 사람으로부터 비전을 받게 된다. 바울은 그의 사역의 교차로에 서 있었지만, 계획은 항상 수정 가능하였고 성령의 일깨우심을 향해 열려 있었다. 그는 마케도니아로 갔다(사도행전 16:6-10).

기독교인으로서, 그리고 기독교 상담자로서 우리의 책임은 상황 가운데 성령의 일하심에 주의를 기울이는 것이다. 현명하게 계획하되, 당신이 가야 할 길에서 당신을 인도하시는 성령의 목소리에 귀를 기울이라.

요 약

1. 성령은 상담 사역에 있어서 그리스도인에게 권위를 부여하셨다. 상담자들은 모든 상담적인 만남에서 성령의 능력과 인도를 구할 필요가 있다.

2. 신실한 기독교 상담자들은 그들의 사역에서 성령의 열매의 증거를 보인다. 사랑, 기쁨, 화평, 인내, 자비, 착함, 성실, 온유, 절제는 성숙한 기독교인들의 필수적인 특징이고(갈라디아서 5:22-23), 이러한 성령의 열매들은 성령의 은사들을 갖기보다도 그리스도 안에서 우리의 정체성을 더 정확하게 측정한다.

3. 성령의 은사들은 상담자들이 정통한 상담자, 예수 그리스도를 닮을 수 있도록 한다. 지혜와 총명의 영, 분별력과 능력의 영, 하나님에 대한 지식과 경외의 영(이사야 11:2)은 여호와의 한 성령에 대한 역동적이고 실제적인 표현이다. 상담자들은 성령에 의한 은사들을 받아들이고 활용해야 한다. 은사들은 특별한 상황에서 드러나고, 상담자들은 성령의 일깨우심과 은사들을 가능케 하시고 능하게 하시는 성령의 일하심에 민감해야 한다.

이제 우리는 여기에서 어디로 가는가

성령과 그의 은사들은 상담자들에게 상담 사역을 위한 장비를 제공한다. 다음 장에서는 효과적이고 유능한 성경적 상담 사역을 지지하는 기독교 상담자의 특징과 상담에서의 성경적인 특성, 그리고 영적인 훈련을 살펴봄으로써 이 영역을 더 깊이 연구할 것이다.

연습문제

1. 상담 사역에서 성령의 역할을 설명하라. 교회와 기독교 상담자들은 사역에서 성령의 일하심에 대한 인식을 어떻게 높일 수 있는가?

2. 성령의 은사들과 일하심은 이사야서 11장 2절과 예수님의 사역에서 확인된 구세주의 특징들과 연결된다. 상담에서 특별하게 적용할지도 모르는 성령에 대한 다른 예를 구약에서 찾아보라.

3. 당신의 영적인 은사는 무엇인가? 당신의 은사들을 확인하고, 그것들이 상담 사역과 어떻게 연결되는지 설명하라.

4. 성령이 개입하는 능력을 묘사하는 성경의 이야기를 찾으라. 그 이야기로부터 상담에 적용할 만한 어떤 원리들을 이끌어 낼 수 있는지 말하라.

5. 성령의 열매는 상담 과정에서 어떻게 드러날 것인가? 성령의 열매를 상담의 과정과 연결시켜 생각해 보라.

후 주

1) J. Oswald Sanders, *The Holy Spirit of Promise: The Mission and Ministry of the Comforter* (London: Marshall, Morgan & Scott, 1940), 12-13.

참고문헌

Sanders, J. Oswald. *The Holy Spirit of Promise: The Mission and Ministry of the Comforter*. London: Marshall, Morgan & Scott, 1940.

CHAPTER

10

상담에서의 성경적 특성과 영적 훈련

상담에서의 성경적 특성

연구를 위한 추가적인 성경적 특징

영적 훈련

기독교 상담자의 성품

상담에서 하나님의 자원 발견하기

CHAPTER 10

상담에서의 성경적 특성과 영적 훈련

성경적 기독교 상담자의 특징은 하나님과 자신과의 관계 그리고 다른 사람들에 대한 섬김에 의해 형성된다. 하나님께 부여받은 영적 자질은 우리를 다른 사람들과 구별하며, 이는 성경적 특성과 영적 훈련을 통해 개발된다. 상담자들은 성경을 바탕으로 하는 영적 특성과 영적 훈련을 발견하고 계속 노력하여 발전해 나갈 때 상담 사역과 개인적 믿음 안에서도 성장해 나간다. 성경적 특성과 영적 훈련은 적극적인 믿음과 유능한 상담에 대한 실제적인 표현이다. 이러한 특성과 훈련에 대한 흔적은 전체 상담 과정에서 명백히 나타나야만 한다.

상담에서의 성경적 특성

케빈 포레스터(Kevin Forester)에 의해 창시된 델피(Delpi) 연구[1]와 그 연구를 위한 설문지에는 다음과 같은 질문이 있었다. '당신이 생각하기에 상담자 그리고 상담 사역을 특별하게 하고 있는 사람들과 연관이 된다고 믿는 성경적 특성과 영적 훈련에는 어떤 것이 있는가?' 연구 대상자는 미국의 저명한 성경적 기독교 상담자들이었다. 그의 연구 목표는 기독교 상담자들이 상담 사역에서 활용할 수 있는 성경에 기초한 영적 훈련과 성경적 특성에 대한 믿을 만한 목록을 개발하는 것이었다. 결과적으로 포레스터는 설문 대상자 49명의 강력한 동의를 바탕으로 하여 56개의 성경적 특성을, 그리고 20명의 강력한 동의를 바탕으로 하여 36개의 영적 훈련을 얻을 수 있었다.[2]

이러한 성경적 특성과 영적 훈련 사이에는 중복되는 부분이 상당히 많긴 하지만, 우리는 **성경적 특성**을 "하나님을 믿는 우리의 내적인 믿음과 그분과의 관계에 대한 외적인 표현"으로, **영적 훈련**을 "성경에 명시된 기독교 교회의 오래된 관습으로서 하나님의 능력과 현존으로 개인을 강하고 풍성하게 하고 그 결과, 사람이 자신의 노력으로 할 수 없는 것들을 하나님의 은혜 아래에서 이루고 행할 수 있도록 하는 훈련"으로 정의함으로써 그 의미를 구분할 수 있다.[3] 영적 훈련은 개인적인 영적 성장의 목적을 가진 내적인 지시를 가지는 경향이 있는 반면, 성경적 특성은 다른 사람들의 유익을 위한 목적을 가진 외부적인 섬김의 경향이 있다. 영적 훈련은 비록 외부적인 섬김과 내적인 성장의 차이점이 모든 경우에서 유효하지는 않을지라도,

기독교 상담자의 삶에서 영적 성장을 위해 행해졌던 연습 또는 활동이다. 예를 들면, 리처드 포스터(Richard Foster)는 기독교인의 삶 가운데에서 추구해야 할 열두 가지의 영적 훈련을 설명한다. 그는 이 열두 가지를 세 개의 집단으로 구분했는데 첫 번째는 명상 · 기도 · 단식 · 말씀 연구, 두 번째는 연구의 내적 훈련으로서 검소 · 독거 · 순종 · 섬김, 세 번째는 섬김의 외적인 훈련으로서 자백 · 예배 · 지도 · 찬양의 단체적인 훈련이다.[4] 이러한 특성들과 훈련은 행위 또는 행동에 제한되지 않는다. 그들은 태도, 정서적인 영향 그리고 인지적인 취향과 관련이 된다. 이러한 특성들과 훈련의 중요한 기능은 그들이 상담에서 적극적으로 활용될 때, 영적인 효율성을 향상시켜준다.

다음에 설명되는 성경 구절과 단락은 포레스터가 연구한 기독교인의 특성과 훈련에 대한 간략한 해석과 관찰을 포함한다. 몇몇 용어는 두 목록에 동시에 포함되기도 하고, 성령의 열매나 성령의 은사들에 대한 표현이기도 하다. 기독교인들의 성경적 특성과 영적 훈련을 위해 주어진 성경의 인용문이 광범위하지는 않다. 기독교 상담자들이 성경적 특성과 영적 훈련에 관한 개념에 대해 더 깊이 연구를 하면, 많은 도움과 유익을 얻게 될 것이다. 상담자들은 〈표 10-1〉과 〈표 10-2〉에 있는 체크리스트를 완성함으로써 성경적 특성과 영적 훈련에 대한 자기 평가를 시작할 수 있다.

사랑, 희락, 화평, 오래참음, 자비, 양선, 충성, 온유, 절제 (고린도전서 13; 갈라디아서 5:22-23)

포레스터의 연구에서 상담자들에 의해 확인된 처음 아홉 가지 성경적 특성은 또한 성령의 열매이기도 하다. 그 특성들은 상담에서 내적인 안정성, 경건한 태도, 그리고 다른 사람들을 향한 경건한 행동의 자질에 대한 기초를 제공한다. 성경적 특성들은 우리가 그리스도의 형상으로 창조되었듯이 상담자들의 성품을 만들어 나간다. 아홉 가지를 제외한 나머지 특성들은 자신과 하나님의 관계를 강조하는 부류와 자신과 다른 사람들의 관계를 강조하는 부류로 나뉘어 설명된다. 어떤 특성은 다른 것들과 함께 의미적으로 중복된다. 하지만 열거된 순서와 분류는 암시이므로, 어떤 의미와 결정을 부여해서는 안 되며 하나님, 자기 자신 그리고 우리의 이웃과의 관계에 대한 분리된 범주로 이해되어서도 안 된다. 성경적인 인용문과 함께, 이어서 전개될 각 특성에 대한 간략한 요약은 당신에게 묵상과 학습을 위한 어떤 시발점을 제공해 주리라 믿는다.

성령에 의한 삶(갈라디아서 5:16, 25)

갈라디아서 5장에서, 바울은 노예, 범죄 그리고 죄된 본성의 행위를 그리스도 안에 있는 자유, 믿음, 성령에 의한 삶과 대조한다. 성령의 인도를 받는 사람들은 그들의 죄된 정욕과 욕망의 본성을 십자가에 못 박고 성령의 열매를 만들어 낸다. 상담자들은 자신들의 삶에서 성령의 일하심에 대해 절대적인 믿음과 신뢰를 가질 때, 성령에 의해 살게 된다.

하나님을 향한 갈망(시편 10:17; 73:25-26)

하나님을 갈망하는 기독교인은 마음이 강건해지고 기도는 이루어진다(시편 10:17). "내가 주님과 함께하니, 하늘로 가더라도, 내게 주님밖에 누가 더 있겠습니까? 땅에서라도, 내가 무엇을 더 바라겠습니까? 내 몸과 마음이 다 사그라져도, 하나님은 언제나 내 마음에 든든한 반석이시요, 내가 받을 몫의 전부이십니다."(시편 73:25-26) 상담자들은 그들을 인도하시는 하나님의 가르침을 갈망하고(시편 119:40, 174-176), 그들에게 응답하시고 공급하시는 하나님을 기다려야 한다(이사야 26:6; 30:18).

주님과의 동행(요한1서 1:7)

주님과 함께 걷는 사람들은 하나님께 전적으로 동의한다. 그들은 하나님의 뜻 안에서 행하고, 세상에 있는 부정한 것들에 의해 더럽혀지지 않는다(요한계시록 3:2). 하나님께서는 솔로몬에게 그의 아버지 다윗이 그랬던 것처럼 만일 그가 하나님과 동행한다면, 영원한 이스라엘 왕국의 왕위를 주시겠다고 약속하셨다. 주님과의 동행은 마음에 정직과 올바름을 갖기, 성령의 일깨우심에 반응하기, 그리고 하나님의 말씀 또는 명령에 순종하기를 의미한다(열왕기상 9:4-5; 이사야 38:3).

하나님의 갑주를 입기(에베소서 6:10-18)

기독교인은 성령으로 거듭난 새 사람이다. 그들은 주 예수로 옷 입은 사람들이다(로마서 13:14). 에베소서 6장에서, 바울은 갑주(armor)라는 단어로 영적인 옷, 즉 진리의 벨트, 의의 흉배, 구원의 투구, 그리고 성령의 검을 표현하고 있다. 갑주는 마귀의 영적 세력에 대항하고 영적 전투에 대비하여 기독교인을 준비시킨다. 하나님께서는 우리가 마귀의 공격에 대비할 수 있도록 도우시고, 우리에게 대적할 수 있도록 말씀과 기도의 무기를 주신다. 상담자들은 하나님의 갑주로 무장되어야 한다.

하나님의 말씀에 대한 지식(여호수아 1:8; 시편 119)

우리의 마음과 중심에 하나님의 말씀을 유지하고, 말씀이 우리를 이끌도록 허락할 때, 우리는 성공하고 번영한다. 말씀을 묵상할 때, 하나님에 대한 우리의 지식은 늘어난다. 시편 119편 1~176절에 있는 거의 모든 구절은 하나님의 말씀에 대한 묘사와 찬양, 그리고 훈계의 말씀이다(제외될 수 있는 것은 122절과 132절로 그 구절 둘 다 인간을 향한 하나님의 보호와 자비를 다루고 있다.). 이 시편의 말씀은 하나님의 말씀을 알고 우리의 삶에 그것을 적용하는 일이 얼마나 중요한지를 강조한다. "나는 주의 법을 명상합니다. 주의 도를 주목합니다. 주의 율례를 기뻐하며, 주의 말씀을 잊지 않겠습니다."(시편 119:15-16) 상담자는 철저하게 하나님의 말씀에 익숙해 있어야 한다.

성경적 목표를 향한 사역(마태복음 6:31-34; 누가복음 16:17)

기독교인은 우리의 문제에 초점을 맞추기보다 먼저 하나님 나라의 의를 구하고, 하나님께서 우리의 필요를 돌보시도록 우리를 내어드려야 한다(마태복음 6:31-34; 빌립보서 3:14; 시편 27:4). 상담자는 내담자가 하나님을 신뢰하고 그분을 영화롭게 하려는 목표를 향해 일할 수 있도록 격려하여야 한다. "젊은 사자들은 먹이를 잃고 굶주릴 수 있으나, 주님을 찾는 사람은 복이 있어 아무런 아쉬움이 없을 것이다. 아들딸들아, 와서 내 말을 들어라. 주님을 경외하는 길을 너희에게 가르쳐 주겠다. 살기를 원하는 사람, 그 사람은 누구냐? 좋은 일을 보면서 오래 살고 싶은 사람, 그 사람은 또 누구냐? 네 혀로 악한 말을 하지 말며, 네 입술로 거짓말을 하지 마라. 악한 일은 피하고, 선한 일만 하여라. 평화를 찾기까지 있는 힘을 다하여라. 주의 눈은 의로운 사람을 살피시며, 주의 귀는 그들이 부르짖는 소리를 들으신다." (시편 34:10-15)

하나님께 영광 드리기(민수기 14:11-20; 빌립보서 1:11)

하나님께 영광 드리기는 우리 자신의 불충분함을 인정하고 우리의 죄를 자백하기다(여호수아 7:19-21; 예레미야 13:16). 기독교 상담자들은 하나님께 영광과 찬양을 드림으로써 다른 사람들을 도우려고 한다(빌립보서 1:11). 그들은 하나님께서 통치하고 계시고, 상담에서 일어나는 모든 선한 것이 궁극적으로는 그분으로부터 나옴을 인정한다(잠언 19:21). 그들은 자신을 위한 관심과 칭찬을 얻기 위함이 아니라, 내담자들을 하나님 안에 있는 치유와 온전함으로 인도하기 위하여 상담을 한다.

마음의 깨끗함(마태복음 5:8)

구약에서 보이는 정결의 의식과 축제 그리고 외적인 도덕성과 대조적으로, 기독교인은 내적인 순수함을 키워야만 한다. 우리에게는 하나님의 집을 다스리시는 큰 제사장이 계시는데, 그분은 "우리가 마음에 뿌림을 받아 양심의 악을 깨닫고 몸을 맑은 물로 씻고 참 마음과 온전한 믿음으로" 하나님께 나아갈 수 있도록 길을 주셨다(히브리서 10:22). 마음의 깨끗함은 태도와 행동에서 투명한 정직과 진지함을 갖는 것이다. 그러한 상담자는 내담자들을 위해 최선을 구하고, 성령과 믿음, 소망, 사랑의 태도를 가지고 상담하려고 할 것이다. 그들은 모든 상황에서 하나님의 뜻을 찾으려고 노력할 것이다.

자신을 알기(로마서 12:3)

기독교인은 정직하고 절제된 자기 평가를 하고, 자신을 너무 높게 생각하도록 만드는 자만심과 허풍을 허락해서는 안 된다. 상담자들은 자신의 강함과 연약함을 알고, 자신들의 믿음의 분량을 따라 그들에게 분배된 은사들을 받아들일 필요가 있다(로마서 12:3; 고린도후서 10:13).

새롭게 된 마음(로마서 12:2)

기독교인은 하나님에 대한 순종을 구한다. 회심과 영적인 성장을 통해 그들은 세상을 향해 복종하던 것을 오직 하나님의 능력에 의해서만 가능한 새 생명과 새로운 동기와 목표로 바꿀 수 있다. 기독교인들이 예수님에 대한 의로움과 순종을 향하여 나아갈 때, 그들의 마음은 회복을 경험하게 된다. 새로운 사고방식에 더하여 새로워진 마음은 그리스도 안에 있는 새로운 생명과 영적인 변화의 일부이며 이것은 새롭게 하시는 성령의 사역에 의지한다. "여러분은 이 시대의 풍조를 본받지 말고, 마음을 새롭게 함으로 변화를 받아서, 하나

님의 선하시고 기뻐하시고 완전하신 뜻이 무엇인지를 분별하도록 하십시오."(로마서 12:2)

그리스도께 순종하는 생각(고린도후서 10:5)

기독교인은 하나님의 지식을 반대하는 모든 생각과 자만하는 태도를 깨뜨리는 성령의 권위를 위임받았다. 그들은 자발적으로 마음과 생각을 하나님께 내어드림으로 순종하며 자신들의 삶에 그리스도의 생각과 지식이 나타나도록 한다.

지혜(잠언; 골로새서 3:16; 에베소서 1:17)

지혜는 이전에 메시아(제6장)와 성령의 은사들(제9장)과의 관계에서 논의되었다. 성경적 특성이 성경책에 기록되었음은 기독교 상담자들이 지혜 안에서 성장하려고 애쓰고 적극적으로 하나님의 지혜의 축복을 간청해야 함을 강조하는 것이다. "여러분 가운데 누구든지 지혜가 부족하거든, 아낌없이 주시고 나무라지 않으시는 하나님께 구하십시오. 그러면 받을 것입니다."(야고보서 1:5)

분별력(빌립보서 1:9-11)

분별력은 성령의 은사들 중 하나다(고린도전서 12:10). 바울은 빌립보인들의 사랑이 "풍성한 지식과 통찰력 안에서 나날이 성장해서" "무엇이 최선인지를 분별할 수 있고" 깨끗하고 흠 없게 되기를 위하여 기도했다(빌립보서 1:9-11). 영적인 분별은 올바른 이해를 할 수 있는 능력이고, 또한 상황에서 하나님의 관점을 가지고 무엇이 옳은 것인지를 볼 수 있는 능력이다.

기도하는 태도(데살로니가전서 5:17)

기도하는 태도는 하나님께서 곤경으로부터 우리의 피난처와 구원자 되심을 인정하고 그 안에서 무조건적인 믿음, 신뢰, 소망을 표현하는 것이다(시편 31). 통찰력을 구하는 태도는 하나님께 부르짖고 부지런히 총명을 찾는다(잠언 2:3-5). 17세기 로렌스(Lawrence) 형제는 "일하고 있을 때의 나와 기도하고 있을 때의 나는 다르지 않고 같다."라고 말했다.[5] 다시 말하면, 하나님과의 교제는 상담 전이나 상담하는 동안 그리고 상담 종결 이후를 포함하여, 어떤 조건과 상황 아래에서도 일어날 수 있다. 성경적 기독교 상담자들은 하나님과의 계속적인 대화와 교제 가운데에 있기를 갈망하여야 하고, 아이가 아버지에게 도움을 받아 방향을 찾듯이 하나님께 계속해서 상담의 방향을 묻고 간구하여야 할 것이다(데살로니가전서 5:17).

감사(골로새서 3:12-17)

기독교인은 삶 가운데에서 하나님께 감사를 표현한다. 그들의 모든 말과 행동은 주인 되신 예수님을 통해 하나님 아버지에 대한 감사를 전하는 수단으로 그리스도의 이름 안에서 행해진다. 그들은 모든 일과 행동 안에서 하나님에 대한 감사의 마음을 표현한다. 상담자들은 자신의 이전 삶에서 행하셨던 하나님의 은혜와 또 앞으로의 삶에서 위대한 것을 행하실 하나님을 상담 장면에서 기억하고 감사한다.

소망(고린도전서 13:13)

기독교인은 예수 그리스도의 부활을 통해 살아 있는 소망 안에서 다시 태어난다(베드로전서 1:3). 믿음과 사랑과 함께, 소망은 기독교인이 가지는 특성의 기본적인 요소다. 그리스도는 믿는 자들의 소망의 목표이고(에베소서 1:18; 4:4; 디모데전서 1:1; 골로새서 1:27), 이 소망은 기독교 상담자들로 하여금 세속적인 상담 개입이 만들어 낼 수 있는 그 어떤 것을 초월하는 치유와 권능을 제공할 수 있게 한다. 소망은 성공적인 치료적 상담에서 필수적인 부분이다.

겸손
(빌립보서 2:3-5; 에베소서 4:2; 골로새서 3:12; 베드로전서 5:5)

겸손(humility)의 태도는 하나님과의 관계에서 우리의 영적인 상황을 인식하는 자세다. 겸허(humble)에 대한 라틴어 어원은 낮은 땅과 같이 '낮게'라는 의미를 전달한다. 상담 장면에서 이 용어는 '한 단계 낮은' 태도를 말하며, 그것은 하나님에 비해 인간의 지혜와 지식의 불충분함 그리고 내담자들이 직면한 문제와 주제들을 완전히 파악하고 이해하지 못하는 상담자의 무능력을 깨닫게 한다. 빌립보서 2장 3~5절은 우리가 자신의 유익에 앞서 다른 사람들을 생각하고 그들의 관심사를 돌봐야 한다고 말하고 있다. 하나님은 다른 사람들을 향한 겸손의 태도로 자신을 준비하는 사람들에게 은혜를 베푸신다(베드로전서 5:5).

자신을 내어 줌(빌립보서 2:5-11)

기독교인은 사람들의 죄를 대속하고 그들을 섬기기 위해 십자가 상에서 자신의 생명을 희생하셨고 죄 없으신 몸으로 종의 형태와 육신의 모양을 취하신, 그리고 자신을 완전하게 내어 주셨던 그리스도의 본보기를 따라야 한다.

인내(디모데후서 3:10-11; 4:5)

바울은 핍박을 견디고 그를 구원하신 하나님을 의지했듯이, 디모데가 역경을 인내하도록 격려했다(디모데후서 3:10-11; 4:5). 인내는 '예수님께 우리의 눈을 고정함으로써, 반대세력, 문제, 어려움, 유혹과 죄에 대항하기 위해 경주를 마칠 때까지 견디어 내는 능력을 갖기'를 의미한다. 우리의 믿음이 시험을 더 많이 겪을수록 인내는 늘어난다(히브리서 12:1-2; 야고보서 1:3-4). 당신이 내담자들의 어려운 상황, 파괴적이고 역기능적인 태도와 행동 그리고 영적인 세력들과 다투어야 할 때 인내가 절실히 요구된다.

의에 주리고 목마름(마태복음 5:6)

성경은 기독교인이 삶의 모든 영역에서 하나님의 뜻과 방법을 따르려고 할 때, 의를 추구하려는 노력을 하라고 말한다. 하나님 앞에서 우리 신분의 상태가 그리스도의 의로움과 구원에 대한 그의 희생적인 선물 밖에서 얻어질 수 없듯이(로마서 3:21-26; 5:18-21), 모든 기독교인은 마땅히 믿음에 의해 살고 그리스도께서 우리의 삶 속에

서 의로움의 열매를 만들어 내시도록 자신을 내어드려야 한다(빌립보서 1:11). 이러한 의로움은 귀감이 되는 도덕적 행위와 성령의 열매 안에서 나타나게 된다(갈라디아서 5:22). 기독교 상담자들은 그리스도를 본받는 삶을 살고, 하나님의 은혜를 통해 매일 믿음으로 살아가듯이 의에 주리고 목말라야 한다. 이 과정에서, 그들의 개인적인 삶과 상담 활동들은 내담자들을 영적인 양식과 생명수로 이끌고(요한복음 4:13-14), 이것은 내담자의 현재의 고통, 문제 그리고 환경에 상관없이 그들에게 영원한 위로와 평화를 제공하게 될 것이다.

성경적 도덕성(야고보서 1:22-25)

성경적 도덕성은 하나님의 규칙, 지침, 말씀을 그냥 전달하기, 그 이상을 의미한다. 우리는 우리의 마음에 하나님의 말씀을 새겨야 한다(시편 119:11). 기독교 상담자들은 하나님의 진리를 반영하는 옳고 그름에 대한 내적 감각을 성장시킬 필요가 있다. "여러분은 말씀을 실천하는 사람이 되고, 그저 듣기만 하여 스스로를 속이는 사람이 되지 마십시오. 말씀을 듣고도 실천하지 않는 사람은 있는 그대로의 자기 얼굴을 거울 속으로 들여다보기만 하는 사람과 같습니다. 이런 사람은 자기의 모습을 보고 떠나가서, 그것이 어떠했는지를 곧 잊어버리는 사람입니다. 그러나 완전한 율법, 곧 자유를 주는 율법을 잘 살피고, 또 그 안에서 사는 사람은 율법을 듣고 나서 잊어버리는 사람이 아니라, 그것을 실천하는 사람입니다. 이런 사람은 실천함으로써 복을 받을 것입니다."(야고보서 1:22-25)

세상을 본받지 않음(로마서 12:2)

기독교인은 하나님과 세상의 관습 사이에서 두 마음을 품고 갈피를 잡지 못해서는 안 된다(야고보서 4:4−8). 그들은 믿음으로 행하고, 의심하지 말고(야고보서 1:5−8), 세상의 방식과 기대에 순응해서는 안 된다. 바울은 믿는 자들이 피해야 할 세상의 관습에 대한 수많은 예를 열거했다(예를 들면, 갈라디아서 5:19−21; 골로새서 3:5−10).

정직(열왕기상 9:4)

성경은 "마음의 정직"(예를 들면, 창세기 20:5−6; 열왕기상 9:4), 또는 철저하고 완전한 순수성, 신용 그리고 의를 추구하는 진정성에 대해 말하고 있다(시편 7:8). 기독교 상담자들은 정직이 다른 사람을 향한 그들의 사역을 보증함을 기억해야 한다.

진실(에베소서 4:25)

진실한 증언은 사람들을 속이지 않는다(잠언 14:5). 성경에서 말하는 진실은 습관적으로 배어 나오는 신뢰를 의미한다. 우리는 진리 안에 견고히 서 있다(에베소서 6:14). 기독교 상담자들은 그리스도 안에서 하나님의 진리를 드러내고 삶에서 거짓된 것으로부터 진리를 구별해 내야 한다(잠언 12:17, 19).

수용(로마서 15:16)

기독교인은 그리스도 안에 있고 그에게 속하기 때문에, 하나님께서는 우리를 받아들이시고 우리는 하나님을 섬긴다(로마서 7:4). 우리는 그리스도에 대한 순종을 통해 수용을 표현하고(요한1서 2:3–6), 어린아이와 같이 연약하고(마태복음 19:13–15) 적과 같이(마태복음 5:43–48) 불합리하다고 생각되는 사람들을 포함하여, 다른 사람들을 향한 예수님의 수용과 사랑을 닮아 간다. 기독교 상담자들은 도움이 필요한 사람들을 향한 수용의 태도를 취하여야 하고, 이것은 곧 내담자들이 하나님의 뜻 안에서 평화와 치유를 찾도록 인도하는 행위다.

존중(요한복음 4:1–15)

기독교인은 하나님께 존경 또는 경외를 보이고 그의 명령에 순종함으로써 하나님께 영광을 돌린다(전도서 12:13; 말라기 1:6). 우리는 하나님과 다른 이들에게 있는 명예로운 것을 존중한다(고린도후서 8:21; 로마서 12:17). 상담자들이 창조에 대한 하나님의 사랑을 이해할수록 그들의 영적인 조건 또는 상황과 상관없이 모든 사람을 존중하게 된다. 그리스도께서 우물가의 여인(요한복음 4:1–15)에게 전달했던 존중과 가치는 상담자들에게 본받을 만한 모델을 제공한다.

긍휼(골로새서 3:12)

긍휼은 다른 사람들의 육체적, 정신적, 관계적 그리고 영적 필요에 대한 참된 관심과 생각이며, 그것은 도움과 지지를 주고자 하는 욕구로 표현된다. 예수님께서는 아픈 사람이 곤경에 처하여 기운이 없고, 그들을 도와줄 어떤 이도 없었음에 대해 불쌍히 여기셨다. 그는 그의 제자들에게 도움을 줄 사람들을 위해 기도하라고 말씀하셨다(마태복음 9:36-38). 긍휼한 마음으로 인하여 선한 사마리아인은 강도를 만나 두들겨 맞은 한 사람의 상처에 붕대를 감고 기름과 포도주를 부어, 그를 안전한 곳까지 데려가서 치료할 수 있도록 도왔다(누가복음 10:33-34). 골로새서 3장 12절은 불쌍한 사람에게 동정심을 느끼고 돕고자 하는 마음을 갖게 하는 "긍휼의 옷을 입으라." 고 말하고 있다.

온유(마태복음 5:5; 11:28-30)

온유는 자비와 겸손과 연관된 인격의 특성이다. 그것은 연약함과 혼동되지 않는, 부드럽고 친밀한 행실이다. 하나님께서는 온유하고 낮은 자에게 귀를 기울이신다(시편 138:6). 온유는 이 땅을 상속받을 사람들의 특성이다. 겸손 또는 온유는 하나님과 경건한 지도자들의 특성이다(시편 18:35). 경건한 통치자들은 진리의 믿음을 지키고 온유와 의로움 안에서 행동한다(시편 45:4). 바울은 그리스도의 온유와 자비에 대해 말하고 고린도인들과 함께 있을 때 온유하고 낮아지는 자신의 태도를 설명했다(고린도후서 10:1). 예수님의 지침과 가르침은 영혼을 위한 안식을 가져오고, 부드럽고 겸손한 태도로 행해진다(마태복음 11:28-30). 우리는 온유하고 친절한 영을 우리 안에 자라게 함으로써 그리스도를 본받는 상담을 이루어 가야 한다.

긍휼(마태복음 5:7)

성경은 화내기를 더디 하시고 “사랑과 진실하심이 풍성하신, 자비롭고 관대하신” 하나님을 묘사한다(시편 85:15). 자비로운 영은 다른 사람들을 향해 동정과 다정함을 보이고, 그리스도의 본을 따라서 사람들의 필요를 충족시키기 위해 반응적이고 동정적인 행동으로 이끈다. 성육신을 통해 그리스도는 모든 면에서 인간과 같이 되셨다. 그는 백성을 속죄하기 위해, 자비롭고 동정적이며 신실한 최고의 성직자가 되셨다(히브리서 2:16-17). 같은 방법으로, 우리는 다른 사람, 심지어 우리의 적까지도 도울 수 있어야 하고 다른 사람들의 필요에 따라 자비와 동정을 베풀 수 있어야 한다. 이러한 자비의 행동은 천국을 이어받을 사람들의 특징이다. 사람들에게 자비를 베풀 때, 우리는 하나님으로부터 자비를 공급받는다(마태복음 24:34-36; 누가복음 6:35-36). 자비로운 사람은 자신의 영혼에 좋은 영향을 끼친다(잠언 11:17).

공감(히브리서 4:15)

공감은 다른 사람들의 감정과 경험을 파악하고 이해하며, 일시적으로 그들의 눈을 통해 보고 그들의 신을 신고 걷는 능력이다. 이 말은 우리가 내담자의 도덕성에 동의하거나 그들의 행동을 눈감아 주는 것을 의미하지는 않는다. “우리의 대제사장은 우리의 연약함을 동정하지 못하시는 분이 아닙니다. 그는 모든 점에서 우리와 마찬가지로 시험을 받으셨지만, 죄는 범하지 않으셨습니다.”(히브리서 4:15) 공감을 통하여 예수님은 간음으로 잡혀 온 여자와 세리(稅吏)였던 마태와 같은 사람들을 이해하고 받아들이는 사역을 할 수 있었다. 예수님의 이들을 향한 태도와 행동은 우리의 도움을 필요로 하는 사람들을 위해 우리가 참된 공감을 발전시키려 할 때 따를 수 있는 본보기를 제공한다.

용서(에베소서 4:32)

우리는 다른 사람들이 우리에게 한 행동에 대해 기꺼이 용서해야만 한다(마가복음 11:25-26). 용서의 마음에는 하나님께서 그리스도를 통해 우리에게 베푸셨던 희생과 용서에 대한 인식이 있다(에베소서 4:32; 골로새서 3:13). 용서는 우리가 이해받기 원하듯이 같은 방법으로 다른 사람들을 대하고, 심지어 우리에게 배은망덕하고 잔인했던 사람들에게까지도 용서를 베풀라고 말하는 성경의 법칙에서 찾아볼 수 있다(누가복음 6:27-37). "너희는 스스로 조심하여라. 다른 제자가 죄를 짓거든 꾸짖고, 회개하거든 용서하여 주어라. 그가 네게 하루에 일곱 번 죄를 짓고, 일곱 번 네게 돌아와서 '회개한다'고 하면, 너는 용서해 주어야 한다."(누가복음 17:3-4) 기독교 상담자들은 그들의 내담자에게 용서하는 태도의 본보기를 보일 필요가 있다.

좋은 관계를 형성하는 능력

바울은 우리에게 "선한 일을 행하는 마음"을 잃지 말고, "모든 사람들, 특히 믿음의 가정에 있는 사람들에게 선한 일을 행하라."고 당부한다(갈라디아서 6:9-10). 좋은 관계를 형성하는 능력은 기독교인이든 비기독교인이든 상관없이 모든 사람에게 선행을 보여 줄 수 있

게 한다. 바울은 다른 사람들에게 복음을 전하는 것이 가능한 관계로 발전시키는 하나의 도구로서 서로 사람들의 다양한 관점과 수준을 이해하고 맞추는 모델을 보였다(고린도전서 9:22). 유능한 기독교 상담자들은 진리를 고수하면서, 자신과 다른 사람들의 언어, 문화, 상황, 필요들을 이해하고 수용함으로써 좋은 관계를 형성해 나갈 수 있어야 할 것이다.

열린 마음(디모데전서 3:1–3)

기독교 상담자들은 열린 마음을 가짐으로써 다른 사람들이 쉽게 접근할 수 있고 또 다른 이들로 하여금 자신이 다른 사람들을 돕고자 하는 신실함을 가졌음을 알 수 있게 하여야 한다. 열린 마음을 가진 사람들은 다른 사람들에게 우호적이고 친절하다(히브리서 13:2; 베드로전서 4:9). 그들은 다른 사람들을 섬기고 돌본다(요한3서 5–6).

가르치는 능력(디모데전서 2:24; 3:2; 디모데후서 1:13–14)

기독교 상담자들은 돌봄 사역의 일부로서 가르치는 기술을 발달시켜야 한다. 가르침은 지시, 교육, 훈련의 능력과 연관되며 그것은 사람들의 지식, 관계, 대화하는 기술과 문제 해결에 있어서 코칭의 역할을 한다.

위로와 격려해 주기(고린도후서 1:3–7; 시편 10:17)

우리는 서로를 격려하고(그리스어로 *parakaleo*) 서로를 지지하고 세울 수 있어야 한다(데살로니가전서 5:11). 위로와 격려는 성령의 기능이다(사도행전 9:31). 성령은 우리가 고통 가운데 있을 때에 친히 위로하시고, 또 우리가 어려움에 처한 다른 사람들을 위로하도록 도우신다(고린도후서 1:3-7). 하나님의 은혜가 우리의 마음을 위로하고 우리로 하여금 선한 행실과 말을 하도록 인도하신다(데살로니가후서 2:16-17). 상담자들은 도움이 필요한 사람들에게 위로와 격려로 다가갈 수 있어야 한다.

다툼을 피하기(디모데후서 2:23-26)

성경은 우리가 하나님과 다투거나(이사야서 45:9) 또는 논쟁적인 질문과 분쟁에 연루되거나 성경의 증거와 교리를 약화시키는 말을 두고 언쟁해서는 안 된다고 말하고 있다(디모데전서 6:3-4; 디모데후서 2:14; 디도서 3:9). 우리는 감정이 자신에게 편리한 대로 생각하도록 해서는 안 되고 또한 분쟁과 싸움을 이끄는 시기심을 허용해서도 안 된다. 대신에 순수한 동기를 가지고 하나님께서 우리의 필요를 충족시키도록 간구해야 한다(야고보서 4:1-3). 상담자들은 다투기 좋아하는 영을 가져서는 안 되며 사랑과 화해의 영을 성장시켜야 한다.

평화의 사도(마태복음 5:9; 야고보서 3:18)

평화는 하나님의 덕목이고(히브리서 13:20; 로마서 16:20), 우리가 어떤 상황과 환경에 있든 상관없이 하나님은 우리의 마음에 평화를 주실 수 있다(데살로니가후서 3:16). 기독교인은 예수님과 화목하게 되었고, 또한 모든 지식을 전하는 하나님의 평화를 알고자 찾아올지 모르는 많은 사람을 위해서 화목의 사역을 부여받았다(고린도후서 5:18–21; 빌립보서 4:7). 평화의 사도로서 우리는 하나님의 형상을 반영한다. 상담 활동 중 하나는 의로운 생명을 낳는 평화의 씨앗을 심는 것이다(야고보서 3:18).

책임을 지기(마태복음 18:15–16)

우리는 다른 사람들의 실수와 결점을 그들 스스로 볼 수 있도록 도와주고 그래서 그들이 하나님과의 관계를 회복하도록 인도할 수 있어야 한다. 이렇게 도울 때에, 타인의 결점을 보느라 자신의 실수와 결점을 간과해서는 안 된다. 우리 또한 연약한 존재임을 알고 유혹에 빠지지 않도록 훈련해야만 한다(갈라디아서 6:1; 마태복음 7:4–5). 마태복음 18장에서는 책임과 용서하는 일, 그리고 화해의 과정에서 우리가 다루어야 하는 단계를 설명하고 있다.

직면(마태복음 18:15–17; 데살로니가전서 5:12–14)

기독교인은 다른 사람들이 자신들의 행동에 대한 결과들에 직면하여 그 결과를 책임지도록 하며, 현명하고 성경적인 충고와 교정을 통해 신성한 영향력을 끼쳐야 하는 의무를 가진다(골로새서 1:28; 3:16). 성경적인 직면은 하나님의 경건한 삶과 구속의 계획으로 사람들을 인도한다.

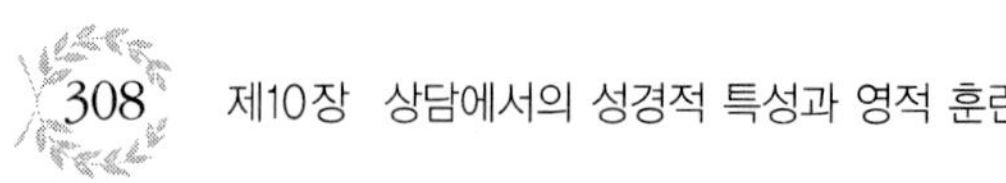

〈표 10-1〉 상담에서의 성경적 특성에 대한 체크리스트

당신이 적극적으로 행하고 있는 것에 'V' 표시를, 개선이 필요하다고 생각되는 것에 'X' 표시를 함으로써 당신의 성경적 특성을 확인하시오. 상담에서 당신에게 필수적이라고 믿는 추가적인 특성에 대해서는 기록하시오.

	사랑(고린도전서 13; 갈라디아서 5:22-23)		자신을 알기(로마서 12: 3; 고린도후서 10:13)		존중(요한복음 4:1-15; 로마서 12:17)
	기쁨(갈라디아서 5:22-23)		새롭게 된 마음(로마서 12:2)		긍휼(골로새서 3:12)
	평화(갈라디아서 5:22-23)		그리스도께 순종하는 생각(고린도후서 10:5)		온유(마태복음 5:5; 11:28-30)
	인내(갈라디아서 5:22-23)		지혜(잠언; 골로새서 3:16; 에베소서 1:17)		자비(마태복음 5:7; 잠언 11:17)
	친절함(갈라디아서 5:22-23)		분별(빌립보서 1:9-11)		공감(히브리서 4:15)
	선함(갈라디아서 5:22-23)		기도하는 태도(데살로니가전서 5:17)		용서(에베소서 4:32)
	성실(갈라디아서 5:22-23)		감사(골로새서 3:12-17)		좋은 관계를 형성하는 능력(에베소서 4:1-3)
	충성(갈라디아서 5:22-23)		소망(고린도전서 13:13; 베드로전서 1:3; 골로새서 1:27)		열린 마음(디모데전서 2:24; 3:2; 디모데후서 1:13-14)
	절제(갈라디아서 5:22-23)		겸손(빌립보서 2:3-5; 에베소서 4:2; 골로새서 3:12; 베드로전서 5:5)		가르치는 능력(디모데전서 2:24; 3:2; 디모데후서 1:13-14)
	성령에 의한 삶(갈라디아서 5:22-23)		자기를 내어줌(빌립보서 2:5-11)		위로와 격려해 주기(고린도후서 1:3-7; 시편 10:17)
	하나님을 향한 갈망(시편 10:17; 73:25-26)		인내(디모데후서 3:10-11; 4:5)		다툼을 피하기(디모데후서 2:14, 23-26)
	주님과의 동행(요한1서 1:7)		의에 주리고 목마름(마태복음 5:6)		평화의 사도(마태복음 5:9; 야고보서 3:18)
	하나님의 갑주를 입기(에베소서 6:10-18)		성경적 도덕성(야고보서 1:22-25; 시편 119:11)		책임을 지기(마태복음 18:15-16)
	하나님의 말씀에 대한 지식(여호수아 1:8, 시편 119)		세상을 본받지 않음(로마서 12:2; 야고보서 4:4-8)		직면(마태복음 18:15-17; 골로새서 1:28; 3:16; 데살로니가전서 5:12-14)
	성경적 목표를 향한 사역(마태복음 6:31-34; 누가복음 16:17)		정직(열왕기상 9:4; 시편 7:8)		섬김받는 사람들에게 본이 되기(디모데전서 4:12; 베드로전서 5:3)
	하나님께 영광 드리기(민수기 14:11-20; 빌립보서 1:11)		진실(에베소서 4:25)		
	마음의 깨끗함(마태복음 5:8; 히브리서 10:21)		수용(로마서 15:16; 마태복음 19:13-15)		

섬김받는 사람들에게 본이 되기(디모데전서 4:12)

기독교 상담자들과 지도자들은 예수님이 제자들에게 겸손과 섬김의 본보기를 보이셨던 것처럼(요한복음 13:12), 그들이 섬기려고 하는 다른 사람들에게 본보기가 되어야 한다(베드로전서 5:3). 바울은 디모데에게 말, 행동, 사랑, 믿음과 순결함에서 본보기가 되라고 말했다(디모데전서 4:12).

연구를 위한 추가적인 성경적 특징

돌봄의 사역을 하는 성경적 기독교 상담자들이 제시하는 추가적인 성경적 특징에는 슬픔을 나누는 태도(마태복음 5:4), 세상의 빛과 소금 되기(마태복음 5:13–14), 좋은 목자 되기(디모데전서 4:6), 쓴 것을 취해서 달게 만들기(출애굽기 15:22–25) 등이 있다(〈표 10–1〉을 보시오).

영적 훈련

영적 훈련은 주님 안에서의 성장과 영적 예배를 향상시키기 위하여 연습하고 발전시키는 습관이다.[6] 영적 훈련 중 몇 가지는 성경적 상담의 질과 직접적인 연관성을 가진다. 이후에 제시될 영적 훈련 목록들은 포레스터가 제안한 성경적 상담자의 특징과 유사하지만 제시된 항목들은 영적 훈련의 전부가 아닌 한 부분이다. 여기에 제시된 목록들의 순서는 처음에는 하나님과의 관계, 다음은 자신과의 관계, 마지막으로는 다른 사람들과의 관계 순으로 나열되었다. 목록들에 관한 간단한 설명들은 영적 훈련들에 어떤 것들이 있는지를 확인하고 또 스스로 훈련할 수 있도록 돕기 위함이고 또한 당신이 이 내용들을 토대로 성경 구절을 더 찾아보고 새로운 통찰과 연구의 방향을 찾을 수 있도록 지원하기 위함이다.

기도(마태복음 6:5-13; 데살로니가전서 5:17-18)

기도는 우리의 요구를 하나님께 알리는 행위로서, 우리 자신을 위하고 다른 사람들을 위하는 중보의 형식을 취한다(에베소서 6:18-19). 우리가 기도할 때 하나님의 기이하심을 생각하고 하나님의 현존을 깊이 묵상함과 같이 기도는 명상을 수반한다(시편 46:10; 24:1-6). 우리는 성령 안에서 기도하도록 배운다. 성령 안에서 기도하는 것은 우리를 위하여 중보하시는 성령의 인도하심에 따르는 행위로서 말의 형식을 가진 기도이며(로마서 8:26) 또한 우리가 하나님과 교통할 때 사용하는 영적 언어다(고린도전서 12:10). 기독교 상담자는 자신의 내담자들이 영적으로 회복되어 풍성함(야고보서 5:13-18)을 누릴 수 있도록 믿음 안에서 기도하며 지속적으로 하나님과 소통하여야 한다(누가복음 18:1-8; 에베소서 6:18).

하나님의 음성 듣기(시편 130:5-6; 사무엘상 3:8-10)

하나님의 음성 듣기는 일반적 기도 제목에 초점을 맞추어 일방적으로 드리는 기도가 아니라 하나님이 우리와 무엇을 소통하고 싶어하시는지에 집중해서 그분께 초점을 맞춘다. 이때 우리의 영혼은 하나님의 음성을 듣기 위해 기다린다. 우리는 하나님의 음성을 기다리기보다 우리의 필요들을 하나님께 말하려고 하는 경향이 있다. 하나님의 음성을 듣는 훈련은 어떤 장애물이나 방해요소, 그리고 우리 마음속에서 미리 결정한 계획이 무엇이든지 간에 상관없이 하나님의 말씀에 우리의 마음을 열게 한다.

찬양(히브리서 13:15)

하나님께 예배드릴 때 우리는 그분께 감사와 찬양을 올리도록 배웠다(시편 9:1-2). 우리는 지속적으로 하나님의 이름을 찬양하고 감사의 제사를 드려야 한다(히브리서 13:15). 이러한 훈련은 상담에 있어서 진리의 주인 되시고 우리를 강건케 하시는 하나님께 더 가까이 나아가도록 도운다. 찬양을 통해서 우리 자신을 의지하지 않고 하나님의 능력에 의존하도록 배운다. 또한 우리 자신을 확대시켜 보는 것을 피하고 실망을 극복하며 자신을 누르고 있는 짐에서 해방된다.

성구: 상담자의 준비(디모데후서 3:14-17; 골로새서 3:16)

상담자들은 내담자가 좋은 행실과 경건한 삶을 살 수 있도록 성경 말씀으로 가르치고 도우며 훈계하고 훈련하도록 배운다. 성경은 기독교 상담자를 위한 지침을 제공하고 이것은 상담 과정에 반영되어야 한다. 성경의 능력 아래 지혜로운 상담자는 말씀을 이해하고, 말씀 안에 살며, 또 말씀을 나타내는 삶을 산다. 기독교 상담자들은 말씀을 잘못 해석하거나 자신에게 유리하게 해석하거나 치유 과정에서 자신의 생각을 합리화하기 위한 방편으로 사용하는 것을 피해야 한다.

순종(빌립보서 2:5–8; 요한1서 5:3)

성숙한 기독교인은 주님의 뜻 안에서 자신의 의지와 권리를 하나님께 내어놓을 수 있어야 한다. 그들은 하나님의 명령에 따르며 예수님의 섬김의 본을 따라야 한다. 우리의 순종은 하나님의 아들을 믿는 믿음과 성령을 받아들임에 직접적으로 연결된다(요한복음 3:36; 히브리서 5:9; 사도행전 5:32). 성령의 열매로 믿는 자들의 삶을 알 수 있듯이, 순종의 훈련은 하나님의 뜻 가운데에 사는 본을 나타낸다.

듣기와 인도하심(전도서 3:7; 마태복음 13:9, 13; 고린도전서 2:10–12; 야고보서 1:22)

기독교 상담자는 듣는 훈련을 열심히 하고 발전시켜야 한다. 그들은 언제 말하지 말고 조용히 있어야 하는지를 알고(전도서 3:7) 내담자가 이야기할 때에 그 말에만 집중하지 말고 언어 이면의 상황과 동기들을 이해하도록 배워야 한다. 내담자의 이야기 듣기에 실패하면 내담자의 위치를 파악하지 못하게 되고 결과적으로 상담은 비효율적이 되고 만다. 상담자는 들을 때에 인도함을 받기도 하고 또한 주기도 한다. 기본적으로 기독교 상담자의 인도함의 근원은 성령님이다. 상담자가 자신의 이해와 생각에 의지하지 않고 하나님을 신뢰하기를 배울 때 성령님은 바른 길로 우리를 인도하신다(잠언 3:5–6). 성숙한 상담자들은 창조세계에 나타난 하나님의 지혜를 보고 관찰한다(마태복음 6:25–30). 더 나아가, 경험이 풍부하고 유능한 선생의 말에 귀 기울이고 배우려 한다. 훈계를 잘 받아들이는 행동은 우리를 지혜로 이끈다.

모범이 되기(디모데전서 4:12, 16; 베드로전서 5:3)

상담자는 다른 사람들이 오해하거나 의심할 만한 행동을 피해야 하며 본이 되는 성격을 가져야 한다(디도서 2:6-8). 그들은 믿음, 희망, 제자도의 본보기가 되시는 예수님을 닮아 가야 한다. 상담을 받으러 오는 사람들은 자신들이 바라는 건강하고 영적인 삶을 상담자가 실천하고 있는지를 알 권리가 있으며 그런 상담자를 희망해야 한다.

순결함(로마서 12:1-2)

기독교인은 그들이 어려움, 곤경, 학대를 경험할지라도 그것과 상관없이 순결함을 유지하기를 배워야 한다(고린도후서 6:4-6). 기독교인은 기독교 교리와 다른 사람들과의 관계에서 순수성을 지켜나가야 한다(디도서 2:7; 디모데전서 4:12; 5:2). 상담자들이 유혹, 개인적인 스트레스, 그리고 정서적·육체적·영적 고갈에 직면했을 때 순결함의 훈련은 상담 사역에 있어서 필수적이다.

예수님의 생각을 닮기(빌립보서 4:8)

기독교인은 예수님의 생각을 닮아 가야 하고 그들의 마음을 진실되고 순수하게, 거룩하고 다정하게, 그리고 올바르게 지켜야 한다. 그리고 진실되고 가치 있는 것을 생각하기를 멈추어서는 안 된다. 상담자들은 자신들의 생각을 경건하고 건강하고 진실되고 가치 있는 것들이 되도록 해야 한다. 그들은 다른 사람들을 도울 때 합리적인 생각만 하게 하지 말며 성경적이고 의로운 생각을 할 수 있도록 도와야 한다.

분별하기(요한1서 4:1, 6; 히브리서 5:14)

상담자들은 허위에서 진실을 분별할 수 있는 영을 가지도록 노력해야 한다. 지속적인 훈련으로 인하여 성숙한 기독교 상담자들은 옳고 그름을 분별할 수 있게 된다(히브리서 5:14).

회개와 뉘우침(시편 51:1–3; 사도행전 20:21)

기독교인의 삶에서 죄의 자백과 회개는 필수적 요소다(요한1서 1:8–10). 우리의 죄를 하나님 앞에서 인식하고 자복하여 용서를 구하여야 한다(시편 32:5–6a). 우리는 우리의 허물을 서로에게 고백하고 서로를 위하여 기도함으로써 치유받아야 한다(야고보서 5:16). 회개와 뉘우침은 상담 과정에 있어서 필수적인데, 지혜로운 상담자는 자신의 상담 사역과 개인적 삶의 영역에서 성숙한 지식과 경험을 가지게 된다.

책임과 의무(야고보서 5; 히브리서 10, 13)

기독교인들은 자신의 삶과 공동체의 삶에서 서로를 돌아보고 자신이 행한 일에 책임을 지는 훈련을 해야 한다.

그들은 "서로 돌아보아 사랑과 선행을 격려"하는 방법들을 모색해야 한다(히브리서 10:24–35). 그들은 교회와 가족, 이방인에 대한 사랑과 자기조절, 마음의 자세, 섬김, 지도자로서의 책임과 관계, 재정문제 그리고 교리적 주제에 있어서 책임적 자세를 보여야만 한다.

성장(빌립보서 3:12)

건강한 기독교인은 기독교인으로서의 삶 가운데 배우려 하고 성장한다. 바울은 목표를 향해 우리에게 부르심에 합당한 하늘의 상급을 받기 위해 전진할 것을 당부한다(빌립보서 3:12-16). 바울은 분명히 하기를 자신이 완벽에 다다랐다고 말하지 않고 자신의 영적인 성숙이 인식을 바꾸어 놓았다고 말한다. 당신이 믿음 안에서 자라날 때 하나님의 뜻이 더욱 명확해진다. 상담과 성숙의 훈련은 기독교인의 믿음과 경건한 관계 안에서 발달과 완성에 초점을 맞춘다.

지혜(야고보서 1:5)

기독교인은 상담과 자신의 삶에서 배우는 모든 과정과 상황을 통하여 지혜에서 자라고 또한 하나님으로부터 오는 지혜를 열심히 구해야 한다. 상담의 진행에 있어서 상담자는 다음과 같은 질문을 하면서 상담을 점검할 수 있어야 한다. "이 경험을 통해서 나는 무엇을 배우고 있는가?" "하나님은 나에게 무엇을 가르치시고 있는가?" 상담자는 내담자가 제공하는 일상적 정보들을 상담적 상황에서 치료적으로 수정하고 적용할 수 있어야 하는데 이러한 것을 배우고자 노력할 때 지혜롭게 성숙한다(제6장과 제9장에서 상담에서 지혜의 역할에 대해 좀 더 깊이 논의한 바 있다.).

아가페 사랑(고린도전서 12:31-13:13)

요한은 하나님의 본질 중 하나를 사랑이라고 정의한다. 우리는 하나님의 이 사랑을 예수님의 희생적 삶을 통해 이해한다. 기독교인들은 예수님의 희생적 사랑을 본받아 다른 사람을 사랑하고 다른 사람의 유익을 위해 나의 유익을 내려놓을 수 있어야 한다(요한1서 3:11-20; 4:7-12). 사랑은 친절, 인내심, 진리 안에서 기뻐할 줄 아는 것, 지지, 희망, 충성심 그리고 신뢰로 나타난다. 또한 사랑은 시기심, 질투, 자랑, 교만, 무례, 방어심, 복수, 다른 사람이 잘못한 것에 대해 계속 기억하는 것, 이기심, 그리고 죄된 욕망과는 반대되는 개념이다. 사랑이 있는 상담자는 진실과 의를 구한다(고린도전서 13). "사랑은 모든 것을 덮어 주며, 모든 것을 믿으며, 모든 것을 바라며, 모든 것을 견딥니다."(고린도전서 13:7).

긍휼(마태복음 9:36; 히브리서 13:16; 야고보서 1:27a)

의로운 지도자는 가난하고 불쌍한 자를 대할 때, 예수님이 병자를 치료하시고 고뇌하는 사람을 대하셨던 것과 같은 방법으로 그들을 불쌍히 여기도록 배운다(시편 72:12-13; 마태복음 9:6; 14:14). 우리는 지은 죄를 고백할 때 긍휼의 마음을 더 가지게 된다(잠언 28:13). 우리의 필요와 부족함을 인식할 때, 타인을 향한 배려와 돌봄이 마음에서 자라게 된다. 긍휼의 마음은 기독교 상담자들에게 하나님의 사랑을 전달하도록 동기를 부여한다. 불쌍한 사람들을 보며 긍휼의 마음을 갖지 않는 상담자들은 선한 사마리아인의 이야기에 나오는 제사장과 같은 사람으로서 내담자에게 진정 어린 도움을 주는 것에 실패한다.

용서(에베소서 4:32)

기독교인은 타인을 향한 긍휼한 마음과 친절함을 배우며, 예수님이 용서하신 것과 같이 용서를 구하고 또 표현하는 법을 배운다. 예수님이 우리를 용서하심으로 인해 우리는 다른 사람들을 용서할 수 있게 된다(시편 103:1-5, 10-12). 기독교 상담자는 그리스도 안에서의 자유로움을 상징하는 용서를 배워 나가며, 동시에 용서는 자신이 한 행동의 결과에 대한 책임 회피가 아님을 가르쳐야 한다(마태복음 6:12-15; 18:21-35; 마가복음 11:25; 누가복음 17:3-4; 요한1서 1:9).

섬김(마태복음 20:26-28; 베드로전서 4:10)

섬김의 정신은 예수님께서 이미 본을 보이셨고 우리는 그것을 따라야 한다. 우리에게 주어진 자유를 다른 사람을 섬기는 사랑의 행동을 하는 기회로 삼고 또한 "너 자신을 사랑하듯 이웃을 사랑하라."는 예수님의 계명을 지키는 도구로 사용해야 한다(갈라디아서 5:13-14). 섬김의 훈련은 우리의 시간, 기술, 능력, 지식, 감정, 의지를 필요로 하며, 하나님의 희생제사의 자원인 섬김은 상담자가 사람들을 치료하고 또한 천국에서의 상급을 얻기 위한 방법으로 사용된다.

돌봄(누가복음 10:34-35; 디모데전서 3:5)

예수 안에서 하나된 기독교인은 마치 누군가 아플 때 그의 몸 전체가 그 아픔을 함께 경험하듯이 서로를 돌보아야 한다(고린도전서

12:25–26). 돌봄은 (영적, 육체적, 인지적, 감정적, 행동적, 사회적) 모든 차원에서 개인, 가족 또는 공동체 집단이 하나님, 자신 그리고 타인과 맺는 관계 안에서 치유적 행동으로 나타난다. 유능한 상담자들은 돌봄의 태도와 행동을 발전시켜 나가야 한다.

모든 필요를 알고 도와주기(마태복음 25:31–46)

예수님은 모든 믿는 자에게 다른 사람들의 영적 필요를 채우는 사역을 할 것을 기대하신다. 우리는 굶주린 자, 목마른 자, 낯선 자, 헐벗은 자, 병든 자, 감옥에 갇힌 자에게 마치 예수님처럼 그들의 필요를 공급할 수 있어야 한다. 사람을 대할 때에 그들이 하나님의 형상으로 지어졌고 또한 하나님의 사랑을 받는 자로 볼 수 있어야 한다. 사람들의 필요를 우리의 기술 부족으로 인해 놓치지 말아야 한다. 우리는 상담 혹은 지지를 통해 그 사람을 돕는 자가 되어야 하고, 가능하다면 상담자들은 사람들의 필요를 만나고 채우는 기술을 향상시키도록 노력하여야 한다.

부가적인 영적 훈련

부가적으로 포레스터가 말하는 상담자의 영적 훈련에는 서로 교제하기(고린도후서 13:14), 내담자에게 성경 구절을 읽게 하기(시편 119:9–16; 디모데후서 2:15), 성경 통독하기(디모데후서 3:16–17; 에스라 7:10), 조용히 묵상하기(시편 46:10; 131:2), 성경을 상상하고 마음에 그리기(마태복음 6:22–34; 골로새서 3:1–5), 치유(미가서 6:13; 야고보서 5:14–15), 성경공부(히브리서 4:12–13), 순종하기(요한복음

12:24–25; 고린도후서 12:9–10; 에베소서 5:21; 마태복음 5:38–42), 경건의 일기(시편), 구속(마태복음 10:8), 그리고 증인되기(요한복음 3:16; 로마서 8:31–32) 등이다(〈표 10–2〉 참고).

〈표 10-2〉 영적 훈련 상담 체크리스트

당신이 적극적으로 행하고 있는 영적 훈련에는 'V' 표시를, 개선이 필요한 것에는 'X' 표시를 하시오. 당신이 상담에서 당신에게 필수적이라고 믿는 추가적인 영적 훈련에 대해서는 기록하시오.

	기도(마태복음 6:5-13; 누가복음 18:1-8; 데살로니가전서 5:17-18; 야고보서 5:13-18)		회개와 뉘우침(시편 51:1-3; 사도행전 20:21)
	하나님의 음성 듣기(시편 130:5-6; 사무엘상 3:8-10)		책임과 의무(야고보서 5; 히브리서 10,13)
	찬양(히브리서 13:15; 시편 9:1-2)		성장(빌립보서 3:12-16)
	성구: 상담자의 준비(디모데후서 3:14-17; 골로새서 3:16)		지혜(야고보서 1:5)
	순종(빌립보서 2:5-8; 요한1서 5:3)		아가페 사랑(고린도전서 12:31-13:13)
	듣기와 인도하심(잠언 3:5-6; 전도서 3:7; 마태복음 13:9,13: 고린도전서 2:10-12; 야고보서 1:22)		긍휼(마태복음 9:36; 히브리서 13:16; 야고보서 1:27a)
	모범이 되기(디모데전서 4:12,16; 베드로전서 5:3; 디도서 2:6-8)		용서(에베소서 4:32)
	순결함(로마서 12:1-2)		섬김(마태복음 20:26-28; 베드로전서 4:10)
	예수님의 생각을 닮기(빌립보서 4:8)		돌봄(누가복음 10:34-35; 디모데전서 3:5; 고린도전서 12:25-26)
	분별하기(요한1서 4:1,6; 히브리서 5:14)		모든 필요들을 알고 도와주기(마태복음 25:31-46)

기독교 상담자의 성품(데살로니가전서 5:14-24에 기초함)

기독교 상담자들에게 영적 민감성 발달에 유익한 연습 중 하나는 돌봄을 행하는 자의 눈으로 성경을 공부하고, 특별히 어떠한 성경 구절들이 그들의 사역에 적용되는지를 알아 가는 훈련이 필요하다. 다른 말로 하면, 기독교 상담자들은 상담의 지식들을 성경 말씀의 교훈을 통하여 걸러 내는 작업을 해야 한다. 예를 들면, 데살로니가전서 5장 14~24절을 목회적 돌봄과 상담의 관점에서 읽으면, 효과적인 성경적 상담자를 위한 15가지 성경적 자질에 대해 발견할 수 있다.

지혜로운 목회상담자는

- 행동을 바르게 하지 않는 사람에게 경고하며(14절)
- 마음이 약한 자를 격려하고 힘이 없는 자를 붙들어 주며(14절)
- 혼자 스스로 일할 수 없는 사람을 도와주고(14절)
- 하나님이 우리를 참으심과 같이 모든 사람에게 오래 참으며(14절), 모든 사람이 그들의 죄로부터 돌이키기를 원하며(베드로후서 3:9,15)
- 누가 누구에게든지 악으로 악을 갚지 말며(15절)
- 모든 사람을 대하여 항상 친절하고 선하게 행하라(15절).
- 하나님의 현존에 대한 증거로서 성령의 열매와 기쁨 안에 거하라(16절; 시편 139편과 비교하라.).
- 계속해서 기도하고 항상 기도하는 자세를 가져라. 모든 상황에서 하나님을 인식하고 항상 하나님과 교통하기를 갈망하라(17절).
- 모든 상황에서 행하시는 하나님께 감사하라(18절).

- 하나님의 인도하심을 무시하거나 거부하지 마라(19절).
  (사랑의 반대는 미움이 아니라 무관심이다. 하나님을 떠나지 마라.)
- 모든 상황에서 하나님의 계획(예언)을 바라보라(20절).
- 범사에 헤아려 선한 것을 취하고(21절)
- 악은 모든 모양이라도 버려라(22절).
- 개인의 목표로서 경건함을 가져라(23절).
- 하나님만이 이 모든 것을 가능케 하시는 분임을 인식하라(24절).
  (우리는 모든 상황과 모든 계획 안에 하나님 한 분만을 의지하여야 한다.)

상담에서 하나님의 자원 발견하기

하나님께서는 우리에게 성령의 열매와 영적 선물을 공급하셨다. 기독교인은 영적 훈련과 성경적 자질들을 양육하며 발전시켜야 한다. 하나님께서는 그의 자녀들이 성장하는 것을 돕기 위하여 건강한 영적 양식을 충분히 주시는데, 어떤 기독교인은 영적 다이어트와 궁핍을 보이기도 한다. 그들은 영적 슈퍼마켓에서 어슬렁거리다 길을 잃고 하나님의 공급을 무시하거나 혹은 보지 못한다. 그들의 영적 근육은 퇴보되고 영적 빈혈만이 발달하게 된다. 이러한 기독교인들은 하나님의 부르심에 응답하는 것에 실패하여 영적 자원을 다 소모해 버리고 영적 연약함의 상태로 그들의 여생을 보낸다.

또 다른 무리의 사람들은 상점 안으로 들어가지만 식품을 가져가기를 두려워한다. 상점 안의 손이 닿는 낮은 칸에 진열되어 있는 몇몇 품목에 관심이 있는 듯하지만 다른 복도의 높은 칸에 진열되어 있는 품목은 피해 간다. 그들은 만약 자신들이 너무 많이 그 음식을 섭취하면 어떤 일이 일어날지 혹은 그 음식으로 인해 자신들이 변하게 될까 봐 두려움을 가질 수 있다. 이 무리의 기독교인은 조금의 영적 에너지는 가지고 있지만, 인내를 이루어 내는 영적 힘에는 연약함을 보인다. 그들에게는 무거운 짐과 역경을 견딜 만한 힘이 없다.

다른 세 번째 집단은 성령의 인도하심에 따르는 사람들이다. 그들은 상점 안의 모든 복도를 다니며 품목들을 취한다. 그 품목들은 성령의 선물들과 영양소다. 그들은 높은 칸에 배열된 물건들에도 손을 뻗는다. 그들은 건강한 음식을 섭취함과 같이 영적 강건함, 믿음, 소망에서 자란다. 그들은 영적 근육을 키워 나가기 위해 연습할 기회들을 찾는다. 그들은 다른 신자들의 자원들을 발견하고 믿음을 강화시키는 일을 시도한다.

기독교 상담자는 세 번째 집단의 사람들이 되어야 한다. 너무나 많은 기독교 상담자들이 하나님의 풍성한 공급을 보고 경험하는 데 실패한다. 그들은 자신들의 힘, 지식, 능력을 바라보고 풍부한 영적 자원이 쓰레기통에 던져짐을 보지 못한다. 그들은 성령의 능력을 받아야 하며 하나님의 능력과 풍성한 삶으로 다른 사람들을 섬겨야 한다(요한복음 10:10 후반).

요 약

1. 성경적 기독교 상담자를 위한 한 연구 조사에서는 50여 개에 해당하는 상담자의 성경적 특성과 상담 사역의 효과를 위한 20개의 영적 훈련을 제시한다. 성경적 특성들과 영적 훈련들을 간단히 소개했고 상담자의 자가진단을 위한 두 개의 체크리스트를 제시했다.

2. 데살로니가전서 5장 14-24절을 기초로 성경적 기독교 상담자의 특징을 간단히 요약했다. 이들은 상담 사역에서 성격적 진리를 적용하는 예로 사용될 수 있다.

3. 이 장의 마지막 부분은 하나님이 우리 상담자들에게 주신 풍부한 영적 자원들의 유익을 알고 취할 것에 대해 언급했다. 상담자들은 상담 사역에서 성령의 사역을 인정하고 성령께서 일하실 수 있도록 내어드려야 한다.

이제 우리는 여기에서 어디로 가는가

예수님의 사역과 모델에서 발견할 수 있는 풍성한 영적 자원은 상담 사역을 위한 기초를 제공한다. 다음 장에서는 상담 접근에 대한 평가를 소개하고 더불어 성경적 기독교 상담의 본질과 내용에 대한 논쟁을 통하여 서로 다른 입장을 살펴보려 한다.

연습문제

1. 성경적 특성과 영적 훈련의 목록 중 당신은 어떤 것을 추가 혹은 삭제하기 원하는가? 추가와 삭제 사항이 있다면, 그 이유는 무엇인가?

2. 성경적 특성과 영적 훈련의 목록 중 상담에 있어서 가장 중요하다고 생각되는 것은 무엇인가? 그 이유를 말하라.

3. 두 개의 체크리스트를 기입한 후, 당신이 향상시켜야 할 성격적 특성과 영적 훈련을 표시해 보고 구체적으로 계획을 세워 보라.

4. 돌봄의 사역에서 성경적 특성과 영적 훈련을 실제적으로 어떻게 적용했는지를 설명하라.

5. 하나님이 공급하시는 영적 자원을 사용하는 데 있어서 사람들이 실패하는 이유가 무엇이라고 생각하는가? 당신은 이 영적 자원을 어떻게 개발할 것인가?

후 주

1) 델피(Delphi) 방법은 연구의 상호작용적인 형태다. 그것은 연구 분야에서 그들의 견해에 대해 인정받는 전문가들을 조사하기와 연관된다. 그때 각각의 전문가는 다른 전문가들의 견해에 반응할 기회를 갖게 된다. 합의가 나올 때까지 개정된 연구들은 반복된다.

2) Kevin Scott Forrester, "Determining the Biblical Traits and Spiritual Disciplines Christian Counselors Employ in Practice: A Delphi Study." 박사학위논문, Fort Worth, Tex.: Southwestern Baptist Theological Seminary, 2002, 151-57.

3) 같은 책, 42-43.

4) Richard Foster, *Celebration of Discipline: The Path to Spiritual Growth* (London: Hodder & Stoughton, 1978).

5) Brother Lawrence, *The Practice of the Presence of God* (Peabody, Mass.: Hendrickson, 2004). 그가 이것을 말했던 당시, 그는 수도원에서 요리사로 일하고 있었다.

6) Donald S. Whitney, *Spiritual Disciplines for the Christian Life* (Colorado Springs, Colo.: NavPress, 1991), 17.

참고문헌

Brother Lawrence. *The Practice of the Presence of God.* Peabody, Mass.: Hendrickson, 2004.

Forrester, Kevin Scott. "Determining the Biblical Traits and Spiritual Disciplines Christian Counselors Employ in Practice: A Delphi Study." 박사학위논문, Fort Worth, Tex.: Southwestern Baptist Theological Seminary, 2002.

Foster, Richard. *Celebration of Discipline: The path to Spiritual Growth.* London: Hodder & Stoughton, 1978.

Whitney, Donald S. *Spiritual Disciplines for the Christian Life.* Colorado Springs, Colo.: NavPress, 1991.

CHAPTER

11

상담자의 위치 확립하기

예수 그리스도: 인식에 대한 우리의 기준

'서로'에 대한 중요성

기독교인의 강직성과 다양한 접근

서로 다름을 이해하기

용어를 채택, 각색, 변형하기

상담에서 다양한 언어 사용하기

상담 문헌 평가하기

상담의 접근과 모델 개발하고 수용하기

도랑의 위험

말과 행실, 요구와 실행

CHAPTER 11

상담자의 위치 확립하기

성경은 우리의 위치를 하나님과의 관계 그리고 이웃과의 관계 안에서 제시한다. 성경은 그리스도가 누구인지를 드러내고, 인간의 본성에 대한 권위 있는 지침 그리고 돌봄의 사역을 위해 그리스도인에게 적용 가능한 영적 자원을 제공해 준다. 상담의 영역은 많은 이론, 모델, 기법, 철학, 신학적인 관점으로 구성되는데, 이들은 성경적 관점에서 볼 때 서로 동의할 수 있는 부분과 그렇지 못한 부분들로 이루어진다. 성경적 기독교 상담자들은 상담의 영역을 신중하게 평가하고, 자신의 상담 이론과 기술을 개발할 때 하나님의 지혜를 구하여야 한다. 올바른 성경적 상담으로의 접근, 성경 밖에 있는 자원의 선택과 사용, 상담을 위한 적절한 배경, 훈련을 위한 필요 조건, 성경적 상담의 정의와 본질 등에 관하여 분명한 견해가 믿음의 공동체 안에 존재한다.

상담자들은 다음과 같은 주제를 연구할 필요가 있는데, 상담자들은 모든 기독교인이 의지하고 있는 그리스도 안에서의 하나됨의 기초를 기억해야만 한다(에베소서 2:13-22). 교회는 이 땅 위에 있는 그리스도의 몸이고, 우리에게는 서로를 돌보고 몸의 다양한 부분이 감당하고 있는 서로 다른 역할을 받아들일 책임이 있다(고린도전서 12:14-26). 서로의 의견에서 강한 차이를 발견할 때, 우리는 교회 안에서의 몸의 기초와 역할에 대해 상기할 필요가 있다. 우리는 의견에 있어서 서로 간의 차이와 불일치를 다룰 때 성경적인 태도를 보여야 하는데, 이것은 우리가 사용하는 말씀과 개념의 의미를 명확히 하고, 상담에 관한 책들을 현명하게 평가하며, 우리 자신의 상담적 위치와 연관된 유혹과 잠재적인 함정을 인식하기 위함이다.

"당신은 상담자입니까? 그러면 당신은 ○○○에 대해 어떻게 생각하나요?" 우리는 이러한 질문을 자주 대하게 된다. 내가 상담자임을 알자마자, 질문자는 내가 어떤 특정한 치료자에 대해 어떻게 생각하는지를 알고 싶어 할 것이다. "그렇다면, 당신은 프로이트에 대해 어떻게 생각하죠?"라고 어떤 사람은 질문할 것이다. 기독교 상담 분야에 더 정통해 있는 사람들이라면, 저명한 기독교 상담자 또는 치료 모델에 대한 당신의 견해를 알고 싶어 할 것이다. 이러한 질문자들은 당신의 신학적이고 성경적인 입장이 무엇인지를 알려고 하는 것이지, 당신에게서 무언가를 많이 배우는 데에 관심이 있는 것은 아니다. 그들은 다음과 같은 것에 대해 생각하고 있다. "이 사람은 우리 중 한 명인가? 아니면, 그는 문제가 있고, 고쳐져야 하고, 피해야 하는 사람 중 하나인가?" 그들은 당신의 신학적이고 철학적인 입장, 그리고 아마도 당신의 영적인 상태를 찾으려고 시도할 것이다. 그들은 질문을 통하여 그들 나름대로 당신의 위치(입장)를 파악하려고 한다.

우리는 다른 사람들의 생각과 정보를 수집하고, 또는 그들의 현재 위치가 어디인지를 밝혀내기 위해, 매일의 대화에서 편법 접근을 사용한다. 우리가 관계의 위치를 알아내기 위한 수단으로 사용하는 사소하고 진부한 대화는 실제로 무엇처럼 보이는가? "안녕하세요? 어떻게 지내셨나요?"라는 간단한 질문에 대한 대답은 우리가 맞이하고 있는 사람의 상태에 대해 알려 줄 것이다. 만약 그 사람이 "좋습니다."라고 대답한다면, 우리는 여전히 그의 전체적인 반응을 짐작함으로써 그 사람의 상태와 위치에 대해 결정해야만 한다. 그 사람의 어조는 어떠한가? 그는 말할 때 눈을 마주쳤는가? 그는 거만했는가, 아니면 웃고 있었는가? 그의 행동은 그가 바쁘고 더 이상 말하고 싶지 않다고 말하고 있었는가, 아니면 그는 심각한 토론을 그만두거나 더 하고 싶어 하는 것처럼 보였는가? 심지어 가장 간단한 대화 속에서도, 사람들의 생각을 아는 것과 그들의 참된 위치나 상태를 확립하기는 항상 쉬운 것이 아니다. 행동과 말들은 해석을 필요로 하는 상황 가운데에서 일어나는데, 그것은 우리의 지식과 문화적인 능숙함에서 기인한다. 우리 모두는 다른 사람의 말을 잘못 해석했거나 누군가가 우리를 오해했던 경험을 가지고 있다.

결혼한 부부의 대화에 대한 연구는 다음의 사실을 보여 주는데, 사람이 자신의 배우자의 말과 행동에 대해 갖는 긍정적 또는 부정적 해석은 관계의 건강함과 연관성이 있다. 다시 말하면, 결혼 생활에서 어려움을 경험한 부부는 배우자의 말 또는 행동에 대해, 심지어 배우자가 도움이 되고 긍정적인 방법으로 노력하고 있을 때조차도, 부정적인 반응을 갖기가 더 쉽다고 한다. 우리가 사람들을 더 이상 신뢰하지 않을 때, 우리는 그들의 동기에 대해 의심을 품는 경향이 있고, 그들이 실제로는 우리에게 좋은 관심을 가질지도 모르고 신뢰할 만하다는 것을 믿기 어려움을 발견한다. 유사한 원리가 나라 사이에서 그리고 기독교인의 공동체 안에서조차도 발견되고 적용된다.

예수 그리스도: 인식에 대한 우리의 기준

상담자들은 자신의 위치를 결정하는 데 다른 기독교 상담자들과 그들의 이론적 배경과의 관계에서 도움을 받을지는 모르지만, 성경은 우리의 위치를 하나님과의 관계에서 발견함이 더 중요하다고 우리에게 말하고 있다. 하나님과 인간의 수직적 관계의 차원은 우리의 수평적인 관계를 암시한다. 성경은 우리가 어떠한 가르침을 평가할 때 묻게 되는 간결한 질문을 제시한다. 더 성경적인 질문은 "어떤 특정한 상담자 또는 이론에 대해 어떻게 생각하십니까?"라는 질문이 아니라, "예수 그리스도에 대해 어떻게 생각하십니까?"라는 질문이 되어야 한다.

요한1서 4장 1~4절에 따르면 어떤 질문을 하는가는 매우 중요하다. 요한은 영이 하나님으로부터 왔는지 아닌지 알아보기 위해 시험해야만 한다고 말한다. 우리는 가르침에 대해 평가할 필요가 있다. 하지만 평가의 기준은 무엇인가? 우리는 사람의 말과 기술의 진실성에 대한 판단을 내리기 위해 어떤 기준을 사용해야 하는가?

평가를 위한 기준은 예수 그리스도에 대한 시인이다. 예수 그리스도는 완전한 인간으로서 그리고 하나님에 대한 완전한 표현으로서 받아들여지는가? 모든 기독교인 사이의 관계와 진실을 위한 공통적인 근거는 예수님을 우리의 구원자와 주님으로 받아들이기다(요한1

서 2:22–23; 4:15; 5:11–12; 요한복음 10:30; 14:6; 로마서 10:9–10). 이러한 진리에는 필연적인 결과가 있다. 우리가 그리스도 안에서 나누고 있는 하나됨은 우리가 다른 사람들을 사랑하고 존중하도록 요구한다(요한1서 3:23; 4:7–12, 21). 여기서 우리는 다시 한 번 하나님의 계명의 중요성을 떠올린다.

우리가 사람들을 평가하고 관계를 결정하기 위해 하나님과 다른 인간의 기준을 사용할 때, 불행한 결혼 생활 가운데 있는 부부처럼 언쟁과 다툼으로 끝나게 된다. 바울은 고린도 교회를 향해 귀에 거슬릴 만한 말을 많이 했다. 고린도전서의 첫 장에서, 바울은 교회 안에 파벌을 만드는 행동에 대해 고린도인들을 질책했다. 그들의 죄와 비도덕성, 결혼에 대한 의견의 차이 그리고 우상에게 바친 음식 등에 관한 지적을 하기에 앞서, 바울은 고린도 교인들이 스스로 무리를 나누는 일에 대한 문제점을 강조했다. 하나됨을 보이기는커녕, 그 사람들은 자신의 무리 안에서 논쟁하고 말다툼하고 있었다. 그들의 무리가 어떻게 나뉘었을까? 그들의 무리는 인간이 만든 수평적인 기준으로 나뉘었다(고린도전서 1:11–12). 어떤 무리는 자신들을 바울의 추종자로 여겼고, 다른 무리들은 자신이 아볼로와 베드로를 따른다고 했다. 스스로 경건하다고 생각하는 또 다른 무리들은 그리스도의 제자가 되기를 주장했다. 고린도 교인들이 교만한 태도를 가지고 무리지어 서로 자신들이 옳다고 주장할 때, 여러분 대부분은 그들의 경건한 체하는 억양을 들을 수 있다. 그들의 주장 자체는 영적인 화합을 보이지만, 행위와 동기는 여전히 세속적이고 불화를 일으키는 소재를 가진다. 그들은 무리의 집단을 나누는 도구로서 그리스도의 이름을 사용하면서, 수평적 수준에서 움직이고 있었다.

바울은 그들의 편 가르기를 그만두게 하기 위해 우리 주 예수 그리스도의 이름으로 고린도인들에게 호소했다. 바울은 그들이 마음과 생각에서 하나가 되기를 기대했다. 이것은 고린도 교인들이 서로 완전한 합의에 이르기 그리고 의견과 해석에 있어 솔직한 차이를 결코 가지지 않기를 의미하는가? 바울은 무리의 의견에 대한 차이가 있음을 받아들였다. 과거에 그도 바나바와 말다툼을 했었다(사도행전 15:36-41). 바나바와의 불일치 속에서조차 바울이 이해했던 것은, 예수 그리스도 안에서 절대적인 마음의 하나됨이 있는 한, 기독교인 가운데 존재하는 차이는 얼마든지 극복될 수 있다는 믿음이다(고린도전서 1:10; 에베소서 4:1-6).

교회 안의 지체들을 하나되게 하는 기준이 수직적 차원에 기인했다면 고린도인들 사이의 불일치는 불쾌함과 파벌 없이 일어날 수 있을 것이다. 하나님이 우선되는 기준이었으면, 그들의 하나됨은 예상 가능하다. 바울은 고린도 교회에 있는 파벌을 인식하고 그들의 죄에 직면했다. 그럼에도 바울은 고린도인들을 "성화" 되고 "거룩하게 부르심 받은" 자로 진실하게 맞이할 수 있었다(고린도전서 1:2). 바울의 말과 행동 그리고 동기는 그의 삶에 거하시는 그리스도의 탁월함에 의해 다스려졌고, 이러한 수직적 관계는 바울의 존재 전체에서 나타났다. 바울은 만약 믿음의 공동체 안에 있는 불화가 그리스도 그리고 그분의 마음과 뜻을 구하는 데 집중하기보다 우선시된다면, 그것이 해가 됨을 이해했다. 이러한 원리는 고쳐야 할 필요가 있는 죄뿐 아니라 신학적인 파벌을 이끄는 태도에도 적용된다.

불화를 일으키지 않고도 의견을 달리하기는 가능하다.

의견의 차이는 우리의 대화, 즉 육체적 행실과 비표현의 언어들에 중요한 요소일 뿐 아니라 수용 또는 거절을 전달한다. 다른 사람을 향한 우리의 행동과 태도 모두 하나님과 우리와의 관계를 반영해야

만 한다. 올바른 일을 행하지 않는 사람은 하나님의 자녀가 아니다. 그리고 자기 형제를 사랑하지 않는 사람도 하나님의 자녀가 아니다(요한1서 3:10). 우리의 태도와 행동은 겸손과 하나님의 사랑을 전달할 수도 있고, 또는 거만하고 판단적일 수도 있다. 동정, 사랑, 자비, 겸손 그리고 존중은 논쟁과 모욕보다 하나님의 영에 대한 개방과 조화를 좀 더 쉽게 이루게 한다(베드로전서 3:8, 15-16).

기독교인의 태도와 행동에 대한 근본적인 본질은 우리가 우리의 적까지 사랑해야 한다는 성경적인 요구사항 안에 나타난다. 우리는 마땅히 타인의 행복을 위해 기도하고, 그들을 잘 대하며, 하나님께 그들을 축복하시기를 요청하고, 그들이 굶주릴 때 먹이고, 목말라 할 때 물을 주며, 그들에게 친절하고, 호의를 베풀어야 한다(잠언 25:21-22; 마태복음 5:44; 누가복음 6:27-28; 6:35). 때때로 신학적인 갈등 안에서, 기독교인은 세속적인 반대자와 적에게 좀 더 친절하고 관대하게 대하며 자신의 동료들에게 대할 때보다 더 너그러움을 준다. 기독교 상담자들은 모든 관계, 심지어 강하게 서로 반대하는 입장을 보이는 관계에서조차도 평화와 조화를 추구해야만 한다. 바울은 우리가 다른 사람에게 호의적이어야 하고, 심지어 우리를 학대하고 반대하는 사람들에게서조차도 그들의 존경을 얻어야 함을 확실히 한다(로마서 12:14-21). 만약 기독교 상담자들이 동료들 사이에서 발생되는 의견충돌을 평화롭고 화목한 방식으로 다룰 수 없다면, 그들의 내담자들과 세상에게 어떤 상담의 모델과 증언을 보여 줄 수 있단 말인가?

신뢰와 사랑은 주는 사람에 의해 결정되는 만큼 받는 사람에 의해서도 결정된다. 만약 사람들이 자신을 사랑받거나 신뢰받는 존재로 받아들이지 않는다면 이런 사람들은 상대방이 자신에게 정반대로 충고하고 있는지 아닌지를 구별할 수 없다. 상담 접근에 있어서 더 높은 성경적 근거를 주장하는 상담자들은 인간이 진실로 존중과 사랑을 받을 만한 존재인데 이러한 생각을 받아들이지 못하는 사람들에게 겸손한 태도와 조심성으로 자신의 관점을 표현해야만 한다. 로마서 12장 10절에서 바울은 그가 말했던 것, 즉 "형제와 같은 또는 가족과 같은 사랑 안에서 서로에게 헌신하라."에 대한 중요성을 강조하기 위해 사랑에 대한 그리스어(*phileo*와 *storge*)를 결합함으로써 교회 안에서 사랑의 필요성을 강조했다.

'서로'에 대한 중요성

우리는 이웃을 섬기고 사랑하기 위해 부르심을 받았다(갈라디아서 5:13-14). 성경은 '서로'라는 구절을 대략 160번 사용하면서 관계의 중요성을 강조하고 있고, 그중 125번은 신약에서 나타난다(신약에서 그 구절은 그리스어인 *allelon*의 번역이다.). 서로에 대한 좀 더 뚜렷하지 않은 사용을 제외하면(예를 들어, '서로에게 말하는'), 우리는 신약에서 나타난 서로의 단어가 80% 이상 긍정적인 지지와 확언의 맥락에서 사용됨을 알 수 있다. 기독교인은 서로서로의 코이노니아적인 관계를 발전시키고 지지하며 유지할 책임을 갖는다.

기독교 상담자들은 서로를 격려하고 지지하며(데살로니가전서 4:18; 5:11; 히브리서 3:13; 10:25), 서로를 존경하고(로마서 12:10), 서로를 사랑하고(요한복음 13:34; 데살로니가전서 3:12; 히브리서 13:1; 베드로전서 1:22; 4:8; 요한1서 3:11, 23; 4:7; 요한2서 5), 서로 화평과 조화를 구하고(마가복음 9:50; 로마서 12:16; 12:18; 고린도전서 1:10; 데살로니가전서 5:13; 베드로전서 3:8), 서로 가르치고 고치며(골로새서 3:16), 서로를 환대하고 환영하며(로마서 16:16; 고린도전서 16:20; 베드로전서 4:9; 요한1서 1:7), 겸손하게 서로의 필요를 생각하고(고린도전서 10:24; 12:25; 빌립보서 2:4; 베드로전서 5:5; 요한1서 3:16), 서로를 섬기고 도우며(갈라디아서 5:13; 베드로전서 4:10), 서로를 참고(에베소서 4:2; 골로새서 3:13), 서로에게 진실하게 말하고(에베소서 4:25), 서로에게 친절하고 서로를 측은하게 여기며(에베소서 4:32; 데살로니가전서 5:15), 서로를 용서하고(에베소서 4:32; 골로새서 3:13), 서로를 위해 기도해야 한다(야고보서 5:16). (부록을 보라.)

기독교인의 강직성과 다양한 접근

우리가 다른 기독교인과 조화롭게 교제할 수 있는 방법 중 하나는 세상에서 발견할 수 있는 편견과 차별적인 불화를 형성하기보다 불일치에 대한 성경적인 견해를 인정하고 수용해야만 한다. 바울은 모든 믿는 자들이 그리스도 안에서 세례를 받았고 그리스도로 옷을 삼아 입었다고 말하고 있다. "그리스도 안에서는 유대인이나 그리스인이나 종이나 자유인이나 남자나 여자나 차별이 없다. 우리는 그리스도 예수 안에서 모두 하나다."(갈라디아서 3:26-28) 성경은 사람들을 두 개의 영적 집단으로 나누는데, 그것은 그리스도 안에 있는 사람들과 그리스도 안에 있지 않은 사람들이다. 우리는 모두 하나님의 자녀로 양자 삼은 바 되거나, 아니면 거짓의 아비에게 강요당하고 악용된 영적 고아다. 그러나 기독교인은 사람들을 다시 세분화하는 일에 굉장한 에너지를 소비하는 경향이 있다.

믿음의 공동체 안에서 중요하게 다루어져야 할 주제는 우리가 그리스도의 몸의 일부로서 어떻게 서로 어울려야 하고 또 지체로서의 의무는 무엇인지를 알아야 한다는 점이다. 목회적인 돌봄과 상담에서는 성경적 요구사항과 기대에 대한 뚜렷한 견해의 차이가 있다. 이러한 차이가 간과되거나 무시되어서는 안 되고, 영적으로 부서지기 쉬운 타협의 그릇 속으로 희석되어서도 안 된다. 하지만 우리의 관점이나 소속에 상관없이 상담에서 기독교인의 '캠프'로 분리되는 것은 서로 사랑하라는 성경적인 명령을 위반하는 위험을 무릅쓰고 그리스도 안에 있는 우리의 하나됨을 약화시킬 가능성을 가진다.

우리는 우리의 믿음을 양보하거나 성경의 영감 외에 그 어떤 것도 결코 받아들여서는 안 되지만, 영적 분별력을 위한 명확한 기초를 확립시킬 필요가 있다. 우리를 향한 첫 번째 명령은 하나님의 사랑이고, 우리는 이 명령을 지키고 서로 사랑하며 예수님의 본보기를 따름으로써 서로에 대한 사랑을 표현한다(요한1서 2:3-6,10-11). 만약 그리스도 안에서 공동의 존중과 합의가 있다면, 우리의 불일치는 건강할 수 있다.

서로 다름을 이해하기

다른 기능

우리 안의 차이 중 어떤 경우는 교회의 다른 기능에 그 기초를 두고 있다. 우리는 그리스도의 몸 안에 있는 돌봄과 사역에 대한 다양한 표현을 구별하지 못할 수도 있고, 또는 우리의 특정한 영역이 다른 것들보다 더 중요하다고 생각하면서 다른 사람의 일에 대해 가치 없다고 생각할 수도 있다. 성경은 나 아닌 다른 지체나 그들의 일을 비판하고 업신여기는 태도에 대해 금하고 있음을 경고하고 있다(고린도전서 3:1-9). 우리는 사람들에게 서로 다른 은사들이 있지만 같은 성령이 역사하신다는 사실을 기억해야 한다. 다른 종류의 섬김이 있고, 그것들을 성취하는 여러 가지 방법이 있다(고린도전서 12:4-6). 서로 다른 상담 접근법이 존재하고 서로에게서 그것을 발견할 때 우리는 다양성의 본질에 대해 확인할 필요가 있다. 다양성은 단순히 교회의 몸과 영적 은사들에 대한 다른 표현인가? 아니면 일하는 방식에 영향을 미치는 개인의 성격을 반영하는 것인가? 아니면 교회에 해를 끼칠 수 있는 좀 더 근본적인 다름의 형태인가?

정의와 해석을 다르게 하기

간혹 오해와 합의의 결여는 상담에서 용어와 개념의 정의 때문에 발생한다. 사람들이 사용하는 단어에 부여하는 의미는 그들의 세계관과 영향이 있다. 우리의 해석은 불일치의 주제와 차이를 명확하게 하기보다 오히려 우리가 추구하고 있는 상담 집단의 소속 또는 정체성을 좀 더 반영하기 위한 행동일지 모른다. 개념에 대한 진실 또는 거짓에 집중하는 경향은 종종 사람들이 정보의 출처를 정의하거나 분류하기 위해 어떤 선택을 하는가에 의존한다. 만약 우리가 그 출처를 신뢰하지 않는다면, 우리는 가르침의 본질과 가치를 좀 더 쉽게 의심하게 될 것이다.

예를 들면, 상담의 영역에서 당신은 기독교 상담과 신학과 연관하여 심리학이라는 용어를 언급할 수 있는데 사실 이는 별로 놀랄 일도 아닐 것이며, 때로는 이 용어가 다른 분야에서는 경멸과 강렬한 반대에 부딪히고 있다. 단어를 명확하게 정의하는 일과 더불어 우리는 이 분야에서 연구하는 다른 주제의 강조점을 찾아볼 수 있다. 심리학을 보면, 역사심리학, 실험심리학, 사회심리학, 임상심리학, 신경심리학 그리고 초개인(transpersonal) 심리학까지 그 종류가 다양하다. 동일한 다양성은 사회학 영역에서, 대부분의 다른 과학에서, 그리고 심지어는 신학에서도 나타난다. 당신이 세속적인 상담자들과의 모임에서 종교라는 단어를 언급할 때 유사한 반응을 경험할 것이다.

심리학 그리고 신학과 같은 용어에는 여러 가지 뜻이 있다. 몇 년 전, 나는 종교라는 단어에 대해 연구했고, 그 용어가 가지는 50개 이상의 정의를 발견했다. 그 단어의 어원조차도 확실하지 않았다. 종교는 라틴어인 *religere*에서 유래했을 수도 있는데, '다시 읽다'를 의미하거나 하나님의 목적을 찾기 위해 고안된 종교적인 의식 또는 반복되는 행동을 언급하기도 한다(키케로[Cicero]는 이러한 견해를 지지했다.). 또한 종교의 단어는 라틴어 *religare*에서 유래했을 수도 있는데, 이 단어는 믿는 사람들의 공동체 또는 집단이 함께 모이는 것에 대한 생각을 반영하면서, '다시 뒤로 묶다' 또는 '함께 묶다'를 의미한다. 웹스터(Webster) 사전은 종교가 신에 대한 두려움 또는 공경을 의미하는, 라틴어 *religio*에서 유래한다고 말하고 있다. 당신이 선택한 정의는 참된 종교의 본질에 대해 특별한 해석 또는 이해를 반영할 것이다. 사람들이 용어에 대해 완벽하게 다른 관점과 해석을 가지고 논쟁하고 있다는 점을 인식할 때, 두 사람 사이에 일어날 수 있는 종교에 대한 논의와 혼란을 상상해 보라.

심리학이라는 용어는 16세기 처음 출현한 이후 의미가 계속 변화해 왔다.[1] 영혼에 대한 연구로서의 심리학의 문자적인 이해는 더 이상 세속적인 과학의 영역에 적용되지 않으며, 이제 이 단어는 인간과 동물의 행동 그리고 정신 과정에 대한 과학적 연구를 의미한다. 우리는 이러한 용어에 대한 논쟁으로부터 어떤 유익이 나올지 확신할 수 없지만, 무엇이 '참' 또는 '거짓'된 정의인지에 대해 논쟁할 수는 있다. 우리는 다양한 정의에 대한 기원을 연구함으로써 그리고 상담의 이해와 해석에 대한 변형들을 낳은 개념의 묘사와 설명, 그리고 그들 뒤에 있는 근원과 동기를 연구함으로써 더 도움을 받을 수도 있다.

어떤 기독교인은 돌봄 사역에 대한 어휘로부터, 심리학, 심리치료와 같은 단어, 심지어 상담이라는 단어를 떼어 내고 싶을 수도 있는데, 그들은 이러한 용어들이 세속적인 영향을 너무 많이 받아 왔고, 현재 도움이 되기보다는 오히려 우리의 생각을 잘못 인도하고 혼란스럽게 한다고 믿기도 한다.[2] 이와는 또 다른 관점으로 용어의 정의에 대한 차이를 인정하고 우리 자신의 입장을 명확하게 표현하는 경우가 있다. 한 가지 추가적인 대안은 용어의 개념에 성경적인 세계관을 반영하는 의미와 적용을 부여하면서, 용어를 각색하고 바꾸는 일이다.

용어를 채택, 각색, 변형하기

상담 접근에 있어서 종종 상담 영역에 있는 다른 이론과 모델로부터 용어와 개념을 가져온다. 이러한 몇몇 용어는 설명적이고 포괄적이다. 참여 기술, 영향을 주는 기술, 자세와 대화를 위한 지침들은 효과적인 인간 상호작용의 기본이다. 이렇게 사람을 돕는 기술은 어떤 이론적 입장과 상관없이 상담이 대부분 지니고 있는 정의와 수용에 있어서 일반적인 함의를 지닌다. 용어들은 여러 상담 이론에서 공통적으로 사용될 수도 있지만, 그 단어의 의미와 내용은 다양하다. 예를 들면, 치료 계획과 치료 개입의 개념은 다양한 종류의 설명을 가지고 각각 특별한 상담 접근을 반영한다. 기독교 상담자들은 용어의 개념을 신중하게 연구하고 용어가 어떻게 정의되며 서로 다른 이론 그리고 상담 접근에서 어떻게 적용되는지에 대해 분명히 이해할 필요가 있다.

만약 우리가 기독교 상담과 세속적인 상담 모델에서 공통적으로 사용하고 있는 '차용(borrowing)'과 같은 용어를 본다면, 우리는 그들의 성경적인 효험에 대해 쉽게 회의적으로, 심지어 비판적으로 되기도 한다. '차용'은 소유권의 결여를 암시한다. 차용된 어떤 것은 우리에게 속해 있지 않고, 그것의 구조와 내용은 우리에게 해로울 수도 있다. 한편, 만약 우리가 모든 직업 영역에서 사용되는 합법적인 활동으로서 한 단어의 사용을 고려한다면, 그리고 그 분야에서 이러한 단어들이 특별한 집단의 목적과 설계에 맞도록 자유롭게 선택되고 수정된다면, 차용의 행동은 덜 교활하게 느껴질 것이다. 이때 주의해야 할 사항은 다른 집단이 같은 용어에 대해 나와 다른 정의와 해석을 가질 것이라는 이해와 함께, 당신이 그 단어를 사용할 때 의미하는 점을 명확히 표현해야 한다.

교훈: 상담을 할 때 당신이 사용하는 용어의 정의를 명확히 하고 다른 기독교 상담자들이 사용하는 용어의 정의를 너무 성급하게 판단하지 마라.

몇몇 성경적 기독교 상담 접근은 용어의 좀 더 근본적인 변형에 있어서 상담의 용어를 재정의하고 수정하는 과정을 그냥 지나쳐 가기를 선택할지도 모른다. 용어의 변화는 우리의 언어에서도 마찬가지다. 예를 들면, 우리는 4장에서, 방탕한(gay) 그리고 나쁜(bad)이라는 영어 단어가 지난 몇십 년에 거쳐 변화해 왔음을 주목했다. 셰익스피어 시대에, *let*이라는 단어는 '예방하는(prevent)'을 의미했지만, 오늘날에는 '허락하는(allow)'을 의미한다. 기술의 빠른 변화로 인해 새로운 용어도 생겨났다. 상담에서 기독교인은 그리스어와 히브리어의 단어를 취하여 상담의 영역에서 그것을 구체적으로 해석하고 적용해 왔다.

기독교 역사에서 흔하고 일상적인 단어의 변형은 새로운 일이 아니다. 요한과 다른 성경 저자들은 성령의 힘 안에서, *agape*(아가페)라는 단어에 대변혁을 일으켰다. *agapao*(동사)와 *agape*(명사)의 어원은 명확하지 않다. 이 동사는 호메로스와 그리스 문학에서 자주 나타났지만, 이 명사는 후기 그리스 구문 가운데 있었다. 동사는 애정을 표현하는 온화한 의미를 전달했다.[3] 이 단어가 이교도의 신과 연관이 있었다는 사실이 성경의 저자들에게는 문제될 것이 없었던 듯하다. 신약에서는 다소 무해한 이 단어를 바꾸었는데, 그것을 신성하고 사랑이 많으신 하나님의 존재, 즉 우리를 향한 그분의 사랑을 표현하시는 하나님, 또는 타인을 사랑함으로써 주님의 현존을 반영하는 그리스도인이라는 뜻으로 변형되었다.[4]

마틴 루터(Martin Luther)는 일의 독일어인 *Beruf*의 사용에서 이와 유사한 변화를 보였다. 그는 일상적인 일과 노동을 의미하는 이 단어에 하나님의 명령을 덧붙였다. 루터 이전에, 이 단어는 영적인 의미를 전혀 갖고 있지 않았지만 루터는 그것의 의미를 변형시켰다.

루터의 해석은 어떤 노동일지라도 단지 직업적인 사제직의 일이 아니라, 이제 하나님께서 주신 소명의 일부일 수 있음을 의미했다. 이 단어에 대한 루터의 새로운 사용은 믿는 자들의 사제직에 대한 교리 그리고 하나님의 소명에 대한 개념에 있어서 함축적 의미를 심오하게 했다. 노동이 주님의 일과 연결되었을 때, 소명은 더 이상 교회의 평신도와 분리되는, 배타적인 성직자 집단이 가지는 기능에 단독으로 적용되지 않았다. 이제 이 단어는 모든 믿는 자들이 가지는 사제직의 일부로서 모든 기독교인에게 적용되었다. 어떤 일이든 하나님께 영광이 되는 일이라면 영적인 활동이 될 수 있었다.

상담에서 다양한 언어 사용하기

기독교 상담자들은 상담의 언어에 대해 능숙할 필요가 있다. 그들은 내담자의 언어를 이해하고 배우는 일에 숙련되어야 한다. 기독교 상담자들은 돌봄에 대한 성경적인 진리를 배우는 훈련이 필요하고 상담 가운데 하나님의 진리를 드러내는 언어를 배우고 연구하는 일에 유익을 얻을 것이다. 더 나아가, 그들이 다른 문화적 배경을 가진 상담자 혹은 내담자와 대화하고 그들을 이해하기 원한다면, 타인의 문화에 존재하는 상담과 심리치료의 공식 언어와 개념을 배울 필요가 있을 것이다. 이런 배움이, 특히 공식적이고 세속적인 언어들에 대한 지식을 습득하는 일이 그 문화의 잠재적인 세계관 또는 내용에 동의함을 의미하지는 않는다.

상담을 처음 시작하는 상담자들은 다양한 상담적 세계관에 대해 그들이 정통할 필요가 있는 어떤 학위를 선택해야만 한다. 미국에서

심리치료의 혼성 국제어(lingua franca)는 정신장애에 대한 진단과 통계적 편람(DSM)으로 정의된다.[5] DSM은 다양한 정신적 문제의 존재와 강도를 결정하는 수단을 제공한다. 이 책은 기독교와 세속적인 영역 둘 다에서 활발히 비평받아 온 돌봄의 어떤 특정한 철학을 보여 주지만, 이 철학은 여전히 기독교와 세속의 영역 안에 있음을 무시할 수 없다. 가족치료사와 사회복지사들은 특히 인간의 본성에 대한 개인화와 병리화한 묘사에 반대하여 예리한 논쟁을 보여 왔다.[6] 하지만 DSM에서 사용되는 언어를 인식하는 자체가 병리의 설명, 범주 그리고 진단 기준에 당신이 전적으로 동의함을 의미하지는 않는다. DSM 언어를 안다는 사실은 당신이 같은 언어를 사용하는 다른 사람들과 대화할 준비가 되어 있음을 의미할지도 모른다. 당신이 만약 가족치료사들과 의사소통하기 원한다면, 당신은 가족치료 이론에서 사용하는 언어를 배울 필요가 있다.

상담 문헌 평가하기

내가 때때로 학생들에게 진행하는 활동 중 하나는 상담에 대한 많은 책을 전시하는 것이다. 각각의 책 내용을 간단히 설명한 후, 나는 학생들에게 그들의 상담 사역에서 사용하는 선호도에 따라 그 책들을 열거하도록 한다. 학생들은 변함없이 책 안에 포함된 성경 인용의 양 또는 특정 저서에 대한 그들의 지식에 기초하여 책을 평가한다. 학생들의 경향은 상담에 대한 올바른 성경적 견해와 성경을 인용한 숫자 사이에서 높고 긍정적인 상관관계를 보인다.

내가 전시한 책 중 하나는 상담과 목회적 돌봄과 관련된 주제들로

목차가 이루어져 있었다. 각각의 목차 아래에는 일련의 성경 구절이 있다. 학생들이 이 책의 출판사가 기독교 신학의 주류 바깥에 있음을 발견할 때까지는 이 책을 높이 평가한다. 또 다른 책은 상담 영역에서 학대에 대한 내용을 담고 있는 정신과적 설명을 포함하고 있다. 내가 아는 한, 그 책에 있는 내용은 학문적으로 정확성을 동반하는데, 이 책의 출판사가 잘 알려진 이교도 집단이라고 밝혀졌을 때, 그 책은 낮은 평가로 항상 바뀐다. 우리는 단지 책의 내용이 아니라 저자의 소속에 의해 책의 질을 평가하는 경향이 있다. 학생들은 평가의 문제와 싸우고 있다. 상담에서 책의 가치를 결정하기 위해 우리는 어떤 기준을 사용해야 하는가?

성경이 평가의 목록에 제시되었을 때, 당신이 신학교 학생들에게 기대하듯이, 그것은 항상 최고로 평가된다. 내가 그 목록 위에 성경의 다른 번역, 또는 그리스와 히브리 번역서들을 올려놓을 때, 문제는 좀 더 복잡해진다. 이제 평가의 차이는 번역이나 본래의 언어에 대한 학생들의 지식에 기초하여 나타날지도 모른다. 그러나 학생들 사이에서 일치를 보이는 점은 성경이 다른 책으로부터 분리된 부류 안에 있다는 점이다.

성경적인 기독교 상담자들은 모든 상담 문헌이 두 개의 뚜렷한 분류 안으로 나뉨을 안다. 그것은 하나님의 말씀 그리고 그 외의 다른 책이다. 성경은 성령의 감동 아래에서 개개인의 저자들을 통해 수세기의 과정을 거쳐 만들어진 유일하고도 최고의 저자에 의해 계시된 말씀이다. 그리고 그것은 실수에 의해 오염되지 않은 절대적인 진리다. 당신이 현재 읽고 있는 이 책을 포함하여, 인간의 모든 일은 진실과 거짓의 혼합들로 이루어지는데, 이 사실을 읽는 당신은 놀랄 수도 있고 또는 당신이 품고 있던 평소의 의심을 더욱 확고하게 할

수도 있다. 성경을 제외한 모든 상담 저서는 다양한 정도의 오류와 진실을 포함하고 있는데, 이것은 책의 내용이 저자가 가지고 있는 가치의 영향 그리고 저자의 제한된 지식과 지혜를 포함하여 반영되기 때문이다.

일단 학생들이 이러한 구별을 이해하기 시작하면, 그들은 성경이 아닌 다른 책을 읽고 평가할 새로운 방법을 갖게 된다. 성경적 기독교 상담자들은 여전히 성경과 더불어 다른 자원을 사용하지만, 그들은 성경이 아닌 책이 불완전하다고 가정을 한 채 책을 읽어야 한다. 심지어 상담에서 오직 성경만을 사용하기로 선택하는 학파의 사람들도 상담에 대한 다른 책을 읽기도 하고 그 영역의 책을 집필하기도 한다. 이러한 대부분의 책이 가지는 목적은 성경적 상담의 관점을 설명하기 위함이다. 저자들 역시 자신의 책이 학문의 영역에서 진실되고 심지어는 권위적으로까지 받아들여지고 읽히기를 기대한다. 그러나 이러한 책들의 많은 부분은 인용과 각주를 검토해 볼 때, 참고 문헌이 성경뿐만 아니라 기독교와 비기독교 출처의 자료 모두를 사용했다는 사실을 알 수 있다.

평가를 위한 기준

기독교 상담 영역의 책들을 보면, 그 책을 평가할 때에 다양한 범주에서 진리와 오류의 연속선상에서 보거나 오점이 없는 성경으로부터 완전히 분리해서 평가하기보다는 '받아들임'과 '받아들이지 않음'의 두 가지로 분리하려는 경향이 있다. 역사적으로 로마 가톨릭 교회는 그들이 믿음으로 받아들일 수 있다고 여겨지는 작품들에 대한 승인 또는 신성한 출판 허가의 인장을 제공해 왔고, 교회의 관리인들은 그들의 회중 가운데 책의 내용과 출판을 통제하기 위해 추방의 위협과 함께 금지령을 사용해 왔다. 평가에 대한 그들의 기준은 항상 전통, 문화적인 배경, 그리고 성경적인 해석의 혼합이었다. 이러한 관행이 가지는 목적은 오류로부터 진리를 분리하고 거짓이 품고 있는 위험으로부터 독자를 보호하기 위함이었다.

복음주의적 기독교인은 상담 저서들의 질을 어떻게 평가해야만 하는가? 모든 정보를 성경의 기준, 원리, 진리에 의해 평가해야 하는 것이 명확한 답이다. 우리는 불완전한 것을 판단하고 평가하기 위해 완전한 것을 사용한다. 대안적인 출처로부터 나온 모든 정보는 성경의 올바른 해석에 대해 복종을 요구하고, 판단의 기준에 끼치는 영향이 보다 적다. 이와 같은 문제는 성경적 기독교 상담자들이 상담 연구와 통계적인 분석에서의 기술뿐만 아니라 성경적인 언어와 성경 해석학의 훈련을 할 것을 제안한다.

권위의 출처와 기준을 결정하기와 더불어, 상담 저서를 평가하기 위해 고려해야 할 몇몇 사항은 저자의 배경, 전문적인 영역, 잠재적인 독자와 책에 사용된 언어, 책에서 다룬 주제, 성경에 대한 이해와 사용, 그리고 성경 사용의 목적과 사용 의도에 대한 확인을 포함한다.

저자의 배경과 훈련과정은 무엇인가? 3장에서 나는 이론가의 개인적인 경험과 뒤이은 상담 이론 사이의 관계에 대해 언급했다. 저자의 일대기, 역사적 맥락, 사회 문화적인 영향, 교육, 그리고 영적인 성장에 대해 알면, 그 책의 내용과 관점을 이해하는 데 도움이 될 수 있다. 이러한 관계는 기독교인 저자들에게도 적용되고 기독교 상담 영역에서 견해의 차이를 설명하는 것을 도울 수도 있다.

잠재된 독자는 누구이며, 그 책에서 어떤 언어가 사용되었나? 책의 정교함 또는 단순함에 대해서는 독자의 관점에서 평가되어야 한다. 상담 관련 책은 초보자 또는 전문가, 내담자 또는 일반적인 대중을 위해 쓰였을지도 모른다. 어떤 책은 일반 대중을 독자층으로 두고 집필하여, 복잡하지 않은 전문용어와 함께 인기 있는 집필 형태를 사용했을 수도 있다. 그러한 책들은 정교한 추론과 전문적인 정보가 부족하다. 또 어떤 책들은 상담 분야에 있는 기초적 또는 수준 있는 이론가 그리고 훈련생을 위해 만들어졌다. 이러한 책들은 다양하고도 매우 전문적인 수준의 언어, 연구, 사고를 담고 있다.

과학적 언어를 주로 사용하는 상담 서적도 있고, 신학적 언어를 주로 사용하는 상담 서적도 있을 것이다. 전문 서적 가운데 과학적 또는 신학적 언어를 주로 사용한 책들은 독자가 상담의 전문용어뿐 아니라 인용문에까지도 저자의 특별한 정의와 구조가 무엇인지 이해하기를 요구할 수도 있다.[7] 독자 가운데에는 어떤 특별한 집필 형태에 좀 더 편안함을 느낄지도 모르겠다. 그러나 그들은 다른 사람들의 경우 여러 형식을 번갈아 사용하여 집필한 책을 더 좋아할지도 모른다는 점을 알 필요가 있다. 자신이 형편없다고 평가한 책이 다른 사람에게는 단순히 정보를 가진다는 차원과 서로 다른 지식의 차이 때문에 같은 책이 받아들여지고 중요한 정보로 생각될 수도 있다.

책에서 다루는 주제와 범주에서의 질적인 변형은 무엇인가? 평가 과정의 일부는 책들이 몇몇 영역에서 중요한 공헌을 했을지도 모르지만 다른 영역에서는 빈약할 수도 있다는 점을 인식하기다. 통찰력이 있는 독자는 책의 한 부분에서 발견한 중요한 관찰이 책 전체에 존재하지 않으며, 독자가 수용하는 책의 어떤 한 부분으로 인해 책 전체가 수용되지는 않는다는 사실을 알고 있다. 반대로, 책에서 오점 하나를 발견한 것이 자동적으로 그 책에 쓰인 다른 모든 정보에 대한 거부로 이어져서는 안 된다. 이러한 관찰은 연구와 과학의 분야에 동일하게 적용된다.

비록 하나님의 말씀 밖에 있는 책은 완전성이 결여되고 인간에 의해 만들어진 생각으로 인해 연약함을 보이더라도, 이 사실 자체가 모든 세속적 책과 생각이 거부되어야 함을 의미하지는 않는다. 세속적 생각과 책을 거부하는 태도는 의학, 공학, 그리고 모든 자연과학과 사회과학에서의 진보를 방해할 것이다.

나는 대학원 수준의 고급 통계 분석 과정을 마치고 연구와 통계 과정의 수업을 가르치는 사람으로서, 과학적 분야조차도 절대적인 기준이나 증거를 제공하지 아니함을 입증할 수 있다. 어떤 책은 뜻깊은 연구의 결과물이고, 광범위한 통계 자료와 상담적인 주제에 관한 성경적인 연구를 제공하는 반면, 어떤 책은 단지 일화적인 증거와 실례를 주기도 한다. 다양한 연구 설계 그리고 양적 · 질적 방법론이 상담의 효과를 연구하기 위해 사용된다. 내가 연구 방법론에서 처음 배웠던 사실은 모든 양적 · 질적 연구가 결함과 한계를 가진다는 것이다. 그것에는 예외가 없다. 과학적 한계를 밝히는 이유는 낙담을 주기 위함이 아니라, 과학적 연약함이 가설과 결론을 반드시 무효화시키는지 아닌지를 결정하는 초점을 바꾸기 위함이다. 실수와 결함이 우리의 지식에 크게 공헌할 수도 있다. 우리가 한 영역에서 더 많이 배울 때, 우리는 새로운 정보에 적응하고 그것을 구체화하며, 우리의 이해를 향상시킨다.[8] 유사한 과정은 하나님께서 돌봄의 사역이라는 위대한 통찰을 연구의 보상으로 우리에게 주신, 성경적 기독교 상담에서도 일어난다.

책에서 성경은 어떻게 사용되었나? 어떤 책은 상담의 원리를 수집하기 위해 성경 구절을 해석한다. 어떤 책은 예증, 유추 또는 관점의 지지를 위해 성경 인용을 사용하기도 한다. 독자는 책 속에 있는 성경 인용에 대해 적절함과 정확성 둘 다를 평가해야만 한다.

내가 때때로 상담에서 사용하는 책은 주제와 문제를 따라 알파벳순으로 분류된 광범위한 성경의 목록을 포함하고 있다(이것은 내가 수업에서 상담 저서들을 평가할 때 사용하는 목록과 같은 책은 아니다.). 그 책이 유용하기는 하지만, 역시 한계를 가지고 있다. 내가 적절하다고 생각하는 성경 구절들이 몇몇 주제 아래에서는 적절하지 않음을 발견한다. 더 나아가, 적절하지 못한 성경 구절들의 선택과 배열은 성경의 맥락으로부터 분리시켜 잘못된 해석을 낳을 수 있다. 결과적으로, 거의 성경 구절만으로 구성된 책조차 독자에게 유용할 수도 또는 그들을 잘못 인도할 수도 있다.

책의 목적은 무엇이며, 어떻게 사용될 것인가? 독자는 저자의 의도와 그 책이 다루는 주제를 이해할 필요가 있다. 상담의 입문을 다루는 책들이 있다. 이러한 책들은 넓은 범위의 주제를 다루고 있다. 주제의 범위가 넓다는 의미는 한 주제에 대한 깊이 있는 지식을 제공할 수 없음을 의미한다. 어떤 책은 제한된 수의 주제에 집중하고 광범위한 정보를 주려고 한다. 독자에게 흥미를 제공하고자 만들어진 책이 있는가 하면 독자에게 이 분야에 관심을 가지도록 장려하기 위해 쓰인 책도 있다. 질문을 독자에게 던지고 그들의 생각과 사색을 자극하기 위해 고안된 책도 있다. 어떤 책은 답을 제공하고 한 입장에 대한 지지를 단단하게 한다. 독자는 저자의 시야와 의도 너머에 있는 기대를 만나지 못할 수도 있기 때문에, 단순히 그 책이 적합하지 않다고 판단함은 정당하지 않을 수 있다.

독자는 책을 평가할 때 자신의 특별한 상황 속에서 어떻게 도움이 되고 기능적이 될지를 결정해야 한다. 책의 목적을 평가하기에 앞서 상담자들은 그 책을 읽음으로써 채우고자 하는 필요가 무엇인지를 인식해야만 한다. 그 책은 자신의 딜레마 또는 관심의 초점에 대한 답을 주고 있는가? 그것은 상담자들이 찾고 있는 정보를 주기에 적합한가?

만약 당신이 사람이 살지 않는 섬에 남겨진다면, 조경이나 부양기구의 이론에 관한 책보다는 보트를 만드는 방법에 대한 책이 당신에게 더 도움이 될 것이다. 그러나 당신은 필요에 따라, 물을 찾거나 고기를 잡는 방법에 관한 책이 보트를 만드는 법에 관한 책보다 더 필요할지도 모른다. 당신의 위치와 상태는 당신의 필요를 결정한다. 만약 당신이 다문화 상담을 공부하고 있다면, 비록 성경적인 인식은 결여되어 있을지라도, 당신에게 다양한 문화 집단 가운데 있는 성격과 관습을 보는 통찰력을 주는 책이 귀중한 자산이 될 것이다. 어떤 상황에서는 가치가 없는 책이 다른 상황에서는 유용한 목적을 제공할 수도 있다.

1960년대 소비에트 연방의 기독교인 사이에서 가장 널리 읽혔던 책 중 하나는 공산주의자들에 의해 출판되었다. 그것은 기독교인의 믿음을 공격하고 성경의 오류를 드러내려고 애썼다. 그 책은 성경 인용을 직접적으로 포함하고 있었다. 당시 성경 읽기가 법으로 금지되어 있었는데, 기독교인에게 그 책은 공산주의자에게 반격을 하지 않으면서도 그 책에 인용된 성경 말씀을 통하여 성경적인 진리들을

읽고 연구할 수 있는 기회였다. 그들은 기독교인의 믿음을 공격하는 책에서, 성경을 공부함으로써 무가치한 것으로부터 귀중한 것을 이끌어 낸 셈이었다. 때때로 우리는 우리에게 도움이 되는 것을 창조적으로 사용해야만 한다.

신학대학원 재학 시절, 나는 종교 철학 과목을 수강했는데 그때 교재로 사용했던 책의 저자는 예수님의 역사적인 존재에 대해 의문을 품었다는 점에서 도전이 되었다. 그 책의 표지만을 보아도 기독교적 가치가 미약하다는 점을 쉽게 알 수 있었다. 책의 내용은 믿음에 대한 기본적인 교리에 반대하는 논쟁으로 가득 차 있었다. 그러나 교수님은 학생들이 믿음에 대한 이러한 철학적 공격을 구별할 수 있도록 그리고 비판에 맞서 유창하게 방어하도록 돕기 위해 그 책을 효과적으로 사용했다.

진리를 찾는 법 배우기

내 서재에는 헌책방에서 산 기독교 상담에 관한 오래된 책 한 권이 있다. 내가 모르는 이전 주인들은 그 책에 관해 개인적인 서평을 남겨 놓았다. 그 기록들은 기록한 사람에 관하여 말하고 있다. 몇몇 의견은 책의 저자를 지지하지만, 대부분이 저자의 견해에 이의를 제기하고 있다. 그중 어떤 견해는 저자가 틀렸을 뿐 아니라 비성경적임을 암시한다. 내가 이 서평들을 읽었을 때의 나의 반응은 다음과 같았다. "이 독자는 잘못 이해하고 있군." 또는 "이 독자는 자신의 의견과 저자의 입장 둘 다 참일 수 있음을 보지 못하고 있군." 독자의 서평들은 독자가 기독교 상담 분야에서 비교적 어림을 나에게 말해 주었다. 칭찬할 만한 것은, 그녀가 자신이 읽고 있었던 내용에 대해 생각하고 그것들과 상호작용하고 있었다는 점이다. 나는 그녀의 몇 가지 반응에 대해 동의하고 있는 내 자신을 만날 수 있었다. 하지만 나는 그 독자가 진리를 추구하고자 하는 욕구를 가지고 그것들에 대해 의문을 제기하기보다는 저자의 몇몇 견해를 거부하고 도전하는 경향이 있음을 또한 알 수 있었다.

독자로서, 당신은 선택권을 가지고 있다. 당신은 "책의 내용에 대해 생각하고 그것을 좀 더 연구하며, 그 안에 어떤 진리가 있을지에 대해 살펴보아야겠다."는 태도를 가지고 저자의 견해를 평가하거나 질문할 수도 있고, 또는 이미 책에서 제공되는 내용에 거부감을 가지고 저자의 견해와 관점을 물리칠 수도 있다.

한 가지 추가적인 점이 주목할 만하다. 나는 그 책의 저자를 만났었고, 그의 사역에서 하나님을 영화롭게 하려는 저자의 열망에 대해 알고 있다. 이러한 저자와의 관계는 나로 하여금 선입견을 가지고 책의 내용을 비판적 시각으로 바라보기보다는 저자의 동기와 표현에 대해 좀 더 긍정적인 해석을 갖도록 했다. 이러한 나의 태도는 책을 읽는 데 있어서 잘못된 정보, 혹은 오점을 간과하는 위험을 갖게 했다.

우리는 우리가 동의하고 있는 저자에게 좀 더 관대하고 유연하고자 하며, 우리의 상담적 입장을 지지하지 않는 사람들에게는 좀 더 비판적이게 되는 경향이 있음을 인정할 필요가 있다. 우리는 저자의 소속에 대한 우리의 지식에 따라 책을 평가하기 쉽다. 저자는 우리 중 한 사람인가? 아니면 그는 우리와 다른 사람 중 하나인가? 만약 그가 우리 중 한 사람이라면, 우리는 허용적 관점을 가지고 이 책을 읽으며 책 속에 있는 어떤 뚜렷한 오류에 대해서도 덜 비판적이게 되는 경향을 갖게 된다. 그런데 만약 그 저자가 우리의 입장과 연관이 없다면, 우리는 그 책을 좀 더 쉽게 비판적으로 검토하고, 심지어 저자가 추구하는 진리 또는 통찰을 놓치기 쉬울 것이다. 우리는 같은 믿음을 공유하고 있는 저자들의 저서에는 결함이 없거나, 어떤 결점이 있더라도 적어도 최소한일 것이라 생각하고 싶어 한다. 대조적으로, 우리가 동의하지 않는 사람들의 책에서는 실수, 연약함, 거짓을 찾고 싶어 한다.

다음의 과제를 시도해 보라. 당신의 견해와 같지 않은 저자에 의해 쓰였을지라도, 당신의 입장과 일치하는 누군가에 의해 쓰인 상담 저서를 읽어라. 당신이 그 책의 내용을 비판적으로 평가하고 있는 자신을 만날 때까지, 당신의 마음 가장 깊은 곳에 저자의 입장을 유지하라. 당신은 무엇을 발견했는가? 아마 당신은 그 책 속에 있는 몇몇 정보와 주장에 대해 의문을 제기하고 있는 자신을 발견할 수도 있다.

이제 그 과제를 거꾸로 뒤집어, 당신의 상담 접근에서 수용하고 있는 영역 밖의 책을 읽어라. 그리고 당신의 입장에 대해 가장 명확한 지지자가 그 책을 썼다고 상상하라. 당신은 이러한 과제가 극도로 어려움을 알게 될 것이다. 우리가 지지하고 있는 누군가가 비성경적인 관점에서 비정상적인 견해를 나타내고 있음을 상상하기는 어렵다. 우리는 그 사람이 정신 나갔고, 마귀의 대변자의 역할을 하고 있거나, 또는 저자의 정보에 어떤 실수가 있었을 것이라고 생각하기를 더 좋아할 것이다. 만약 당신이 이러한 과제를 완성할 수 있다면, 아마 당신은 진리의 조각을 찾고, 해석하고, 이끌어 냄으로써, 몇몇 정보를 당신의 성경 인용 구조 속으로 맞추려 하는 자신을 만날 것이다.

교훈: 당신이 반대하기 쉬운 책과 특별히 당신이 지지하는 혹은 좋아하는 저자에 의해 쓰인 책을 포함하여 당신이 읽은 상담에 관한 모든 책을 평가하기 위해 동일한 비판적 분별력을 사용하라.

상담의 접근과 모델을 개발하고 수용하기

진정한 성경적 기독교 상담의 특징은 무엇인가? 그것은 비성경적인 내용에 반대하여 성경적이며, 불완전하기보다는 완벽하며, 틀리기보다 옳으며, 거짓이기보다 참된 것을 추구하려 한다. 나는 비성경적이고, 불완전하며, 옳지 않거나 잘못 알려지기를 원하는 진실한 기독교 상담자를 만나야만 한다.

- 성경적과 비성경적: 기독교 상담자들은 성경의 권위를 인정하고 성령의 능력이 자신을 인도하도록 말씀을 받아들인다. 성경은 모든 기독교 상담을 평가하는 기준을 제공한다.
- 완벽과 불완전: 기독교 상담자들은 그들이 지혜와 지식에서 자라 가는 과정에 있다는 것을 받아들인다. 그리고 그들은 그리스도 안에 있는 완전함의 목표를 가지고 자신의 상담 기술과 사역에서 성장하고 개선되려고 애쓴다.
- 옳음과 옳지 않음: 기독교 상담자들은 상담에서 나아가야 할 옳고 경건한 방법을 구별하고 성경적인 도덕성을 표현하려고 한다. 기독교 상담은 단지 가장 편안하거나 실용적이기보다 옳고 바른 것, 그리고 따라야 할 신성한 일에 집중한다.
- 진실과 거짓: 기독교 상담자들은 진리에 대한 증거들을 찾고 거

짓을 바로잡으려고 노력한다.

만약 우리가 이러한 특징이 성경적인 기독교 상담자들 사이에 있는 공통적인 목표임을 확실히 하고, 상담자들이 자신의 상담 과정에서 이러한 목적을 분명히 달성하려는 소망이 있음을 받아들일 수 있다면, 우리는 그리스도 안에서 하나가 될 뿐만 아니라, 함께하는 일치를 위한 토대를 갖게 될 것이다. 하지만 어떻게 성경적 기독교 상담의 목표를 세울 것인가와 그것을 어떻게 성취할 것인가는 성경적 기독교 상담자들 사이에서 생각의 차이가 있다. 가장 흔한 논쟁의 영역은 기독교 상담자들이 성경 바깥에 있는 출처로부터 나온 정보와 견해를 어떻게 이해하고 다루는가다.

도랑의 위험

상담적 모델과 접근법을 개발하고, 성경적 관점에서 지지할 만한 상담 학회나 협회를 찾는 데에서 우리는 우리가 선택한 관점에 대한 본질적 부분을 직면하게 된다. 각각의 입장은 부수적인 위험을 갖고 있다. 우리가 어떤 특정한 집단 또는 관점과 동일한 태도를 취할 때, 우리는 같은 관점을 공유하지 않는 다른 사람들에 대해 비판적으로 보는 경향이 있다. 다른 사람의 눈에서 티를 찾을 때, 우리는 우리 자신의 눈에 있는 나무토막을 간과할지도 모른다(마태복음 7:3-5; 누가복음 6:41-42). 우리 자신의 입장만 주장하여 자신의 관점에서 가지는 약점을 이해하지 못할 수 있다는 사실을 간과한 채 다른 사람을 판단하지 않도록 조심해야만 한다(로마서 2:1).

상담에 대한 지식과 우리의 신학적 입장이 가지는 힘이, 우리가 선로에서 벗어남과 성경적 기독교 상담자로서 덜 효과적이게 되는 도랑 속으로 빠짐을 막아 주지는 않는다. 상담에서의 과학적 연구와 성경의 역할에 대한 주제는 이러한 위험과 유혹을 예증하는 역할을 한다.

완고한 바리새인의 신앙과 혼합주의적인 사마리아인의 신앙

만약 우리가 상담에서 성경을 유일한 자원으로 받아들이는 경향이 있다면, 우리는 과학적인 연구와 심리치료를 오해함으로써 쉽게 걸려 넘어지지는 않을 것이다. 우리는 완고한 율법주의의 도랑 속으로 빠질 위험에 직면한다. 우리가 세상으로부터 온 어떤 거짓을 쉽게 받아들이지 않는 동안, 우리의 입장은 비판적인 영을 낳을 수 있고, 거짓된 안전감 그리고 심지어 독선으로까지 인도할 수 있다. 우리는 성경의 단어에 집중하여 영감을 놓치는 유혹을 받는다. 우리의 태도와 행동은 안식일이 사람을 위해 만들어지지 않고 안식일을 위해 사람이 만들어졌음을 암시할지도 모른다(마가복음 2:27). 각각의 상황을 그 상황 자체에서 이해하기보다는 본질과 상관없는 다른 영역의 관점에서 사실을 해석하려는, 그래서 간음한 자와 다른 죄인을 옹호하는 것처럼 보이는 기독교인을 당신은 비난할 수도 있다. 우리는 완고한 바리새인이 될 수 있다.

만약 우리가 성경의 권위 아래 있거나, 성경의 권위 아래 있는 과학으로부터 나온 상담의 연구와 정보를 활용하는 경향이 있다면, 우리는 우리와 다른 관점을 취하는 상담자들과의 관계에서 덜 경직되고

덜 율법주의적이게 된다. 반대로, 우리는 상담에서의 과학적 진리로 보이는 사실을 무비판적으로 수용하게 될지도 모른다. 우리는 성경과 상담의 모델, 그리고 권위와 진리의 명확한 기준이 없는 생각들을 혼합하려는 유혹을 받는다. 우리는 잘못된 장소에서 잘못된 방법으로 예배하는, 영적이지만 혼합된 사마리아인이 될 수도 있다.

고립주의와 취약한 포괄성

영적인 타락에 대한 우리의 두려움과 하나님의 말씀 안에 순수하게 남아 있고자 하는 우리의 마음은 우리를 너무나 고립된 채로 남겨 두어서, 우리로 하여금 의심스러운 신학적 관점을 취하는 다른 기독교 상담자들과의 교제를 피하게 할지도 모른다. 우리는 포괄성과 완화된 요구사항을 동반하는 구성원의 위험성에 대해 배타적인 입장을 선호한다. 이러한 고립이 주는 한 가지 작용은 우리가 같은 세계관을 공유하는 상담자들과만 유일하게 대화하고 그들을 이해하는 일이다. 해로운 견해에 대항하는 우리의 보호 방패는 우리가 그들이 사용하는 돌봄의 언어를 배울 필요가 있다고 생각하지 않기 때문에, 더 이상 다른 상담자들 또는 내담자들과 효과적으로 대화할 수 없는 상황으로 우리를 이끌 수 있다. 하나님의 말씀에 순수하고 신실하게 남아 있으려고 하는 마음 가운데, 우리는 하나님께서 선과 악의 전투 속에서 더 약한 편에 있다는 잠재적인 생각을 가진 채, 인간의 타락으로부터 하나님을 보호하려는 아이러니한 입장 속에 있는 우리 자신을 발견할 수 있다.

만약 우리가 상담의 다양한 이론과 모델 그리고 연구를 배우는 일이 중요하다고 믿는다면, 우리는 나약한 포괄성의 도랑으로 빠지는 위험에 직면하게 된다. 우리는 진리를 발견하는 데 있어서 개방적 형태와 넓은 영역을 선호하는데, 마치 잡초들로부터 밀을 분리해 내기처럼 하나님께서 진리를 분리해 주시기를 바란다(마태복음 13:28-30). 우리는 판단적이거나 편협하다고 인식됨을 두려워해서 다른 관점의 사람들과 효과적으로 대화하기 위해 상담의 최근 동향과 견해를 이미 배우고 있고, 심지어 그것들을 수용하기도 할 것이다. 또한 우리는 상담의 주류에 있는 대표적인 학회나 협회에 수용되고 그들로부터 존경받기를 원할지도 모른다. 결과적으로, 우리는 기독교인으로서의 정체성을 숨기거나 변장하려고 할지도 모른다. 그 과정에서 우리는 우리의 성경적인 입장과 권위의 기준을 명확히 표현하지 못할 수 있다. 상담의 어떤 한 입장을 반대하거나 비난하기를 피하고 "비둘기같이 순결한" 태도를 장려하려는 시도 안에서, "뱀같이 지혜롭게 되라."는 우리의 성경적 책임을 간과할 수도 있다(마태복음 10:16).

사탄화

우리가 하나님께 영광을 돌리고 하나님의 말씀에 신실하게 남아 있으려고 노력할수록, 우리는 상담에 대한 다른 성경적인 해석을 주장하는 그리스도 공동체 안에 있는 사람 또는 협회에 비난을 던지려는 유혹을 받는다. 우리의 초점은 다른 입장의 오류를 폭로하게 되지만, 그 과정에서 우리는 중요한 진리를 간과할 수도 있다. 우리는 결점과 잘못을 식별해 내는 것에 능숙하지만, 하나님께서 우리에게 가르치고 계실지도 모르는 중요한 교훈에 대해 눈이 멀어지기도 한다. 우리가 더욱 극단의 입장으로 갈수록, 우리는 우리의 입장과 같지 않은 사람들에 의해 만들어진 상담을 사탄의 사역이라고 일방적으로 단언할지도 모른다. 그들은 '두 주인'을 섬기려고 하고 있기 때문에(마태복음 6:24; 누가복음 16:13), 우리는 그들을 세속적인 상담자들보다도 더 나쁜 악마의 존재로 변형시키고 있다. 그리고 우리는 그들을 더 이상 그리스도 형제가 아닌 영적 추방자로 대하고 있다.[9]

우리는 상담 접근이 도전을 받을수록 우리의 반대자로 인식하고 있는 사람들을 무시하고 거부하려는 유혹을 받는다. 우리는 논쟁을 싫어할지도 모른다. 결과적으로, 우리는 그것이 옳든 옳지 않든 개인적인 공격, 세련되지 않은 논쟁, 허술한 증명, 또는 주제에 대한 허위 진술로 해석하는 의견을 쉽게 밀어내려고 한다. 우리는 비판적인 평가에 귀를 기울이지 않고, 그 평가를 사소하거나 무가치한 생각으로 구분하려는 유혹을 받는다. 우리는 그것을 개의 등 위에 붙은 벼룩처럼 화나게 하고, 때로는 상처를 내는, 그래서 무시하여야 할 대상으로 대한다. 진리를 향한 탐색이 우리로 하여금 있을 수 있는 오류를 간과하도록 하거나 우리의 입장 속에 있는 결함을 사소하고 중요하지 않은 것으로 여기도록 이끌 때, 그 과정에서 우리는 잘못된 우월과 지적인 자만의 태도를 발전시키는 위험을 감행한다. 우리는 우리의 비평에 대한 견해를 시시한 것으로 여기려는 유혹을 받는다. 그리고 그 과정에서 귀중한 통찰, 경고 그리고 교정을 놓친다.

성경주석과 주지주의

우리가 우리 개인의 상담 이론과 성경으로부터의 신학적 입장을 더욱 지지하는 시도를 할수록, 주석의 위험에 더욱 노출되기 쉽다. 성경주석은 성경 본문 자체에는 존재하지 않는 그 무엇을 성경 속에서 찾아내는 행동이다. 우리는 우리의 믿음, 이론, 그리고 선호하는 생각을 성경 구절이나 본문에 대한 우리의 해석 안으로 합친다. 결과적으로, 우리의 개인적인 관심사와 생각을 성경의 사실에 혼합할수록 우리는 성경의 의도된 의미를 왜곡한다. 우리는 본의 아니게 우리 자신의 형상으로 하나님을 창조하려고 한다.

우리가 과학의 영역과 인간의 증명으로부터 나온 나 자신의 상담 이론과 신학적 입장을 지지하려고 시도할수록, 우리는 인간주의적 주지주의와 합리주의에 더욱 노출되기 쉽다. 우리가 과학적 연구로부터 얻게 되는 통찰은 인간의 지혜에 대한 너무 높은 가치 위에 우리를 자리하게 할지도 모른다. 우리는 성경적인 조사와 연구에 대한 무관심으로 과학적 진리를 추구하는 데 우리의 시간과 에너지를 대부분 사용하려는 유혹을 받는다. 우리가 성경적인 권위와 계시를 회피할 때, 이성을 추구하여 자기 자신을 평가하려 하는 편협한 마음이 생길 수 있다.

말과 행실, 요구와 실행

상담자들은 그들의 상담 이론 또는 방법으로 묘사하고 있는 내용보다 상담의 실제적인 행위에 관심을 더 많이 가져야 한다. 나는 신학적으로 나를 불편하게 하는 말과 저서들을 만든, 기독교인이면서 성경적인 상담자를 몇몇 알고 있다. 그들이 상담에 대해 말하고 쓴 것에 상관없이, 그들이 도움이 필요한 사람들을 위해 하나님의 뜻을 발견하는 일에 열의가 있음을 알고 있기 때문에, 그리고 상담에 실제적으로 도움이 되기 때문에 나는 그들을 상담자로서 추천할 것이다.

그들은 사람들을 향한 참된 사랑을 가지고 있고, 그리스도의 치유 능력을 드러낼 모든 기회에 민감하며 성경의 권위를 확고하게 한다.

한편, 나는 성경적으로 비난할 수 없는 상담 접근을 주장하고 있는 상담자들이 있다고 확신하지만, 이러한 상담자들이 상담 장면에서 치유적인 메시지를 전달하지 못하고, 또 그것에 민감하지도 못할 때가 있다. 예수님께서는 다음과 같이 말씀하셨다. "열매를 보면 그들을 알아볼 수 있다."(마태복음 7:20) 그 상담자는 '그리스도 안'에 있는가? 그는 그 마음속에 선한 것을 쌓았다가 "선한 것을 내는 선한 사람인가?"(누가복음 6:45) 책으로 출판된 저자의 말과 모호한 어구들에도 불구하고, 그는 다른 사람들을 향한 실제적 사역에서 적극적으로 하나님의 뜻을 추구하고 있는가?(마태복음 21:28-32) 우리가 말하고 쓰기에서 확실함이 중요한 반면, 기독교인은 특별히 우리의 중심과 동기에 관심이 있다.

예수님께서는 이러한 영역에서 예기치 못할 만한 의견을 갖고 계셨다. 예수님의 제자들이 귀신을 내쫓기 위해 예수님의 이름을 사용하는 한 사람을 발견했을 때, 그 사람이 제자들을 따라다니지 않으려고 했기 때문에 그를 막으려고 했다. 그러나 예수님께서는 너희들을 반대하지 않는 그는 너희를 이롭게 하는 사람이기 때문에, 그 사람을 막지 말라고 그들에게 말씀하셨다(누가복음 9:45-50). 예수님께서는 치유를 견고하게 하는 원리를 받아들이고 계시는 것처럼 보이는데, 비록 그것이 공식적인 지침과 보호의 영역 밖에 있을지라도, 그것이 하나님을 거부하지 않고 그리스도의 권위를 받아들이는 치유라면 받아들이셨다. 바울 또한 예수님의 일을 하는 데 있어서 동기가 순수하지 않은 사람이 있을 수 있다는 사실을 알고 있었다. 그러나 만약 그들이 그리스도를 선포하면, 그는 만족했고 기뻐할 수도 있었다(빌립보서 1:15-18). 구원에 이르는 길은 좁고, 확실하며, 협상할 수 없지만(요한복음 14:6), 그리스도 안에 있는 생명으로부터 오는 자유는 사역을 위한 넓은 선택과 가능성을 가진다. 비록 모든 것이 유익하거나 건설적이지는 않아도 그리스도 안에서 '모든 것이 허용'된다. 우리의 지침과 목표는 하나님을 영화롭게 하고 우리의 이웃을 기쁘게 하기 위한 것이 되어야 한다(고린도전서 10:23-33).

요 약

1. 기독교 상담자들이 도움이 필요한 사람들의 위치를 발견하려고 하듯이, 그들 또한 그들의 영역에서 다른 사람의 입장을 결정하려고 노력한다. 조심해야 할 부분은 성경과는 다른 기준으로 상담자를 분리하여 생각할 수 있다는 사실이다. 우리는 그리스도 안에서 하나됨을 이루어 나가야 하고 예수님은 평가에 대한 우리의 기준이 되신다.

2. 기독교인은 그리스도 안에 있는 사랑과 하나됨의 끈을 유지하고 모든 사람을 향해 사랑과 지지를 표현할 책임을 갖고 있다. 우리의 이웃을 사랑하는 일은 우리를 비판하는 자, 신학적인 반대자, 그리고 심지어 우리의 적까지도 포함한다.

3. 사람들의 수평적 관계는 국적, 인종, 성 그리고 문화에 의해서든, 아니면 철학적이고, 과학적이며, 또는 신학적이기까지 한 차이에 의해서든, 다양한 집단으로 사람들을 나누고 분류하는 행동을 포함한다. 성경적인 방법은 오직 두 개의 집단 혹은 분류로 사람들을 나누기다. 그것은 그리스도 안에 있는 자들과 그리스도 안에 있어야 할 필요가 있는 모든 사람들이다(갈라디아서 3:26-28; 에베소서 2:19-22).

4. 우리는 그리스도의 몸에서 다른 역할을 가진다. 성경적 기독교 상담에서 어떤 사람은 교회의 몸을 돌보기 위해 부름 받았고, 어떤 사람은 세상 가

운데 있는 사람들을 상담하는 선교적인 섬김으로 부름 받았다. 또 어떤 상담자들은 특정한 집단과 주제들을 돌보기 위해 부름 받은 반면, 다른 상담자들은 이러한 영역에서는 재능을 부여받았거나 준비되지 않았으며, 다른 형태의 상담으로 부름 받았다. 각각의 영역과 부르심은 특별한 은사와 기술을 필요로 하지만, 현명한 상담자들은 다른 역할과 비성경적인 대안 사이를 구별한다.

5. 우리는 상담에서 전문용어에 대한 명확한 이해를 필요로 한다. 상담 영역에서 단어의 정의는 다양하고, 상담 개념의 의미, 가치 그리고 적용과 관련하여, 기독교 상담자들 사이에 견해의 차이가 존재한다. 어떤 상담자는 비성경적인 접근과 연관되는 단어들을 거부함으로써 혼란을 피하기로 선택한다. 다른 상담자는 성경적인 세계관에 맞추기 위해 용어들을 창조하고 변형하려고 한다. 우리가 어떠한 상담 접근을 사용하는가에 관계없이, 우리는 다른 상담자들이 용어를 어떻게 정의하는지에 대해 정확한 이해를 할 필요가 있고, 우리 자신의 정의도 명확해야만 한다.

6. 많은 상담자가 상담에서 다른 언어를 배우려고 할수록, 그들은 그 분야에 있는 다른 사람들과 의사소통하기 위해 더 잘 준비될 것이다. 이렇게 언어로 의사소통하기가 그 언어의 내용이나 근본적인 세계관에 동의함을 의미하지는 않는다. 우리가 하나님의 치유의 언어를 필요로 하는 사람들을 만나고 그들의 위치를 알아내는 다양한 방법을 사용할 때에, 바울처럼 우리의 토대를 견고하게 유지해야만 한다(고린도전서 9:19–23).

7. 상담자들은 상담 관련 문헌에서 권위의 기준과 전제조건에 대해 연구해야만 한다. 다른 고려사항은 그 책의 목적을 이해하는 것, 일대기적인 정보와 영향, 잠재된 독자, 사용된 언어, 책의 한계, 성경의 역할, 그리고 그 책을 위한 필요 기능을 포함한다.

8. 상담에서 성경적인 접근을 개발하려는 노력에서, 우리는 위험을 직면할 수 있다. 이러한 잠재적인 염려는 완고한 바리새인들의 신앙과 혼합된 사마리아인들의 신앙, 고립주의와 취약한 포괄성, 사탄화 그리고 성경주

석과 주지주의에 대한 위험을 포함한다. 성경적인 진리를 드러내고 옹호하려는 노력에서, 우리는 우리의 형제를 사랑하는 일에 실패할지도 모른다. 대신에, 우리는 우리가 하나님을 소홀히 여기는 연장선상에서 하나님보다 다른 사람들에 대한 일에 더욱 집중할지도 모른다.

9. 우리는 우리의 말과 행동에 있어서 일관성을 가지려고 노력해야 한다. 우리는 우리 자신의 사역에서 이러한 잠재적인 실패를 인정하고, 특별히 나와 다른 입장을 가진 책의 저자들의 관점에서, 우리가 동의하지 않을지도 모르는, 그들 안에 있는 현명한 상담적 적용과 공헌을 인정할 준비가 되어야 한다.

우리는 오류로부터 진리를 구분하고 그것들을 비판적 시각으로 평가할 필요가 있지만(요한1서 4:1; 잠언 14:15; 데살로니가전서 5:21), 오류를 폭로하고 진리를 드러냄이 필연적으로 같지는 않다. 우리는 어떤 한 입장 또는 관점에서 결점과 연약함을 지적하기가 자동적으로 진리의 발견과 수용으로 이어지리라고 가정해서는 안 된다. 우리 사역의 일부는 상담에서 경건한 진리와 지혜를 찾는 다른 사람들과 함께하기 위한 격려가 되어야 한다.

마지막으로, 우리는 상담의 분야에서 연구하는 다른 사람들을 향하여 우리의 말과 태도를 조심할 필요가 있다. 비열한 비난, 무시, 입장에 대한 허위 진술을 이끄는 견해, 그리고 성서 해석학적 부조리에 대한 변명과 경건하지 않은 동맹은 우리의 집단으로 많은 사람들을 끌어모을 수는 있지만, 그리스도를 닮아 가고 우리의 이웃을 사랑하는 진리를 추구할 때 서로의 성숙을 추구하기는 어렵다. 우리의 내적·상담적 고리 속으로의 입장을 이끌고 결정하기 위해 신학적인 문구들을 개발하기는, 단순히 교회를 정화하기보다 교회를 약화시키는 뜻밖의 효과를 가져올지도 모른다. 기독교 상담자들은 선택을 하여야 한다. 그들은 상담에서 자신들의 입장을 성경적이고, 정확하며, 효과적이고, 가치 있는 대답으로 바라보고, 기독교 상담 안에 있는 자신과 다른 관점들을 비성경적이고, 정확하지 않으며, 궁극적으로 비효과적으로 설명함으로써 그들의 사역을 제한할 수 있다. 또는 그들은 돌봄의 사역에서 그리스도의 귀한 모범이 되는 다양한 기독교 상담자들을 지지하고 격려할 방법과 기회를 찾을 수도 있다.

연습문제

1. 상담의 주제에 대해 토론할 때, 당신은 주로 오류에 귀를 기울이고 있는가? 아니면 진리에 귀를 기울이고 있는가? 둘 다 귀를 기울이고 있다고 대답할지도 모르지만, 변함없이 오류와 진리에 번갈아 가며 귀를 기울이고 있는 자신을 만나게 될 것이다. 상담 대화에서 당신이 귀를 기울이고 있는 경향 또는 성향, 그리고 당신의 선호도를 결정하는 상황을 설명하라. 당신이 결정한 선택과 경향은 당신에 대해 무엇을 설명하고 있는가?

2. 당신이 다른 상담자들을 만날 때, 그들에 대해 무엇을 발견하는 데 가장 관심이 있는가? 당신은 그들의 상담적 입장과 그들이 맺고 있는 하나님과의 관계에 대해 어떤 정보를 찾으려는 경향이 있는가?

3. 고린도전서 9장 19-23절을 상담에 어떻게 적용시킬 수 있나? 상담 분야에 있는 다른 사람들과 어떻게 관계를 맺어야 하고, 상대방이 지지하는 분야를 어떠한 시각으로 볼 것인가?

4. 이 장에서 명시한 위험 요소(완고한 바리새인의 신앙과 혼합주의적인 사마리아인의 신앙, 고립주의와 취약한 포괄성, 사탄화, 그리고 성경주석과 주지주의) 중, 상담과정에서 당신이 주로 직면하는 요소는 무엇인가? 선택에 대한 이유를 제시하고 그 위험들을 다룰 계획을 세워 보라.

5. 이 책에서 당신에게 가장 유익했던 사항들을 구별하고 설명하라. 이 책이 가지는 몇몇 취약점 또는 한계점은 무엇인가? 당신이 이해하기 어렵거나 더 많은 설명을 필요로 하는 영역은 무엇인가?

 후 주

1) 세르보크로아티아인, 마룰리치(Marulic)는 1520년 필사본에서 *psychologia*라는 단어를 사용했고, 1590년 루돌프 괴켈(Rudolf Goeckel, 라틴어 이름: Goclenius)은 *Psychologia Hoc Est. de Hominis Perfectione (Psychology This Is. On the Improvement of Man)*이라고 제목을 붙인 책을 출판했다. Morton Hunt, *The Story of Psychology* (New York: Doubleday, 1993), 59쪽을 보라. 물론, 영혼의 본질에 관한 연구는 16세기보다 훨씬 오래전부터 행해지고 있었다.

2) 예를 들면, Martin and Deirdre Bobgan, *Competent to Minister: The Biblical Care of Souls* (Santa Barbara, Calif.: EastGate Publishers, 1996)를 보라.

3) 이시스(Isis)는 오시리스(Osiris)의 아내이자 이집트 국가의 여신이었다. 그녀는 그리스 지중해 부근의 세계를 통틀어 주요한 여신이었다. 이시스의 성찬 예배 형식은, 가입 의식 그리고 오시리스의 죽음과 부활을 기념하는 극적 사건을 포함하고 있는 그리스에서 발전되었다. Thomas Allan Brady, "Isis," in M. Cary, et al. eds, *The Oxford Classical Dictionary* (Oxford: The Clarendon Press, 1949), 459-60쪽을 보라.

4) W. G nther & H. G. Link, "Love," in Colin Brown, gen. ed., *The New Internarional Dictionary of New Testament Theology,* vol. 2 (Grand Rapids, Mich.: Zondervan, 1976), 539.

5) American Psychiatric Association, *Diagnostic and Statistical Manual of Mental Disorders,* 4th ed. (Washington, D.C.: American Psychiatric Association, 2000).

6) 예를 들면, Barry L. Duncan and Scott D. Miller, *The Heroic Client: Doing Client-Directed, Outcome-Informed Therapy* (San Francisco: Jossey-Bass, 2000), 46-54, Stuart A. Kirk and Herb Kutchins, *The Selling of DSM: The Rhetoric of Science in Psychiatry* (Hawthorne, N.Y.: Aldine de Gruyter, 1992), 그리고 Herb Kutchins and Stuart A. Kirk, *Making Us Crazy. DSM: The Psychiatric Bible and the Creation of Mental Disorders* (New York : Free Press, 1997)를 보라.

7) 책을 평가할 때 독자가 가지는 문제 중 하나는 이론적이거나 철학적인 과학 그리고 증명할 수 있거나 경험적인 과학 사이를 구별하기다. 유사한 문제는 신학에서도 존재한다.

8) Ian F. Jones, "Research in Christian Counseling: Proving and Promoting Our Valued Cause", in *Competent Christian Counseling. volume 1: Foundations & Practice of Compassionate Soul Care*, ed. Timothy Clinton and George Ohlschlager (Colorado Springs, Colo.: WaterBrook Press, 2002), 641-57.

9) 갈라디아서 5장 19~20절에 열거되어 있는, 성령 안에서의 우리의 새로운 삶을 약화시키는 우리의 죄된 본성에 대한 표현 가운데, 바울은 당파주의 또는 파벌(그리스어: *hairesis*)을 포함했다. The New Living Translation (1996) 성경은 그 용어를 너희의 작은 집단 속에 있는 사람들을 제외한 모든 사람은 틀렸다고 느끼는 감정으로 바꾸어 말하고 있다(갈라디아서 5:20).

참고문헌

Bobgan, Martin and Deirdre. *Competent to Minister: The Biblical Care of Souls.* Santa Barbara, Calif.: EastGate Publishers, 1996.

Duncan, Barry L., and Scott D. Miller. *The Heroic Client: Doing Client-Directed, Outcome-Informed Therapy.* San Francisco: Jossey-Bass, 2000.

G nther, W., and H. G. Link. "Love." In Colin Brown, gen. ed., *The New International Dictionary of New Testament Theology*, vol. 2. Grand Rapids, Mich.: Zondervan, 1976: 538-47.

Hunt, Morton. *The Story of Psychology.* New York: Doubleday, 1993.

Jones, Ian F. "Research in Christian Counseling: Proving and Promoting Our Valued Cause." In *Competent Christian Counseling. Vol. 1: Foundations & Practice of Compassionate Soul Care.* Ed. Timothy Clinton and George Ohlschlager. Colorado Springs, Colo.: WaterBrook Press, 2002.

Kirk, Stuart A., and Herb Kutchins. *The Selling of DSM: The Rhetoric of Science in Psychiatry.* Hawthorne, N.Y.: Aldine de Gruyter, 1992.

Kutchins, Herb, and Stuart A. Kirk. *Making Us Crazy. DSM: The Psychiatric Bible and the Creation of Mental Disorders.* New York: Free Press, 1997.

결 론

당신은 여기에서 어디로 가기를 원하는가

인간의 역사는 창세기와 요한계시록, 그리고 질문과 부르심 사이에 존재한다. 자세히 말하면, 인간이 타락한 이후에 성경에 나타난 인간에 대한 하나님의 첫 말씀인 "네가 어디에 있느냐?"(창세기 3:9)와, 계시록에서 우리에게 마지막으로 말씀하신 "오라.", 즉 "성령과 신부가 말씀하시기를, 오라 하시는도다. 듣는 자도 오라 할 것이요, 목마른 자도 올 것이요, 또 원하는 자는 값없이 생명수를 받으라 하시더라."(요한계시록 22: 17)의 사이에 인간은 살고 있다. 알파(α)와 오메가(Ω), 즉 처음과 마지막이신(요한계시록 21:6) 하나님께서는 "네가 어디 있느냐?"라는 질문과 "오라."라는 부르심으로 우리에게 다가오신다. 이 책에서는 하나님, 자신, 그리고 타인과의 관계에서 자신의 위치에 대한 중요성과 하나님의 인도하심을 찾는 일에 대한 중요성에 대해 언급했다. 삶에 대한 궁극적 해답과 구원에 이르는 길을 우리에게 알려 주시는 하나님의 부르심은 생명수를 공급하시는 예수님 안에서 발견된다.

기독교 상담자는 그들의 삶에서 이러한 하나님의 질문과 부르심에 대한 명확한 이해를 가지고 있어야 한다. 이러한 상담자는 다음과 같은 특성을 갖는다.

- 성경의 권위와 인간 본성의 성경적 관점을 받아들인다.
- 도움이 필요한 사람들의 위치, 즉 하나님, 자신, 그리고 타인과의 관계를 알려고 할 때에 "네가 어디에 있느냐?"의 질문으로 시작한다.
- 이들은 하나님 중심이며 내담자를 도울 때 예수님의 지상명령을 기억하여 적용하려 한다.
- 이들은 구원자이신 예수님의 본을 따르며 지혜와 명철, 계획, 능력 그리고 지식의 요소들을 하늘의 상담자이신 예수님께 찾으며 하나님을 경외한다.
- 모든 상황에서 하나님의 도우심의 손길을 구함으로써 세상의 가치 없는 것으로부터 진귀한 교훈을 얻어내도록 사람들과 진실에 대해 명확한 소통을 한다.
- 성령의 선물로 인도하기 위해 현재 하늘의 상담자이신 성령께 의존한다.
- 상담을 하는 데 있어서 성경적 자질과 영적 훈련을 개발하고 사용한다.
- 정보와 기술을 상담과정에 적용시키려는 노력을 항상 하고 배우며, 이것을 도움이 필요한 사람들과의 성경적인 치료적 연결과 소통을 하도록 하는 데 적용한다.
- 다른 상담 동료들을 사랑하고 지지로 격려하며, 상담 영역에 전문적 지식을 갖추며, 자신의 상담적 접근과 방법에 대한 평가에 조심스러우면서도 바르며, 계속해서 배움을 이어 나가며, 자신의 입장을 평가함에 있어서 겸허한 자세를 취한다.

기독교 상담자는 상담 장면에서 하나님의 대변자다. 고통에 빠진 자들의 위치를 파악하고 치료하는 일과 더불어 기독교 상담자는 예수님을 그들의 삶에 나타내며 그분을 닮아가야하는 책임이 있다. 기독교인 중에는 상담 사역이 그들의 관심과 초점이 되는 부류가 있을 것이다. 그들은 상담 분야에서의 지식과 기술을 익히며 계속해서 배워 나가야 한다. 또한 그들은 상담 분야의 자격증, 훈련, 지속적인 교육에 관한 결정을 하는 데 있어서 분별력이 필요하다. 다른 부류의 기독교인은 상담 사역이 그들의 주된 관심이 아닐 수 있다. 하나님께서는 이들에게 상처받은 사람들을 위한 위로의 말씀을 가끔 하실 것이다. 상담 사역에 관심을 갖고 있든 그렇지 않든 하나님 안에서 경건한 관계와 우리의 정체성을 찾는 일은 모든 기독교인의 필수적인 순례 여정이다.

그러면 당신은 예수님에 대해 무엇을 생각하는가?

부 록

"서로 돌아보는" 관계

구약

구약에 있는 "서로 돌아보는(one anothering)"에 대한 대부분의 언급은 서로에게 이야기하는 방식(예를 들면, 창세기 11:3; 37:19; 42:1, 21, 28; 출애굽기 10:23; 16:15; 민수기 14:4; 사사기 6:29; 10:18; 사무엘상 10:11; 열왕기하 7:3, 6, 9; 예레미야 22:8; 23:27; 49:29; 에스겔 24:23; 33:30; 말라기 3:16)과 같이 의사소통의 형태를 언급하고 있다. 다음의 구절 역시 서로를 관찰하는 행동(예를 들면, 창세기 43:33; 출애굽기 25:20; 이사야 13:8)과 서로에게 거짓말을 한다거나 해를 끼치는 행동에 대한 예 그리고 경고(예를 들면, 레위기19:11; 25:14, 46; 열왕기하 3:23; 역대기하 20:23; 시편 12:2; 이사야 3:5; 스가랴 7:10; 8:10)를 언급할 때 사용된다.

신약

신약 역시 의사소통(예를들면, 마가복음 4:41; 8:16; 9:10, 34; 12:7; 14:4; 16:3; 누가복음 2:15; 4:36; 6:11; 7:32; 8:25; 12:1; 20:14; 24:14, 17, 32; 요한복음 4:33; 7:35; 11:56; 12:19; 16:17,19; 19:24; 사도행전

2:12; 4:15; 21:5; 26:31; 28:4), 서로를 관찰하기(예를 들면, 요한복음 13:22), 그리고 갈등 상황, 또 해롭거나 거룩하지 않은 관계(예를 들면, 마태복음 24:10; 마가복음 15:31; 요한복음 5:44; 6:43, 52; 사도행전 7:26; 15:39; 19:38; 28:25; 로마서 1:24, 27; 2:15; 14:13; 고린도전서 4:6; 7:5; 갈라디아서 5:15, 17, 26; 골로새서 3:9; 디도서 3:3; 야고보서 4:11; 5:9; 요한계시록 6:4; 11:10)를 언급할 때 이 구절을 사용한다. 그것은 그리스어 *allelon*으로 종종 번역된다.

의사소통과 관련되어서, 의미가 뚜렷하지 않은 말을 배제할 경우, 신약에서 언급된 "서로 돌아보는(one anothering)" 의 80% 이상이 다른 사람에 대한 긍정과 지지의 맥락에서 나타난다는 사실을 우리는 발견할 수 있다. 이러한 "서로 돌아보는(one anothering)" 의 문구는 대부분은 교회로 보내는 서신에서 발견된다. 그리고 그것은 "우리 자신과 같이 우리의 이웃을 사랑" 해야 하고, 우리가 교회 공동체로서 그리스도 안에서 하나됨을 추구해야 한다는 명확한 사실을 전달한다.

서로를 격려하고, 지지하며, 유익을 주라

로마서 1:12	각 사람의 믿음으로 서로 위로를 받아라.
로마서 14:19	서로 덕을 세우는 일에 힘써라.
에베소서 5:19	시와 찬미와 영적인 노래로 서로 이야기하라.
데살로니가전서 4:18	서로 위로하라.
데살로니가전서 5:11	서로 위로하라.
데살로니가전서 5:11	서로에게 덕을 세워라.
히브리서 3:13	'오늘' 이라고 부르는 이 시간에 서로를 더욱 더 격려하라.
히브리서 10:24	서로 격려하라.
히브리서 10:25	서로 격려하라.

서로를 품고 다정하게 대하고, 존경하라

로마서 12:15	서로를 품으라.
로마서 12:10	서로 다정하게 대하라.
로마서 12:10	서로 존경하라.

서로 사랑하라

요한복음 13:34	내가 너희에게 새 계명을 주노니 서로 사랑하여라.
요한복음 13:35	너희가 서로 사랑하면.
요한복음 15:12	너희도 서로 사랑하라.
요한복음 15:17	너희도 서로 사랑하라.
로마서 13:8	다른 사람을 사랑하는 빚 이 외에는.
데살로니가전서 3:12	주님께서 서로에 대한 사랑을 풍성하게 하고 넘치게 하셔서.
데살로니가전서 4:9	서로 사랑하라.
데살로니가후서 1:3	서로에 대한 사랑도 점점 커 가고 있다고 하니.
히브리서 13:1	서로 사랑하라.
베드로전서 1:22	서로 사랑하라.
베드로전서 4:8	서로를 깊이 사랑하라.
요한1서 3:11	서로 사랑하라.
요한1서 3:23	서로 사랑하라.
요한1서 4:7	서로 사랑하라.
요한1서 4:11	우리 역시 서로를 사랑해야만 한다.
요한1서 4:12	그러나 우리가 서로 사랑하면.
요한2서 5	서로 사랑하라.

일치, 화평, 조화를 추구하고, 서로를 받아들여라

마가복음 9:50	서로 화목하게 지내라.
로마서 12:16	서로 한 마음이 되어라.
로마서 12:18	서로 화평하게 지내라.
로마서 15:5	여러분 가운데 한 마음.
로마서 15:7	서로 받아들여라.
고린도전서 1:10	서로 의견을 합하라.
데살로니가전서 5:13	서로 화평하게 지내라.
베드로전서 3:8	서로 한 마음이 되어라.

서로를 가르치고 권면하라

로마서 15:14	서로를 권면할 만한 능력이 있다.
골로새서 3:16	서로 가르치라.
골로새서 3:16	서로 권고하라.

서로에게 인사하고, 함께 만나며, 환대하라

로마서 16:16	거룩한 입맞춤으로 서로 인사하라.
고린도전서 16:20	거룩한 입맞춤으로 서로 인사하라.
고린도후서 13:12	거룩한 입맞춤으로 서로 인사하라.
히브리서 10:25	서로 모이라.
베드로전서 4:9	서로 따뜻하게 대접하라.
베드로전서 5:14	거룩한 입맞춤으로 서로 인사하라.
요한1서 1:7	서로 교제하라.

(너 자신에 앞서) 서로의 필요를 돌보고 겸손하라

요한복음 13:14	서로의 발을 씻어 주어야만 한다.

고린도전서 10:24	서로의 유익을 구하라.
고린도전서 11:33	서로 기다리라.
고린도전서 12:25	서로 같이 걱정하라.
에베소서 5:21	서로 순종하라.
빌립보서 2:4	서로 다른 사람의 일을 돌보아라.
빌립보서 2:3	겸손한 마음으로 서로 자기보다 남을 낫게 여기라.
베드로전서 5:5	서로 겸손의 옷을 입으라.
요한1서 3:16	서로를 위해 너희의 목숨을 버려라.

서로를 섬기고 도와라

갈라디아서 5:13	서로 섬기어라.
갈라디아서 6:2	서로 남의 짐을 져 주어라.
베드로전서 4:10	서로를 섬기는 데에 너희의 은사를 사용하라.

서로를 참아라

에베소서 4:2	서로를 참아 주어라.
골로새서 3:13	서로를 참아 주어라.

서로에게 정직하게 고백하고 말하여라

에베소서 4:25	서로 진실하게 말하라.
야고보서 5:16	서로에게 너희의 죄를 고백하라.

서로 친절히 대하고 불쌍히 여겨라

에베소서 4:32	서로 친절히 대하라.
에베소서 4:32	서로 불쌍히 여겨라.

데살로니가전서 5:15	서로 친절히 대하라.

서로 용서하라

에베소서 4:32	서로 용서하라.
골로새서 3:13	서로 용서하라.

서로를 위해 기도하라

야고보서 5:16	서로를 위해 기도하라.

찾아보기

내용

성경

잠언

전도서

아가서

이사야

저자 소개

⊙ Ian F. Jones

University of North Texas (Sociology, Ph.D.)

Southwestern Baptist Theological Seminary (Christian Ethics, Ph.D.)

Southwestern Baptist Theological Seminary (Ethics, M.Div.)

Southwestern Baptist Theological Seminary (Psychology and Counseling, M.A. [RE])

Centenary College of Louisiana (Religion, English, B.A. [cum laude])

전 Southwestern Baptist Theological Seminary 상담심리학과 학과장
미국 텍사스 침례재단 결혼과 가족상담 센터 소장

현 New Orleans Baptist Theological Seminary 교수
미국 텍사스 주정부 전문상담사
미국 기독교상담협회(AACC) 전문상담사 및 상임위원
결혼과 가족치료 전문상담사
임상수련 감독가
주요 외상 스트레스 관리 전문상담사

역자 소개

⊙ 임윤희

휫불트리니티 신학대학원대학교 기독교상담학 석사(M.A.)

Southwestern Baptist Theological Seminary 상담심리학 박사(Ph.D.)

전 Southwestern Baptist Theological Seminary 학생생활연구소 상담원 및 상담과 심리학 임상실습 지도
미국 텍사스 Walsh Marriage and Family Counseling Center 임상 슈퍼바이저

현 미국 기독교상담협회 전문상담사
웨스트민스터 신학대학원대학교 기독교상담학과 교수

성경적 기독교 상담

The Counsel of Heaven on Earth

2010년 11월 11일 1판 1쇄 발행
2021년 9월 25일 1판 2쇄 발행

지은이 • Ian F. Jones
옮긴이 • 임 윤 희
펴낸이 • 김 진 환
펴낸곳 • (주) 학지사
04031 서울특별시 마포구 양화로 15길 20 마인드월드빌딩 5층
대표전화 • 02) 330-5114 팩스 • 02) 324-2345
등록번호 • 제313-2006-000265호

홈페이지 • http://www.hakjisa.co.kr
페이스북 • https://www.facebook.com/hakjisabook

ISBN 978-89-6330-549-3 93180

정가 **16,000원**